RE+ 融媒体版

U0645772

高等院校学前教育专业融媒体教材

幼儿游戏与指导

第2版

范明丽 朱学英 /主编

YOU'ER
YOUXI YU
ZHIDAO

北京师范大学出版集团
BEIJING NORMAL UNIVERSITY PUBLISHING GROUP
北京师范大学出版社

图书在版编目(CIP)数据

幼儿游戏与指导/范明丽,朱学英主编. —2版. —北京:北京师范大学出版社,2021.1(2025.6重印)

ISBN 978-7-303-26341-7

Ⅰ. ①幼… Ⅱ. ①范… ②朱… Ⅲ. ①学前教育—游戏课—高等学校—教材 Ⅳ. ①G613.7

中国版本图书馆 CIP 数据核字(2020)第 179662 号

出版发行:北京师范大学出版社 https://www.bnupg.com
　　　　　北京市西城区新街口外大街 12-3 号
　　　　　邮政编码:100088
印　　刷:天津旭非印刷有限公司
经　　销:全国新华书店
开　　本:787 mm×1092 mm　1/16
印　　张:17.5
字　　数:363 千字
版　　次:2021 年 1 月第 2 版
印　　次:2025 年 6 月第 15 次印刷
定　　价:48.00 元

策划编辑:罗佩珍		责任编辑:宋　星	
美术编辑:焦　丽		装帧设计:焦　丽	
责任校对:康　悦		责任印制:赵　龙	

版权所有　侵权必究

读者服务电话:010-58806806
如发现印装质量问题,影响阅读,请联系印制管理部:010-58800608

丛书编委会

主 编

郭 健

副主编

田宝军　范明丽

编 委

（按姓氏拼音排序）

柴志高	董顺英	盖春瑞	苟增强	郭建怀
胡保利	蒋国新	李玉侠	刘永利	麻士琦
庞彦强	宋耀武	王冬岩	王国英	王艳玲
王英龙	吴宝瑞	薛彦华	姚 春	袁 铸
张成起	张景亮	张丽娟	赵春兰	赵宗更

本书编委会

主 编

范明丽　朱学英

副主编

李　月　杜媛媛

编 委

（按姓氏拼音排序）

杜媛媛　范明丽　李聪聪　李海先

李　月　刘建如　明淑君　师　慧

孙美红　邢颖洁　张　静　张乃艳

张艳荣　赵立平　朱学英

第2版丛书修订说明

自 2015 年策划、2017 年出版以来，本套由河北省高等学校教育学教学指导委员会组编的教材已经出版了近 20 个品种，因其实用性、时效性等特点，受到广大院校师生的普遍欢迎。

2017 年 10 月，为了贯彻落实党的十九大精神，推进教师教育质量保障体系建设，规范引导师范类专业建设，提高师范类专业人才培养质量，教育部印发了《普通高等学校师范类专业认证实施办法（暂行）》，开始进行普通高等学校师范类专业认证工作。2018 年 1 月，中共中央、国务院颁布了《关于全面深化新时代教师队伍建设改革的意见》，这是中华人民共和国成立以来，党中央出台的第一个专门面向教师队伍建设的里程碑式的政策文件，对新时代教师队伍建设做出了全面的决策部署。

针对近几年学前教育领域的政策变化，尤其是师范类专业认证对学前教育专业的培养目标、毕业要求、课程与教学等方面的具体规范，以及广大院校在教育教学改革过程中出现的关注实践、注重能力培养、倡导理论与实践相结合的发展趋势，在数字资源建设等方面的需求，我们启动了第 2 版教材修订工作。

在修订过程中，本套教材严格遵守 2019 年 12 月教育部印发的《职业院校教材管理办法》和《普通高等学校教材管理办法》，适度吸纳一线的优秀教师、园长等参与教材编写或审读，注重跨校、跨区域联合编写，力求遵循教育教学规律和人才培养规律，体现创新性和学科特色。

本次修订的重点为：

1. 注重数字资源建设，增添视频、微课或虚拟仿真实验教学项目等内容，读者可以扫描教材中的二维码观看、学习。

2. 补充试题、教案、多媒体课件等配套教学资源，形成更加多元、丰富的教学资源库，有助于教师的教与学生的学。

3. 关注实践，增补新的教学案例或相关研究成果等，倡导理论与实践相结合，注重学生岗位入职能力培养。

第1版丛书序

2010 年 7 月，中共中央、国务院颁发《国家中长期教育改革和发展规划纲要（2010—2020 年）》，提出了到 2020 年全国基本普及学前教育的战略目标。2010 年 11 月，国务院发布《国务院关于当前发展学前教育的若干意见》（简称"国十条"）。此后，中国学前教育事业进入了史无前例的快速发展时期。全国各地为解决学前教育师资问题，纷纷开设学前教育专业，不同层次的学前教育专业如雨后春笋般地涌现出来，学前教育专业在校生规模急剧扩大。然而，学前教育专业人才培养质量良莠不齐，状况堪忧，引起社会广泛关注。学前教育专业改革呼声日益高涨。

2011 年 10 月，教育部颁布《教师教育课程标准（试行）》，并发文要求各地要"按照《教师教育课程标准（试行）》的学习领域、建议模块和学分要求，制订有针对性的幼儿园、小学和中学教师教育课程方案，保证新入职教师基本适应基础教育新课程的需要"。为了推进《教师教育课程标准（试行）》的实施，教育部要求，"加强教师教育课程和教材管理"。同年，全国教师资格考试政策也进行了重大调整，教师资格考试由各省自主组织改为全国统考，河北省于 2012 年成为改革试点省份。

在全国学前教育大发展的背景下，在《教师教育课程标准（试行）》和教师资格考试新政策的实施过程中，学前教育改革与发展显然跟不上时代步伐。例如，学前教育专业课程既无法满足《教师教育课程标准（试行）》的要求，也无法有效应对学生参加教师资格考试的需要，修订课程方案和教材势在必行。

为了适应我国学前教育发展改革趋势，有效地整合地方学前教育资源，提升地方高校学前教育整体发展水平和人才培养质量，2015 年 4 月，河北省高等学校教育学教学指导委员会和北京师范大学出版社在充分调研的基础上，联合启动了河北省学前教育专业"十三五"规划教材建设工作。教材编写成员主要来自河北省内开设学前教育专业的各所高校，同时也吸收了部分幼儿园一线教师和省外高校教师参与。教材编写品种包括《学前教育学》《学前心理学》《学前儿童卫生与保育》《幼儿园健康教育与活动指导》《幼儿园社会教育与活动指导》《幼儿园语言教育与活动指导》《幼儿园科学教育与活动指导》《幼儿园数学教育与活动指导》《幼儿园美术教育与活动指导》《幼儿园音乐教育与活动指导》《幼儿园教育活动设计与实施》《幼儿游戏与指导》《幼儿园组织与管理》《学前教育研究方法》《幼儿园一日活动指导》《幼儿园教育评价》《幼儿园环境创设与玩教具制作》《舞蹈基础》《美术基础》《音乐基础》《钢琴基础》《声乐基础》等。

为了保证教材编写质量，我们设立了丛书编写委员会，实行主编负责制，并确立了以下编写原则。

第一，以本科教育层次为主，兼顾其他层次。目前，我国幼儿园师资的培养一般包括中职中专、高职高专和本科教育三个层次。此外，还有五年制专科、专接本、专升本、专业硕士研究生等。本套教材主要面向全日制四年制学前教育本科专业，同时兼顾其他层次培养所需。

第二，全面系统与灵活性相结合。本套教材涵盖学前教育专业人才培养基础课程，注重教材之间衔接和统一，注重基础理论、专业实践和基本技能等内容的交叉与协调。同时，根据地域、院校特点，为各校开设选修课程保留了较大的自主发挥空间。

第三，理论与实践相结合。本套教材强调深入落实《教师教育课程标准（试行）》"实践取向""能力为重"的精神，注重实践性教学内容及环节，关注解决教育实践问题。在板块设计上，有正文的理论阐述，同时还辅以导入案例、案例分析、实践练习题、建议的活动、想一想、做一做等实践板块，引导学生将所学理论运用到实践中。整套教材旨在让学生不仅知道怎样做，而且要知道为什么这样做，还要具备进一步去探索、发现并提出新问题、新理念和新方法的基础能力。

第四，基础性与时代性相结合。本套教材坚持呈现各学科领域的基本概念、基本知识、基本理论，为学生搭建一个全面而扎实的知识体系。在此基础上，本套教材紧密结合《教师教育课程标准（试行）》《3—6岁儿童学习与发展指南》《幼儿园工作规程》（2016）等最新国家政策文件精神，吸纳教育学、心理学、学科教学的最新研究成果，同时根据教师资格考试改革需要设置了专门的学习模块，确保教材内容与时俱进。在教材的呈现方式上，我们也谨慎采用了一些信息化的新媒体技术，以适应全媒体时代的学习方式。

经过大家一年多的共同努力，首批教材即将付梓。作为丛书主编，我对参与教材编写工作的所有人员致以诚挚的谢意，特别要感谢丛书副主编田宝军教授以及各分册主编付出的辛勤劳动。感谢北京师范大学出版社编辑罗佩珍女士精心策划、积极协调，为丛书编写工作付出了极大的精力与努力。当然，由于时间比较仓促，教材在体系建设、内容选择等方面肯定存在着不足与疏漏，欢迎广大学界同仁和读者朋友不吝赐教，多提宝贵意见。

郭健

2016 年 6 月 30 日

　　教育是国之大计、党之大计。2014 年 9 月 9 日上午，习近平总书记在会见庆祝第三十个教师节暨全国教育系统先进集体和先进个人表彰大会受表彰代表后，在北京师范大学强调全国广大教师要做"有理想信念、有道德情操、有扎实知识、有仁爱之心"的"四有"好老师，为发展具有中国特色、世界水平的现代教育，培养社会主义事业建设者和接班人做出更大贡献。2017 年 10 月，为了贯彻落实党的十九大精神，推进教师教育质量保障体系建设，规范引导师范类专业建设，提高师范类专业人才的培养质量，教育部印发了《普通高等学校师范类专业认证实施办法（暂行）》，开始进行普通高等学校师范类专业认证工作。2018 年 1 月，中共中央、国务院颁布了《关于全面深化新时代教师队伍建设改革的意见》，这是中华人民共和国成立以来，党中央出台的第一个专门面向教师队伍建设的里程碑式的政策文件，对新时代教师队伍建设做出了全面的决策部署。

　　学前教育是终身学习的开端，是国民教育体系的重要组成部分，是重要的社会公益事业。办好学前教育、实现幼有所育，是党和政府为老百姓办实事的重大民生工程，关系亿万儿童健康成长，关系社会和谐稳定，关系党和国家事业未来。游戏是幼儿的基本活动，幼儿期是特殊的游戏期。中国著名的幼儿教育专家陈鹤琴先生曾经指出"幼儿是以游戏为生活的"。游戏所具有的自由性、趣味性、假想性与创造性等基本特征与幼儿好动、好奇、好模仿的天性相吻合，是幼儿最喜闻乐见的活动形式，可以有效促进其身体、认知、社会性、情绪情感等方面的健康发展。

　　2001 年 9 月，我国开始实施的《幼儿园教育指导纲要（试行）》在总则中明确指出："幼儿园教育应尊重幼儿的人格和权利，尊重幼儿身心发展的规律和学习特点，以游戏为基本活动，保教并重，关注个别差异，促进每个幼儿富有个性的发展。"然而，近年来以早期教育名义出现的各种学业和技能训练正在挤占幼儿游戏的空间与时间，压榨着孩子们宝贵的童年时光。有学者指出，当前我国学前教育领域存在着一种普遍的"游戏困境"，即"理论上、口头上重视游戏，实践上、行动上轻视和忽视游戏"；在幼儿园实践中"重上课、轻游戏，重教师编制的教学游戏、轻幼儿自发的自由游戏"。2011 年 12 月，针对幼儿园教育"小学化"现象日益突出的问题，教育部专门颁布了《关于规范幼儿园保育教育工作防止和纠正"小学化"现象的通知》，再次明确提出幼儿园"要坚持以游戏为基本活动"，"要创设多种区域活动空间，配备丰富的玩具、游戏材料和幼儿读物，为幼儿自主游戏和学习探索提供机会和条件"。2016 年 3 月 1 日我国开始正式实施的《幼儿园工作规程》中规定幼儿园要"以游戏为基本活动，寓教育于各项活动之中"，并进一步明确了"幼儿园应当将游戏作为对幼儿进行全面发展教育的重要形式。幼儿园应当因地制宜创设游戏条件，提供丰富、适宜的游戏材料，保证充足的游戏时间，开展多种游戏。幼儿园应当根据幼儿的年龄特点指导游戏，鼓励和支持幼儿根据自身兴趣、需要和经验水平，自主选择游戏内容、游戏材料和伙伴，使幼儿在游戏过程中获得积极的情绪情感，促进幼儿能力和个性的全面发展"。

2010 年 7 月，我国正式发布的《国家中长期教育改革和发展规划纲要(2010—2020 年)》专章明确提出基本普及学前教育，学前教育进入了"发展的春天"。加快发展学前教育，提高学前教育质量的关键是师资。2012 年 2 月，我国颁布实施的《幼儿园教师专业标准(试行)》把"游戏活动的支持与引导"作为幼儿园教师应当具备的七大专业能力之一，并进一步将其细分为四种基本能力：1. 提供符合幼儿兴趣需要、年龄特点和发展目标的游戏条件；2. 充分利用与合理设计游戏活动空间，提供丰富、适宜的游戏材料，支持、引发和促进幼儿的游戏；3. 鼓励幼儿自主选择游戏内容、伙伴和材料，支持幼儿主动地、创造性地开展游戏，充分体验游戏的快乐和满足；4. 引导幼儿在游戏活动中获得身体、认知、语言和社会性等多方面的发展。[1] 可见，理解游戏对于幼儿学习和发展的重要的价值，认同并坚持幼儿园以游戏为基本活动的教育理念，掌握组织和指导幼儿开展游戏活动的方法和技能，已经成为学前教育专业学生的基本要求。

本教材定位于学前教育专业教学的基本要求，在把握时代特征的同时借鉴学前教育界前辈与同行的研究成果，注重实用性与操作性，既可作为学前教育专业学生的教材，也可作为幼儿园教师真正理解幼儿游戏的实质、迅速把握支持和指导幼儿游戏的基本方法的辅助工具。"幼儿游戏与指导"这门课程在学前教育专业培养方案中属于专业必修课程和核心课程，极大契合了国家法规政策的要求和幼儿园教学实践的需要。本教材由河北省高等学校教育学教学指导委员会组织编写，历经启动、主编会、大纲修改、初稿、二稿、三稿等多次修改完善，之后又结合实际使用情况增加电子资源，形成了第 2 版的"融媒体"教材。既注重理论深度，又兼顾幼儿园实际，编写的要求高、科学性强、质量有保障。全书共十章：第一章概述幼儿游戏，第二章介绍基本的游戏理论及其影响，第三、四、五、六章分别探讨幼儿园最为常见的角色游戏、表演游戏、建构游戏和规则游戏，第七章分析幼儿游戏的支持环境，第八章聚焦如何对幼儿游戏进行观察和评价，第九章立足幼儿园玩教具的开发与制作，第十章拓展了其他游

---

① 教育部. 幼儿园教师专业标准(试行). 2012. 2.

戏资源的开发。

总体来看，本教材具有如下特色。

1. 注重立德树人，融入课程思政。习近平总书记高度重视教师队伍建设，希望广大教师做"四有"好老师，当好"四个引路人"，坚持"四个相统一"，教师要自觉"做学生为学、为事、为人的大先生"。作为培养准教师的载体，本教材在修订过程中注重融入课程思政元素，把立德树人融入文化知识教育、社会实践教育等各环节，引导学生树立正确的儿童观、教师观和教育观。教材体系、教学体系和配套资源都围绕立德树人这个目标来设计，教师围绕这个目标来教，学生围绕这个目标来学。

2. 理论指导实践，实践丰富理论。本教材注重帮助学习者掌握基本的幼儿游戏理论，形成对幼儿游戏的科学认识，在此基础上注重培养其科学观察和指导幼儿游戏，以及合理利用游戏材料、创设游戏环境的能力。

3. 教材结构合理，语言论述清晰。本教材前两章为游戏概述与游戏基本理论，第三章到第六章为幼儿园最常见的游戏类型及其指导，后四章关注游戏环境、游戏观察与评价、玩教具及其他游戏资源的开发。全书结构合理，层次清晰，内容编排注重逻辑性；行文上力求做到语言简洁，指导清晰，方便学习者理解。

4. 突出案例教学，分析点评到位。每章均精选幼儿游戏的实践案例作为开篇，力图通过具体问题引发学习者的兴趣和思考，在此基础上呈现学习内容；各章讲述中也穿插相关实例，加以分析点评，引导学习者通过案例理解理论、掌握知识、提升能力。

5. 配套资源完善，突出"双证融通"。本教材修订时配备了大量资源，如角色游戏、表演游戏、建构游戏、规则游戏等章节均有相应的幼儿游戏视频，建构游戏一章新增了河北大学教育学院"学前儿童建构游戏技能辨析及其支持"虚拟仿真实验的内容；依据"双证融通"的要求，更新和增加了幼儿园教师资格证考试的内容，包括笔试真题和面试真题，可以有效帮助师生将教材知识与教师资格考试紧密结合；为了使学习者更好地把握所学内容，方便教师或学习者本人进行学习效果检查，编者还为全书以及各章设计了配套试卷和答案。

本教材由范明丽和朱学英主编，范明丽提出全书框架，各部分作者分工合作研究撰写。具体分工如下：第一章由范明丽、孙美红撰写和修订，第二章由刘建如、李月撰写和修订，第三章由朱学英、范明丽撰写和修订，第四章由赵立平、李聪聪撰写和修订，第五章由师慧、邢颖洁撰写和修订，第六章由赵立平、师慧、范明丽撰写和修订；第七章由范明丽、张静撰写和修订；第八章由范明丽、李海先撰写和修订；第九章由张艳荣、范明丽撰写和修订；第十章由张乃艳、明淑君撰写和修订。

本教材能够出版和修订，要感谢教育部高等学校教育学类教学指导委员会副主任委员郭健教授的大力支持，感谢田宝军教授的关心指导。特别感谢北京师范大学出版社编辑罗佩珍老师的认真负责，她在教材出版和修订过程中付出了很多心血。此外，本教材还参考了许多专家学者的相关论著，河北保定、石家庄、涿州、唐山，以及安徽池州的多所幼儿园为本书提供了大量图片和视频，在此表示衷心感谢！

目 录
CONTENTS

第一章　幼儿游戏概述

学习目标 ▶

1. 明确游戏的概念，掌握幼儿游戏的基本特点与分类。

2. 掌握游戏在促进幼儿身体发展、认知能力、社会性发展、情感发展等方面的作用，理解为什么游戏对幼儿来说是重要的。

3. 明确游戏在幼儿园的地位与作用，理解幼儿园"以游戏为基本活动"的目的和必要性。

学习导图 ▶

```
                              ┌─ 幼儿游戏的特点
         ┌─ 幼儿游戏的特点与分类 ─┤
         │                    └─ 幼儿游戏的分类
         │                    ┌─ 游戏促进幼儿的身体发展
         │                    │  游戏促进幼儿的认知发展
幼儿游戏概述 ─┤ 幼儿游戏的意义与价值 ─┤  游戏促进幼儿的语言发展
         │                    │  游戏促进幼儿的社会性发展
         │                    └─ 游戏促进幼儿的情绪与情感发展
         │                    ┌─ 游戏在幼儿园中的作用
         └─ 游戏在幼儿园中的作用与地位 ─┤
                              └─ 游戏在幼儿园中的地位
```

导入案例 ▶

大班的趣味数学活动[①]

数学抽象且概括性强，数学教育通常被幼儿园老师视为不容易组织的学习活动，因为它不像跳舞、唱歌、绘画等活动形式灵活，符合幼儿好动的特点。然而，芦德

---

① 芦德芹：《游戏的魅力》，9页，北京，中央民族大学出版社，2007。

芹老师为幼儿组织的数学教育活动，则颇有"乐嬉戏""萌动发越"的感觉。

《十个小矮人》的乐曲拉开了活动的序幕。随着乐曲，全班小朋友载歌载舞进入音乐情境：第一遍音乐，每个小朋友找座位坐好；第二遍音乐，一个小朋友从首位站起，边唱边走，绕场一周邀请 10 个小朋友（点数），10 个小朋友和他一起快乐地唱着、跳着。轮番几次，每个小朋友都能够得到一次圈内表演的机会，幼儿参与活动的兴趣被调动起来。

还有以 10 以内的加减为主题的游戏活动，活动过程是首先在所有幼儿的脚腕上系上一个彩色气球，然后把幼儿分成两组：一组幼儿拿着口算算式的卡片，另一组幼儿拿着相应的得数卡片。游戏规则是要求幼儿踩到和自己的数字卡片得数相同的小朋友的气球，看谁最机智，既能踩到对方的气球，又能保护好自己的气球不被对方踩到。

教师设计的这个游戏很有嬉戏性。幼儿在欢快、好奇、探索和操作活动中，轻松有趣地完成了 10 以内的加减的学习任务。游戏充满了对抗性，算得快的幼儿最容易抢占先机，知道自己要去踩谁的气球。同时，这个游戏也促使幼儿集中注意力，加快口算速度，并主动积极参与到游戏中，成为学习和活动的主体。

第一节　幼儿游戏的特点与分类

游戏具有悠久的历史和广泛的存在，由于受到传统观念的影响和社会发展的局限，游戏一直被认为是和幼儿的学习、成人的工作相悖的活动，所谓"玩物丧志""业精于勤而荒于嬉"等说法不一而足。即使到了今天，也仍然有人认为"游戏就是小孩子玩耍"，甚至常常将某种不足为道的行为斥为"儿戏"。因此，明确游戏的概念，掌握幼儿游戏的基本特点与分类对于我们来说至关重要。

一、幼儿游戏的特点

游戏是一种易于观察但却难以定义的现象。汉语当中的"游戏"一词最早出现在战国时期的历史文献中，在此之前，与"游戏"内涵接近的表述主要有"游""戏""嬉""玩""遨"等。汉语的"游戏"一词最初形成时，就已经与学习对立，意指成人的休闲娱乐或小孩子的随意玩耍活动。在现代英语中，"游戏"有 game 与 play 的区分，game 主要指"有规则的游戏"，包括代代相传的能决出胜负的民间游戏，也包括竞技类的体育运动，如奥林匹克运动会（the Olympic Games）。play 的外延大于 game，它作为名词时，是对一类行为的总称，小孩子的角色游戏、舞台表演、玩笑幽默等都在其范围之内，有规则的游戏（game）也包含其中。

我们认为幼儿游戏是指在一定时空中，幼儿自发自愿进行的，伴有愉悦情绪体验的一系列假想或现实的活动。这类活动以自身为目的，既可以是幼儿个体独自进行的活动，也可以是幼儿与其他人之间的社会性交往活动。幼儿游戏具有和成人游戏不同的特点，主要表现在行为特征的可见性、游戏性体验的差异性和外部环境的宽松性三个方面。[1]

(一)行为特征的可见性

正如幼儿尚未学会掩饰自己的行为动机和体验一样，幼儿的游戏也是"可见的"，这些可见的外部行为特征主要包括面部表情、动作行为、言语伴随和游戏材料等方面。

1. 面部表情

面部表情是幼儿情绪主观体验的一种外部表现形式，是用来判断幼儿的活动是否是游戏活动的一项重要外部指标。对灵长类动物游戏的研究发现，动物在游戏时有一种特殊的面部表情——"玩相"(play face)，其典型特征是张大的嘴巴，得意扬扬的神情，眼睛里充满了笑意。这种"玩相"也出现在幼儿的游戏中，向伙伴传递一个特殊的游戏信号，"这是玩啊(It is play)，别当真"。

需要说明的是，幼儿在游戏时并不总是在"笑"，有时候他们的表情是非常专注认真的。例如，当他们蹲在地上观察蚂蚁搬家时，当他们小心翼翼地用积木搭建高塔时，当他们和同伴讨论应该给娃娃穿什么衣服时的表情。可以说，幼儿在游戏中的面部表情取决于游戏活动的性质与类型(是认知性成分较强的活动还是嬉戏性活动较强的活动；是独自游戏还是与同伴一起玩等)，也取决于游戏活动的阶段(开始、进行中还是结束)和游戏材料(是新异的还是熟悉的)等。

2. 动作行为

在游戏过程中，幼儿对物体或游戏材料的使用往往不同于日常生活中的使用方式，这些行为常常超出了成人的想象，其动作行为的特点主要包括非常规性、随意性和重复性。①非常规性。在游戏过程中，幼儿会表现出许多非常规性的动作。例如，把枕头抱在怀里假装哄宝宝睡觉，把脸朝向椅背骑在椅子上假装开汽车等动作，就是游戏性的动作而不是常规性或工具性的动作。②随意性。在游戏过程中，幼儿的动作没有规律，不同的幼儿可以用不同的方式去对待同一物体，同一个幼儿这次玩的方式也可能与下一次玩的方式不同。例如，有的幼儿把座椅当汽车，有的则把座椅翻过来当娃娃的澡盆，下次他们可能用很多座椅来连成火车，或者搭建自己的家，等等。③重复性。幼儿年龄越小，重复性的特征体现得越明显。例如，爬楼梯本身不是游戏，但当一个幼儿反复地上上下下时，通过动作及表情线索，人们可以判断他正在进行游戏。

根据动作性质的不同，我们还可以把幼儿的游戏动作分为探索、象征和嬉戏三种基本类型。①探索。通过视觉、听觉、触摸觉、本体觉等感知觉的联合活动，幼

---

① 刘焱：《儿童游戏通论》，167～178 页，北京，北京师范大学出版社，2004。

儿对当前事物的性质（如形状、颜色、软硬等），事物的变化（如形状改变、空间移位），以及事物之间和事物与自己动作之间的关系等进行考察的动作行为。②象征。在表象作用支配下的想象性、虚构性动作。例如，幼儿把小积木假装当作住在积木房子里的小人，户外活动时张开双臂奔跑假装自己是小飞机，等等。③嬉戏。故意做"坏事"或某种动作来取乐，带有幽默、逗乐、玩笑的性质。例如，幼儿故意把鞋子"穿"在手上，故意把水洒到地上。需要说明的是，幼儿在游戏中并非只表现出单一的游戏动作，而是会交叉表现，在不同内容的游戏活动中三种游戏动作所占的比重不同。例如，在娃娃家等角色游戏中象征性动作占优势，在搭积木、拼图等游戏中探索性动作占优势。即便是同一内容的游戏，在游戏过程中的不同阶段也会产生不同性质游戏动作之间的交替。例如，在搭积木的初级阶段，探索性动作较多；在搭好以后玩游戏"小矮人的家"（白雪公主的故事）时，象征性动作开始占主导地位。

3. 言语伴随

言语是思维的物质外衣，幼儿在游戏过程中通过伴随的言语来组织思维，表达情感并与他人进行沟通。注意倾听幼儿的言语，可以帮助我们判断幼儿是否在游戏以及游戏的水平与状况。一般而言，幼儿在游戏中的言语伴随主要包含三种类型。一是游戏过程中的独白言语，主要表现为一边自言自语，一边操作游戏材料。例如，"把红色的长积木放在下面，把绿色的小积木放在红积木上……""娃娃生病了，我要带娃娃去医院"等。这种独白言语是幼儿在游戏中思维与想象的外化，在年龄越小的幼儿身上表现得越明显。二是扮演角色之间的交际性言语，也称为游戏性言语。例如，"卖糖果啦，好吃的糖果，谁来买糖果""报告队长，侦查任务已经完成""医生，我的宝宝病了，请帮他检查检查"等。游戏性言语的内容具有虚拟性，其说者和听者都是游戏角色，游戏性言语对合作性的角色游戏起到维系与支撑的作用。三是同伴之间的交际性言语。这类言语在游戏中主要起到建议、解释、协商、求助、申辩、指责他人等作用。例如，"我们来玩丢沙包吧""我在帮宝宝洗澡呢""把你的小汽车借给我玩一会儿行吗""这个不是这样玩的"等。

游戏中幼儿言语伴随频度的高低可以作为评价幼儿活动的自由度以及班级的心理环境质量的一个指标。游戏是幼儿自发自愿的活动，在游戏中幼儿的心理是最放松的，因此在游戏中幼儿的言语伴随最多，最能真正体现幼儿的所思、所感和所需。

4. 游戏材料

任何东西都可以成为幼儿的游戏材料，玩具是现代社会幼儿游戏时经常使用的游戏材料。游戏的顺利进行依赖具体的游戏材料或玩具，幼儿的年龄越小，对游戏材料和玩具的依赖性越强，对游戏材料的逼真性程度要求也越高。随着年龄的增长和语言抽象思维的发展，幼儿也会逐渐表现出一些无外在游戏材料的游戏，如语言游戏等。但总体来看，幼儿在游戏中对游戏材料和玩具仍然具有很大的依赖性，因此，有无游戏材料和玩具也可以作为人们判断幼儿是否在游戏的指标之一。

(二)游戏性体验的差异性

游戏性体验是游戏不可或缺的重要心理成分，指幼儿在游戏活动中产生的对于游戏活动本身的主观感受或心理体验。我们通常说游戏是"自由的""愉悦的"，这些词汇都带有强烈的情绪体验色彩。游戏性体验的最大特点在于它的内在性，是主体在游戏过程中实实在在获得的主观性体验。游戏所带来的愉悦体验是幼儿进行游戏的最终目的，也是游戏的魅力所在。

游戏性体验可分为兴趣性体验、自主性体验、胜任感、幽默感，以及因身体活动的需要满足而获得的生理快感。

1. 兴趣性体验

兴趣性体验是指由外物刺激带来的一种体验，是一种情不自禁地被卷入、被吸引的心理状态。例如，当一套色彩鲜艳、形状多样的积木摆在幼儿面前时，幼儿会产生极大的兴趣并很快投入其中进行游戏，这就是一种兴趣性体验。兴趣性体验是游戏性体验不可或缺的成分，幼儿游戏因兴趣的产生而发生，也因兴趣的消失而停止。

2. 自主性体验

自主性体验是指幼儿对自己在游戏中的主体地位的感知和体验，主要由游戏活动可以自由选择、自主决定的性质引起。如果用幼儿的语言来描述这种体验，就是"玩就是可以随便""玩就是想干什么就干什么"。在游戏中，幼儿可以自由决定"玩什么""怎么玩""和谁玩"，即"我的游戏我做主"。自主性体验是幼儿游戏性体验的重要组成部分，也是幼儿进行游戏的根本动因之一。

3. 胜任感

胜任感是一种幼儿对自己能力的体验，这种体验可以增强其自信心。在游戏中，幼儿不必担心成人的批评与苛责，可以通过尝试错误选择适合自己能力的活动或获得屡次尝试后由成功所带来的胜任感。此外，幼儿还可以通过假想、想象来实现对现实环境的改造、转换、重构自己和外部环境之间的关系，进而获得掌握感和控制感。例如，在游戏中幼儿可以假装自己是神仙，手拿魔杖一挥，就可以变出自己想要的任何东西，甚至整个世界都可以按照自己的想法和愿望被重新安排。

4. 幽默感

幽默感是由嬉戏、欢笑、诙谐等引起的快感。作为游戏性体验的一部分，幼儿的幽默感有一个发生、发展的过程。最初的幽默感源于嬉戏性游戏的偶然结合。例如，当幼儿无意中把母亲的长发拉下来挡住自己的眼睛觉得很有趣时，就会马上重复这一动作，咯咯直乐，母亲的制止不但不会使幼儿停止这种行为，甚至还会强化这种行为。伴随着幼儿的成长与知识经验的丰富，他们会理解更多、更深层次的幽默并将其用于游戏过程中。

5. 生理快感

对处于高速成长期的幼儿来说，"动即快乐"，游戏的生理快感主要源于满足其身体活动的需要和机体维持中枢神经最佳觉醒水平的需要。由于骨骼肌肉系统在生长发育上的特点，幼儿有身体活动的需要，在游戏的自由活动中，幼儿体验着成长所带来的快乐，获得了机体上的生理快感。同时，作为运动控制中心的小脑与作为情绪控制中心的边缘系统之间存在双向的神经联系，因此，积极的身体活动也可以使幼儿产生愉快的情绪体验。

游戏性体验的实质是主体性体验，游戏之所以使人快乐就是因为幼儿能够从中获得肯定自己的主体性体验。需要说明的是，虽然游戏性体验包括上述五种体验，但在一种游戏活动中，这五种体验不一定同时发生。不同性质的游戏性体验存在与否及存在多少都取决于游戏自身的性质，其中，兴趣性体验、自主性体验与胜任感是任何游戏都不可或缺的基本部分。

(三)外部环境的宽松性

幼儿游戏的发生是主客体相互作用的结果，既与游戏主体有关，又与外部环境相关。总体来看，幼儿可以产生游戏性体验的外部环境相对宽松，主要具有以下特征。

1. 自由选择游戏

游戏的自由选择是产生自主性体验的必要条件。因此，教师在组织游戏时必须给予幼儿自由选择的权利，并提供相应的条件使幼儿可以根据自己的兴趣和意愿来决定做什么和怎么做。相关研究表明，在游戏材料可选的情况下，幼儿的无所事事率较低，幼儿间交流较频繁；反之，幼儿无所事事率较高。在游戏材料任选的情况下，无所事事率最低，幼儿间交流最频繁。因此，教师应该致力于提供充足的游戏材料，并提供给幼儿自由选择游戏的权利与可能，形象地说，即幼儿有权利选择"玩不玩"和"玩什么"。

2. 自行决定游戏活动的方式方法

游戏活动的方式方法由幼儿自行决定也是游戏自主性的表现之一。自由选择是幼儿游戏发生的一个必要条件，但不是充分条件。对幼儿游戏活动的观察显示，即便是在游戏材料可自由选择的前提下，幼儿园内仍有许多幼儿并没有从内心真正认为他们在"玩"，而是将"老师的游戏"作为一项任务进行，原因就在于他们所选用的游戏材料的使用方式方法已经被教师提前规定好。幼儿游戏的真谛在于他们可以自主决定游戏活动的方式方法，主动控制游戏的进程，即自己决定"怎么玩"，而不是完全遵循教师的规定对所提供的游戏材料进行机械操作。

3. 游戏活动的难度与幼儿的能力相匹配

任务的难度与能力相匹配是胜任感产生的一个重要条件。自主游戏往往可以使幼儿通过自主选择找到与其自身能力匹配的游戏活动，并通过游戏活动产生一定的成就感和胜任感。幼儿通过自身努力解决游戏中遇到的问题，获得成就感和胜任感，同时带来满足和快乐的习得性体验。因此，游戏的活动难度应该尽最大可能与幼儿的能力水平相一致，即游戏活动的难度处在幼儿的"最近发展区"，既有一定难度，又能让幼儿通过努力来完成任务或解决问题。

4. 不寻求或不担忧游戏以外的奖惩

"玩即目的"，幼儿的游戏性体验产生于游戏活动当中，而不是游戏活动之外，游戏本身的乐趣是吸引幼儿置身游戏的直接动机和关键。"游戏是目的在自身的活动"，虽然游戏中的奖励有一定的积极作用，但必须明确幼儿不是为了游戏以外的东西才进行游戏的，游戏活动本身就能使其感到满足。相关研究表明，外部强化（奖赏）会抑制幼儿对游戏本身的兴趣。经常性的外部奖励手段不但不会鼓励幼儿积极游戏，反而可能造成幼儿对奖励的依赖，使游戏失去其真正的意义。一旦幼儿关注奖励胜过游戏本身，游戏活动的本质就发生了变化，即幼儿的游戏被"异化"了。

幼儿园教师资格证考试·真题再现

2013 年上半年《保教知识与能力》论述题

李老师设计了一个"三只蝴蝶"的游戏活动，她选了三位幼儿扮演蝴蝶，又选了若干幼儿扮演花朵。结果，幼儿兴趣不高，表现被动。还没等游戏结束，一个幼儿就问李老师："老师，游戏完了吗？我们可以自己玩了吧？"

对于这种现象，请从幼儿游戏特征和游戏指导的角度进行论述。

【参考答案】

从幼儿游戏特征的角度分析，幼儿游戏应该具有以下四个特征。

(1)游戏是儿童主动的、自愿的活动。

(2)游戏是在假想的情境中反映周围生活。

(3)游戏没有社会的实用价值，不直接创造财富，没有强制性的社会义务。

(4)游戏伴随着愉悦的情绪。

从教师对游戏指导的角度分析：

李老师在游戏中是一种导演者的角色，以导演角色介入游戏中，告诉幼儿在游戏中应该做什么，不应该做什么，完全控制了幼儿游戏。这很可能破坏幼儿游戏，变成"游戏幼儿"而不是"幼儿游戏"。

二、幼儿游戏的分类

分类标准不同，对幼儿游戏的分类也不同。本部分采用最常见的分类方法，主要根据幼儿的认知发展和社会性发展对幼儿的游戏进行分类，并在此基础上介绍了在幼儿园实践中最常见的幼儿游戏分类。

(一)以认知发展为标准

游戏是幼儿发展水平和发展状况的真实写照，认知发展是幼儿发展的重要维度之一。皮亚杰是最早从幼儿认知发展的角度对游戏进行分类的，他认为幼儿在不同的认知水平上，会表现出不同类别的游戏，并据此将幼儿的游戏划分为四类。

1. 练习性游戏

练习性游戏(practical play)又称感知运动游戏(sensori-motor play)或机能性游戏(functional play)，是幼儿最早出现的游戏形式，主要发生在皮亚杰所说的感知运动阶段(0～2岁)。练习性游戏主要由简单的、重复的动作组成，如反复拍水、摇铃，绕着房间跑动，滑滑梯等都属于练习性游戏。练习性游戏在2岁前最多，之后比例逐步下降，到6岁时，大约占到全部游戏的14%。

2. 象征性游戏

象征性游戏又称想象游戏(imaginative play)或假装游戏(pretend play)、表演游戏(thematic play)，是幼儿最典型的一种游戏形式。象征性游戏的主要特征是"假装"，即幼儿对事物的某些方面做想象性的改造，包括以物代物(如用积木假装打电话，把小椅子倒过来当汽车开)，情景假设(如把张开双臂奔跑假想成自己在开飞机，把坐在秋千上高高荡起假想成自己在飞翔)和以人代人(如在"娃娃家"中扮演布娃娃的爸爸、妈妈，戴上听诊器扮演医生)等形式。象征性游戏大约发生在1岁半，2岁以后开始大量出现，4岁以后趋于成熟，并延伸到小学阶段。幼儿园阶段是幼儿象征性游戏发展的高峰期。

3. 结构性游戏

结构性游戏(constructive play)又称建构性游戏，是指幼儿按照一定的计划或目的来组织游戏材料或其他物体(如积木、积塑、火柴杆、塑料管、冰棒棍、木片、纸片、泥、沙、雪等)，使之呈现出一定的形式或结构，从而反映现实生活中的物体或场景的活动。例如，拼搭积木，拼插积塑，玩拼图游戏，堆雪人，做泥工，进行沙筑碉堡、木工活动等建构活动都属于结构性游戏。结构性游戏一般发生在幼儿2岁左右，在幼儿阶段呈增加趋势，是幼儿游戏活动向非游戏活动的过渡，前期带有象征性，后期逐渐成为一种智力活动。

4. 规则性游戏

规则性游戏是指有两个或两个以上的幼儿参加，按照预先设定的规则进行，通常具有竞赛性质和奖惩措施，以输赢为完结的游戏，在英文中的表述是"games"或"games with rules"。规则性游戏包括智力性质的竞赛游戏，如五子棋、牛角棋等棋类游戏，说相反、词语接龙等语言类游戏，也包括运动技巧性质的游戏，如跳房子、丢沙包、贴人、老鹰抓小鸡等运动类游戏。规则性游戏是幼儿游戏的高级发展形式，多在四五岁以后发展起来。伴随着幼儿年龄的增长，游戏规则会更具体、更明确。

幼儿园教师资格证考试·真题再现

2014 年上半年《保教知识与能力》单选题

幼儿反复敲打桌子，在房间里跑来跑去，在椅子上摇来摇去，这类游戏属于（　　）。

A. 建构游戏

B. 象征性游戏

C. 规则游戏

D. 机能性游戏

（答案：D）

2014 年下半年《保教知识与能力》单选题

儿童拿一竹竿当马骑，竹竿在游戏中属于（　　）。

A. 表演性符号

B. 工具性符号

C. 象征性符号

D. 规则性符号

（答案：C）

2015 年上半年《保教知识与能力》单选题

儿童最早玩的游戏类型是（　　）。

A. 练习游戏

B. 规则游戏

C. 象征性游戏

D. 建构游戏

（答案：A）

2015 年下半年《保教知识与能力》单选题

幼儿以积木、沙、雪等材料为道具来模仿周围现实生活的游戏是（　　）。

A. 表演游戏

B. 建构游戏

C. 角色游戏

D. 规则游戏

（答案：B）

（二）以社会性发展为标准

以社会性发展水平为依据对幼儿游戏进行分类的主要有柏顿（Parten）和豪伊斯（Howes），其中柏顿的游戏分类使用最为普遍，我们主要介绍柏顿对游戏的分类。柏顿通过观察托幼机构中幼儿的游戏，按照社会性参与的不同水平把 2～6 岁幼儿的游戏分为偶然的行为或无所事事、旁观、独自游戏、平行游戏、联合游戏、合作游戏六大类。

1. 偶然的行为或无所事事

偶然的行为或无所事事主要指幼儿在游戏中缺乏目标，东游西逛，行为漫无目的，目光飘忽不定，关注碰巧引起其兴趣的事物，对事物没有兴趣时就摆弄或玩自己的肢体，在椅子上爬上爬下，或是坐在一个地方东张西望。例如，在某幼儿园的大型游戏室里，一间很大的屋子被分割成若干游戏区：饭店、医院、娃娃家、银行、商店、理发店等。各个区域被逼真的玩具与材料装饰得很精美，在用不锈钢和有机玻璃制成的"挂号台"后面坐着一位"小护士"，已经很久没有"病人"来挂号看病了，"小护士"就一直呆坐在那里，偶尔目光游移、四处张望。严格地说，这种偶然的行为或无所事事不属于游戏。

2. 旁观

在游戏中旁观时，幼儿是作为游戏的旁观者，即置身于游戏活动之外，不参与游戏，大部分时间都是在一旁观看同伴们游戏，偶尔和他人交谈，有时候会提出问题或提供建议，但从行为上并不主动参与和介入同伴正在进行的游戏。例如，在"娃娃家"游戏中，"宝宝"生病了，"爸爸""妈妈"非常着急。这时在一旁观看的小文也很着急，建议赶紧送"宝宝"去医院看病；小美也在旁边看到了这一情景，她突然问了一句"你们的娃娃是从哪里找到的?"旁观的行为可能是游戏，也可能不是游戏。案例中小文的行为说明她的旁观具有游戏的性质，而小美的旁观则与正在进行的游戏没有关系，不是游戏。

3. 独自游戏

独自游戏是指幼儿虽然与正在进行游戏的同伴在交谈距离之内，然而他们却专注于自己手中的游戏材料，不与其他同伴交流，一个人玩着自己的游戏。例如，在幼儿园的角色游戏区，天天在玩商店的游戏，他一边认真地整理着"货架"上的"商品"，给"商品"贴"价签"，一边把它们分类摆放得整整齐齐，等待"顾客"光临。而在他旁边的齐齐却趴在天天的"柜台"上，一边摆弄着手头的小积木，一边自言自语道："这个是霸王龙，这个是三角龙，这个是巴斯顿龙……"随后还在"柜台"上开始了"霸王龙大战三角龙"的游戏。独自游戏的特点是幼儿专心、独立地操作玩具或游戏材料，而没有接近其他幼儿的尝试。

4. 平行游戏

平行游戏是指幼儿操作着相同或相近的玩具或游戏材料，但他们彼此之间却没有进行真正意义上的互动。他们可能彼此和谐相处，不时地也有少量言语交谈，或者相互模仿，但是在活动中没有合作。例如，在幼儿园的积木建构区，天天和齐齐都在专心地摆弄和搭建各自的积木。天天正在把积木搭成"大高塔"，齐齐正在把积木连接成"小火车"。过了一会儿，齐齐一抬头看到了天天搭建的"大高塔"，于是，他也开始尝试把积木搭高，并自言自语道："我的大高塔也建起来了。"天天扫了一眼齐齐的高塔，冲他笑了一下，然后低头继续在自己的高塔旁边搭建新的高塔，齐齐则开始尝试把"小火车"首尾相接，围住自己搭建的"大高塔"。与独自游戏相比，幼儿在平行游戏时会有言语或眼神的交流，也可能会相互模仿，然而大部分时间仍是自己玩自己的，幼儿之间仍没有合作。

5. 联合游戏

联合游戏也称为协同游戏，一般发生在由多个幼儿参与的游戏中。联合游戏时幼儿是在一起玩的，也有"我们一起玩"的共同活动的意识，然而却没有明确的分工与合作，他们对于游戏材料、游戏目的和游戏结果缺乏共同的计划和组织，只是因为玩游戏时游戏活动的相似而简单地聚合在一起。例如，在游戏"开火车"中，几个幼儿一个接一个地共同把"火车厢"连接在一起，组成了一列"火车"，然而他们对诸如"火车"开去哪里、怎么行驶等都没有明确规定，假如某个幼儿离开了也不会影响其他幼儿继续游戏。在联合游戏中，幼儿之间的互动和合作开始增多，但是游戏团体的组织仍较为松散，小组成员变换较为频繁，没有明确的计划和组织。

6. 合作游戏

合作游戏是指由两个或多个幼儿在一起，围绕一个共同的游戏主题进行的游戏。合作游戏的游戏主题明确，幼儿对于游戏材料的使用、游戏目标和游戏结果都有共同的计划和组织，分工明确、角色互补，所结成的玩伴关系可以持续较长的一段时间。例如，在幼儿园的"娃娃家"中，齐齐、天天、小文和小美在商量角色的分配，小文和小美都想当"妈妈"，这时齐齐说道："妈妈要带宝宝，还要买菜做饭，谁最能干谁才能当妈妈。"小文抢道："这些我都会，我来当妈妈。小美，你当宝宝吧，你当可爱漂亮的宝宝。"小美眨了眨眼，想了想然后说道："那好吧，我来当可爱的宝宝，嘻嘻。"天天在旁边插不上嘴，有点着急，说："我想当爸爸，我来当爸爸吧？"齐齐说："好的，那天天当爸爸，我来当舅舅吧，今天舅舅来家里做客了。"于是，他们按照商量好的角色开始了游戏。合作游戏是幼儿社会性发展的高级阶段，对于幼儿的发展具有重要的意义。教师应该创设良好的环境，鼓励和支持幼儿的合作游戏。

幼儿园教师资格证考试·真题再现

2017 年下半年《保教知识与能力》单选题

当教师以"病人"身份进入小班医院时，有六位"小医生"同时上来询问病情，每个孩子都积极地为教师看病、打针，忙得不亦乐乎，结果教师一共被打了六针，对此班幼儿这种游戏行为最恰当的理解是（   ）。

A. 过于重视教师的身份

B. 角色游戏呈现合作游戏的特点

C. 在游戏角色定位中出现混乱

D. 角色游戏呈现平行游戏的特点

（答案：D）

(三)幼儿园常见的游戏分类

1. 角色游戏

角色游戏是幼儿以角色扮演为主要的表征手段自主地表现和表达自己对现实生活和环境的认识与体验、想法与愿望的一种象征性游戏活动。例如，幼儿喜爱的游戏"医院""娃娃家"等，就是通过扮演医生、爸爸、妈妈等角色表达自己的认知与体验的。

2. 表演游戏

表演游戏是幼儿以故事为线索展开的游戏活动。表演游戏的主题和内容源于故事，在规则和结构上强调遵循相关故事的基本框架。在游戏中，幼儿可以自由选择和切换主题，自由决定和改变游戏内容。

3. 建构游戏

建构游戏也称结构游戏，是幼儿利用不同的结构材料如积木、积塑、金属部件、沙、土等来进行建筑、构造的游戏。在建构游戏中，幼儿可以根据自己的想象进行构思来塑造一定的物体。

4. 规则游戏

规则游戏是至少有两人参与的、按照一定的规则进行的一种游戏活动，具有规则性、竞赛性和文化传承性等特征。

幼儿园教师资格证考试·真题再现

2012 年下半年《保教知识与能力》单选题

幼儿园的"娃娃家"游戏属于（　　　）。

A. 建构游戏

B. 表演游戏

C. 角色游戏

D. 智力游戏

（答案：C）

第二节　幼儿游戏的意义与价值

幼儿期是个体的高速发展期，在这个时期，充分的游戏对其身体、认知、社会性、情绪与情感等的发展具有重要的意义与价值。

一、游戏促进幼儿的身体发展

身体发展是人全面发展的基础。幼儿的年龄越小，身体发展对其心理发展的影响就越明显。这里主要从游戏促进幼儿的身体生长发育、动作的协调发展和运动技能的形成三个方面分析游戏在幼儿身体发展方面的意义与价值。

(一)游戏促进幼儿身体的生长发育

人的身体发展包括三个方面的基本内容:(1)各器官系统的生长发育,包括形态结构与生理机能的发展变化,可用身高、体重、头围、胸围、脉搏、血压、肺活量等作为测量指标;(2)运动能力的发展,包括身体基本活动能力与身体素质的发展,可用走、跑、跳、投掷等动作以及动作与运动的协调、灵敏、速度、力量等作为测量指标;(3)机体适应能力的提高,包括对外界环境变化的适应能力、对各种疾病的抵抗能力和病后恢复能力。

游戏是幼儿最喜爱的、自发的活动。在这一活动中,幼儿的各种身体器官和运动机能均可获得发展。各种游戏尤其是户外游戏有助于幼儿呼吸新鲜空气,锻炼心肺功能,可以满足幼儿身体活动的需要,促进机体的新陈代谢和生长发育,增强体质。

(二)游戏促进幼儿动作的协调发展

幼儿的游戏总是与身体动作分不开,在游戏中,走、跑、跳、钻爬、攀登、投掷、平衡等基本游戏动作可以锻炼幼儿的大肌肉群,增强灵敏、平衡、协调等身体素质。例如,在传统的民间游戏"老鹰抓小鸡"当中,扮演小鸡的幼儿为了不被"老鹰"抓到,就必须在母鸡的带领下躲避老鹰的追捕;而扮演老鹰的幼儿必须避开"母鸡"的阻挠,努力追捕"小鸡"。在这一游戏中,幼儿通过不断奔跑、躲闪、跳跃锻炼了很多大肌肉群,同时四肢的协调性和灵活性也得以发展,促进了幼儿大肌肉动作的协调发展。

此外,游戏还有利于促进幼儿小肌肉和精细动作的发展,促进控制性和手眼协调。例如,在捏泥、插塑、拼图、穿珠、剪画、搭积木等手工活动和游戏中,幼儿必须仔细耐心地用手去操作物体,因此他们的手部肌肉得到了锻炼,手指灵活性进一步增强,发展了幼儿手部小肌肉的活动能力和手眼协调、并用的能力。在游戏中,幼儿通过不断控制和微调,增强控制能力,使自己的动作变得更为精细、熟练和灵活。

(三)游戏促进幼儿运动技能的形成

运动的控制与协调是运动技能发展的核心,运动控制与协调能力是复杂的规则游戏和体验运动的基础。游戏可以丰富幼儿的运动经验,为其身体运动能力的发展和运动技能的形成奠定良好的基础。格拉胡认为2～7岁是幼儿的基础运动时期,他们开始学习多种动作的协调,出现自主性的协调运动,如跑、跳、扔、踢、伸展等。这个时期正是幼儿开始探索世界、爱跑爱跳的时期,充分的运动性游戏和基本动作练习机会至关重要。

我们都有过这样的体验,在一群同样学习舞蹈或打球的成年人中,可能有的人学得快,动作技能掌握较好,有的人则协调性相对差一些,动作技能掌握得慢。究其根源,这与其在基础运动时期是否获得了足够的游戏和运动机会,发展了基本运动能力密切相关。

二、游戏促进幼儿的认知发展

认知发展是人的发展的重要组成部分，它是指个体认知结构和认知能力的形成、发展、变化的过程，涉及知觉、记忆、思维、言语、想象等多种心理过程。幼儿在游戏中能够更好地掌握概念，解决问题，培养创造性。

(一)游戏促进幼儿感知觉的发展和概念的形成

感知觉是幼儿认识活动的开端，是其认识外界事物、增长知识、发展智力的主要途径。感知觉主要包括视觉、听觉、味觉、嗅觉、肤觉、时间知觉、空间知觉和观察力等，幼儿的感知觉只有在活动中才能更好地得到发展。在游戏中，幼儿接触各种性质的物体，并通过眼看、耳听、口尝、手摸，以及身体动作来了解事物的个别属性，大大增强了感官的感受性；同时，通过对物体属性以及空间和时间概念的把握，游戏也加强了幼儿对物体的整体属性的感知。例如，"击鼓传花"游戏可以通过不同长度和节奏的鼓点促进幼儿听觉和注意力的发展；"找不同"游戏可以通过两幅图之间的细微差别对比促进幼儿视觉敏感性和观察能力的发展；"奇妙的口袋"游戏可以通过幼儿把手放进口袋里触摸并猜出物品的名称来锻炼其触摸觉以及联想匹配能力；"浮与沉"游戏则可以通过把不同材质和体积的物体浸入水中帮助幼儿感知和认识水的流动、浮力、物体的轻重和体积等特性，以及不同材质和体积的物体与水的关系。

概念的形成和发展是认知发展的重要内容。对于幼儿来说，口头告知和死记硬背式的概念学习很难起到实质性作用，幼儿需要通过自己的游戏和活动来积累感性经验，理解和掌握概念。在游戏中，幼儿探索世界，积累有关事物的形状、颜色、位置、用途等感性认知，通过大脑的认知加工处理，将其纳入自己的认知系统当中，从而形成概念。例如，幼儿通过"过家家"游戏当中用杯子喝水、用小勺吃饭等获得有关物品的功能性概念。正是通过游戏，幼儿逐渐获得了社会约定俗成的相关概念。

(二)游戏促进幼儿注意和记忆的发展

游戏有助于引起和发展幼儿的注意，尤其是有意注意。在游戏活动，幼儿需要专注于当下的游戏任务，或遵守一定的游戏规则才能更好地开展游戏。这就要求他们必须理解和记住相关内容。苏联心理学家曾经做过这样一个实验：他们让幼儿在单纯完成任务和游戏两种不同的活动方式下，将各种颜色的纸分别装在与之同色的盒子里，观察幼儿注意力集中的时间。实验结果发现，在单纯完成任务的情境下，4岁幼儿只能坚持17分钟，6岁幼儿只能坚持62分钟。而在游戏的情境下，4岁幼儿可以持续专注于游戏任务22分钟，6岁幼儿可以坚持71分钟，并且其分放不同颜色纸张的数量比单纯完成任务的无游戏情境的形式下多50%。可见，游戏可以引起并促进幼儿注意的发展。

记忆根据内容不同可分为形象记忆、逻辑记忆、情绪记忆和运动记忆等。在游戏活动中，幼儿会有意识地进行记忆，并可以运用到多种记忆形式，促进其记忆力的发展。例如，在骑小车、走平衡木等锻炼身体协调性和平衡性的体育游戏中，幼儿能够愉快地掌握动作，熟练操作后能将其存储到长时记忆中，丰富原来的记忆内容，实现游戏动作的自动化。再如，在"听听我是谁"的游戏中，幼儿需要记住所听到的小动物或者别人说话的声音，并且跟自己记忆中的声音线索相匹配，才能完成游戏。在幼儿园，有的老师在一天的活动结束后会带领幼儿回忆并讨论今天所做过的事，这是培养幼儿有意识地回忆，并促进其语言表达的很好方式。

(三)游戏促进幼儿思维发展，培养创造性

游戏是幼儿的优良教师，通过游戏幼儿不仅可以锻炼身体，认识环境，也可以学习解决问题的方法，促进思维能力发展，培养创造性。由于幼儿在参与游戏时主体性增强，因此游戏活动能够很大程度上促进其思维能力的发展，提高其解决问题的能力。在自发的游戏活动中，幼儿需要自行决定游戏主题，选择适合的游戏材料，与同伴结组合作等，这就要求其在游戏前要自己去分析、判断、推理、概括和总结。而在游戏中，幼儿还会遇到一些突发性的状况，为了使游戏能够顺利进行下去，幼儿需要针对问题想出解决的方法，从而进一步促使幼儿思考。例如，想给娃娃打针却没有注射器怎么办？在抓人游戏中如何才能抓到别人而不被别人抓到？这些都需要幼儿积极开动脑筋，想办法去解决。

想象是创造的基础和源泉。根据创新程度不同，想象可以细分为再造想象和创造想象。幼儿期是象征性游戏的高峰期，想象和假想是其基本特点。可以说，幼儿游戏的过程就是想象和创造的过程，而游戏则为其想象和创造提供了宽松的环境和充分的空间。例如，借助想象，幼儿可以做到以物代物，即把一种物品当作另一种物品来使用，一个贝壳可以被幼儿当作猫，一块积木可以被幼儿当作蛋糕、小人、火车……借助想象，幼儿可以去做现实生活中不能做的事情，他们可以像爸爸妈妈一样在"娃娃家"里"照顾宝宝"，可以像医生那样"给病人看病打针"，可以像解放军叔叔一样为保卫祖国"放哨站岗"，也可以像传说中的仙女一样"点石成金"……可以说，正是游戏使幼儿展开了想象的翅膀，能够在他们自己创造的世界中自由飞翔。

三、游戏促进幼儿的语言发展

语言是表达思想和交流情感的工具，其最本质的功能就是交际。学前期是口头语言发展的关键期，幼儿在游戏中与同伴的交流与互动其实就是其组织语言、锻炼表达能力的过程。

(一)游戏为幼儿提供语言交往的机会

游戏，尤其是角色游戏，往往有言语伴随，而且这些言语还是幼儿与同伴、教师以交流为目的进行的，不同于幼儿的喃喃自语，这为幼儿的语言实践提供了机会，是促进幼儿语言发展的重要和有效途径。在角色游戏中，幼儿在选择扮演的角色时会不断交流，在角色游戏中还会自然而然地练习特定社会角色的语言形式。例如，在"医院"的角色游戏中，"小医生"把医治"病人"、给"病人"打针拿药当作自己的职

责，当游戏实际进展中出现"配错药"的问题时，不同角色之间就会由于冲突而产生讨论、交流，甚至争执。可见，在游戏活动中，幼儿需要和同伴、教师进行交流，这就促使其不断提高语言能力，丰富语言运用。

(二)游戏促进幼儿语言能力的发展和提高

2001 年的《幼儿园教育指导纲要（试行）》（以下简称《纲要》）指出："语言能力是在运用过程中发展起来的，发展幼儿语言的关键是创设一个能使他们想说、敢说、喜欢说、有机会说并能得到积极应答的环境。"游戏为幼儿提供了一个没有压力、轻松愉悦、充满语言实践机会的环境，使幼儿可以在不同的语言情境下与游戏伙伴相互交流、表达、讨论等，这有助于促进其语言能力的全面提高。此外，游戏中的语言运用还可以纠正幼儿的发音，丰富幼儿的词汇，发展其口语表达能力，并使其掌握一定的语法知识，从而使幼儿可以更好地表达自己的想法。例如，小班语言游戏"我吃甜柿子"，就以对答的形式帮助幼儿在朗朗上口的儿歌中练习声母"ch"和"sh"的发音。此外，智力游戏"说相反词"，不仅可以扩大幼儿的词汇量，也可以进一步加深幼儿对词语的理解和使用。如果一味地教给幼儿一些复杂的词汇，就只能使其长时间停留在消极词汇中，只有在游戏情景中，这些词汇才有机会转换为积极词汇。

四、游戏促进幼儿的社会性发展

幼儿正处于从"自然人"向"社会人"转变的时期，这一时期是其社会性发展的关键阶段。游戏是幼儿主要的社会性交往活动，可以从不同方面促进幼儿的社会性发展。

(一)游戏促进幼儿"去自我中心"，掌握社会规则

在幼儿心理发展的过程中，自我中心是一个必经的阶段，主要表现为他们往往只从自己的角度出发看问题，不能理解他人的观点、想法，也不能体会他人的情感。皮亚杰曾经设计过一个著名的"三山实验"，把一个玩具小人放在三座山模型当中的一座山前，让幼儿坐在不同的角度观察，说出这个小人处在山的哪一个方向。结果发现处于前运算阶段（2～7 岁）的幼儿无一例外地认为别人在另一个角度看到的山和自己所站的角度看到的山是一样的。这个实验说明前运算阶段的幼儿主要采取一种自我中心的"我向思维"，很难从他人的角度来看待事物。

游戏是幼儿克服自我中心思维的重要途径。在游戏中，幼儿需要从不同的角度去考虑问题，发现自己和他人的区别，逐渐克服思维的自我中心倾向。例如，在角色游戏中，幼儿需要讨论游戏如何进行，考虑到他人的看法，也需要理解所扮演的角色的所思、所感和行为表现，让自己的语言和行为都像所扮演的角色。此外，规则性游戏也需要幼儿逐渐克服自我中心，才能玩得好。游戏可以帮助幼儿逐渐理解规则是经过大家协商共同建立起来的；在游戏中必须要遵守规则，否则游戏就无法进行，在游戏中还要考虑同伴的想法，这样才能更快地获胜。比如说捉迷藏、丢手绢等游戏，都需要幼儿能够站在别人的角度考虑问题，要想办法考虑藏在什么地方才能不被别人发现，要考虑怎么悄悄地把手绢丢在别人的后面而不被发现。只有幼

儿逐渐去自我中心，游戏才能更好地进行。这类游戏不仅让幼儿玩中取胜，而且发展了幼儿的移情、共情能力，促进了幼儿社会性的发展。

(二)游戏促进幼儿的社会交往技能发展

社会交往技能是指发起、组织与维持社会性交往活动的能力。游戏为幼儿提供了社会交往的机会，扩大了幼儿的社会交往范围，增加了幼儿社会交往的频率。幼儿的社会交往技能最初是在亲子游戏中形成的，正是通过亲子互动，幼儿理解并逐渐掌握了基本的社会交往结构(共同参与、等待、轮流、重复)，并且通过视线交流、微笑、谈话、歌谣等与成人建立起信任、依恋，促进幼儿合作性倾向的形成。

在亲子游戏的基础上，幼儿在伙伴游戏中进一步丰富和发展了其社会交往技能。为了获得伙伴的认同和接受，拥有"好朋友"，在伙伴团体中争得一席之地，幼儿必须掌握一定的社会交往技能，学会以社会和同伴群体接受的方式来行动。例如，幼儿为了参与进别人正在进行的游戏，可以通过靠近、微笑、请求、建议等方式，而不是生硬地介入。研究表明，受欢迎的幼儿经常是游戏的发起者，他们知道如何与别人进行合作游戏，分享游戏材料，能够给伙伴提出具有建设性的好主意和中肯的、适宜的意见，积极想办法加入同伴的游戏，并积极协调自己与其他同伴的关系。而不受欢迎的幼儿往往不会分享，不考虑也不注意别人正在做的事情，往往因强加于人而不能加入同伴的游戏。那些受忽视的幼儿则倾向于站在旁边观看，而不会主动寻求加入，他们可能是没有掌握加入游戏的社会交往技能，也可能是没有加入游戏的意愿，这样的幼儿没有跟同伴的实质性交往。

五、游戏促进幼儿的情绪与情感发展

情绪与情感是一个人心理活动的重要构成因素，它可以发动、组织与干扰人的认知过程与学习活动，影响人际关系的性质与发展方向，以及人对待生活的态度。游戏在幼儿的情绪与情感发展过程中具有重要的意义与价值。

(一)游戏促进幼儿积极的情绪与情感发展

游戏作为一种充满情绪与情感色彩的基本活动，不仅对于以情感联系为纽带的各种良好的人际关系如亲子关系、伙伴关系、师生关系等的形成具有积极的建设性作用，而且对于幼儿积极情绪与情感发展的各个方面都有重要的和独特的作用。

1. 游戏能够发展幼儿的成就感或胜任感，增强自信心

成就感或胜任感是与自我概念相联系的情绪与情感，它是主体对自己力量与能力的认识与体验，是一种正向的积极的情感。成就感或胜任感是游戏性体验的基本构成要素。在游戏过程中，幼儿享有充分的自由选择的权利，可以根据自己的想法与愿望来行动。游戏活动为幼儿探索自己的能力提供了机会。

2. 游戏能够发展幼儿的美感

美感是人对事物审美的体验。婴儿看到鲜艳夺目的东西会很高兴，漂亮的玩具会使他们愉悦，促使他们伸手去抓、去摆弄操作。随着年龄的增长和知识经验的丰

富，原始的美感逐渐社会化，人们对美的评价标准也逐渐提高——不仅能够感受美，而且能够创造美。游戏就是幼儿感知美、创造美的一种审美活动。在游戏中，幼儿主动地反映自然和社会生活中美好的事物，结合游戏学习文学、语言、音乐、美术等内容，装饰、美化自己的游戏环境和建筑物等，这些都有助于培养幼儿对自然、社会生活、艺术的审美能力，发展他们的美感。

3. 游戏能够发展幼儿的同情心与移情能力

游戏为幼儿提供了扮演他人角色、站在他人角度考虑问题、体验他人的情感与态度的机会。在游戏中，幼儿是以认真的态度、真实的情感表现现实生活、体验角色的情感和态度的。在游戏中获得的情感体验会对幼儿产生潜移默化的影响，使他们的同情心得到发展。

在幼儿游戏的外部行为特征中，我们可以看到幼儿在游戏当中的表情总是一种积极的、正向的表情，这其实正是幼儿积极的或正向的情绪与情感体验的外部表现。游戏中积极的情绪与情感体验为幼儿带来积极的影响，促进幼儿身心健康发展。

(二)游戏帮助幼儿恢复情绪，促进心理健康

游戏可以帮助幼儿释放紧张与焦虑的情绪，将其"玩出来"(play it out)，具有明显的情绪恢复和治疗功能。20 世纪中叶以来，有关幼儿"游戏性"的研究开始出现，并发现游戏有助于幼儿形成主动积极、活泼开朗、快乐幽默的个性特征，有助于幼儿保持快乐的情绪，促进心理健康。游戏的这种独特功能早已引起众多心理学家的重视。以弗洛伊德为代表的精神分析学派把游戏看作个体内心世界(包括情绪与情感)的表达，对于幼儿及成年以后的心理健康具有积极作用，它可以保护幼儿免受"成人世界"的伤害。从情绪发展的角度来看，游戏是幼儿的内部心理与外部现实之间的沟通桥梁，是自我表现与自我概念形成的重要手段与因素。皮亚杰把游戏看作幼儿自我表达的工具，认为它可以使幼儿通过同化作用来改造现实，满足自我在情感方面的需要，是幼儿解决认知与情感之间冲突的一种手段。维果茨基也认为游戏可以帮助幼儿实现在现实生活中不能实现的愿望，这种愿望是概括化的情感倾向性，基于幼儿与成人之间关系的变化与发展。辛格(Singer)认为，想象游戏是探究的一种形式，通过这种想象的探究，幼儿对还未被同化的经验进行探索。通过想象，幼儿创造了一个新的刺激场来帮助自己处理不愉快的经验。

游戏可以使因情绪方面的问题导致种种适应不良(包括生理的与心理的)的幼儿得到适当的治疗。通过治疗幼儿可以建立正确的自我概念，更能接纳自己，对自己更有信心，体验控制的感觉，增强自我定向的能力；更愿意自己去解决问题，增强独立决策的能力，提高对解决所面临的问题的敏锐性；愿意承担更大的责任。

幼儿园教师资格证考试·真题再现

2012 年下半年《保教知识与能力》简答题

游戏满足了幼儿身心发展的哪些需要？

【参考答案】

游戏满足了幼儿身体发展的需要。

游戏满足了幼儿认知发展的需要。

游戏满足了幼儿语言发展的需要。

游戏满足了幼儿社会性发展的需要。

游戏满足了幼儿情绪与情感发展的需要。

第三节　游戏在幼儿园中的作用与地位

幼儿园（kindergarten）一词是福禄贝尔在 1840 年为他的学前教育机构创造的词，意指幼儿的发展犹如植物的成长，幼儿园如同花园，生活在幼儿园当中的幼儿如同花园里的花草欣欣向荣，教师则犹如辛勤的园丁。那么，游戏在幼儿园教育当中的地位是什么呢？根据游戏对幼儿发展的重要意义和价值，我们认为游戏就如幼儿园中的阳光雨露，是幼儿身心健康发展的重要保证。

一、游戏在幼儿园中的作用

游戏是幼儿最喜爱的、自发的活动。在这一活动中，幼儿的各种身体器官和运动机能均可获得发展。各种游戏尤其是户外游戏有助于幼儿呼吸新鲜空气，锻炼心肺功能，可以满足幼儿身体活动的需要，促进机体的新陈代谢和生长发育，增强体质。

(一)提供适宜幼儿发展的快乐生活

幼儿园是幼儿重要的社会生活场所，为幼儿的学习和生活提供了一种特殊的游戏生态环境。在这种游戏生态环境中，幼儿的身体、认知、社会性和情感和谐统一，幼儿的兴趣和需要与社会要求也处于和谐的统一之中。

幼儿不只是在为将来的生活做准备，他们当下所在的幼儿园经历就是生活，现在的生活和经验将决定他们未来的生活和经验，良好的成年生活是以丰富而充实的童年生活为基础的。游戏是幼儿的生活方式和存在方式，社会和成人都没有剥夺幼儿在幼儿园里过一种适宜他们身心发展需要和特点的"现实的生活"的权利。以游戏为基本活动，不仅有利于幼儿的身心发展，也有利于他们的主体性发展。幼儿园以游戏为基本活动，一方面要满足幼儿游戏的需要，为幼儿身心发展、拥有快乐的童年生活做出积极贡献；另一方面也寓教育于游戏这种适宜幼儿身心发展特点和需要的活动之中，引导并积极促进幼儿的学习和身心全面发展，为幼儿的终身学习和发展奠定良好的素质基础。做到两个方面的和谐统一，使幼儿园不仅成为幼儿的"教育场所"，同时也成为幼儿的"生活场所"，充分发挥游戏这一幼儿喜闻乐见的形式在幼儿园中的作用。在幼儿园中，教师通过鼓励和支持幼儿游戏，为幼儿的游戏尤其是伙伴游戏创造条件，可以让幼儿在以自由平等的交往为基础所构成的"幼儿社会"中更好地学会与同伴相处，学会做事，学会生活。因此，保障幼儿的游戏权利，为幼儿的幸福童年做出积极贡献，为幼儿的终身发展奠基是幼儿园应当担负的重要的社会责任。

(二)促进幼儿的主体性发展

在幼儿的培养过程中，主体性的发展与培养是核心问题之一。主体性由主体的动机、情感、态度、能力等构成，具体表现为主体活动的动机、独立决策与活动能力、勇于首创的态度和肯定主体存在的情感体验等。

幼儿在不同的发展阶段呈现不同的成长特点，其主体性发展是一个不断发展壮大的过程，主要表现为主动性和被动性、独立性和依附性、创造性和模仿性的对立统一。总的来看，主动性、独立性和创造性应该占据主导地位，也应该是幼儿成长发展的主导。幼儿主体性的发展与培养是幼儿园教育的根本目的。主体性发展必须以幼儿的主体性活动为中介。在幼儿游戏的基本特征中，游戏性体验是最重要的要素，而自主性体验又是游戏性体验不可或缺的部分。在幼儿园的各种活动中，游戏是最能表现与肯定幼儿的主动性、独立性和创造性的活动。适合幼儿身心发展特点与水平的游戏能满足幼儿主体性发展的客观需要。作为学前阶段培养幼儿主体性的最佳途径，游戏对于幼儿主体性的发展与培养具有独特的教育价值。

教育家马卡连柯曾经指出："儿童在游戏中怎么样，当儿童长大的时候，他在工作中也多半如此。因此，未来活动家的教育，首先要在游戏中开始。"有鉴于此，在日常的幼儿教育过程中，把游戏放在幼儿园教育的中心地位是发展幼儿教育的必然选择。

二、游戏在幼儿园中的地位

幼儿园"以游戏为基本活动"已经成为现代学前教育的重要命题和普遍共识。但是游戏在我国幼儿园中地位的确立并不是一蹴而就的，而是经历了几代学前教育工作者的研讨总结，是在不断变化、发展的实践中总结出来的。

(一)"以游戏为基本活动"的提出

在我国，对游戏地位的提法最早涉及"主要活动"和"主导活动"等。1955年，我国印行的苏联《幼儿园教养员工作指南》中文版中提到"游戏是学前儿童的一项主要活动，是共产主义教育的重要手段"。1956 年，在当时聘请的苏联专家的指导下，北京师范大学学前教育研究室和北京市教育委员会联合编写并印发了《学前教育工作指南》，明确指出，"在正确的教育下，三至七岁的主导活动是游戏"。

"基本活动"的提法始于 20 世纪 80 年代，最早见于 1981 年《幼儿园教育纲要（试行草案）》，其中规定："幼儿园的教育任务、内容和要求是通过游戏、体育活动、上课、劳动、娱乐和日常生活等各种活动完成的，不可偏废。""由于幼儿生理、心理的发展特点，幼儿最喜爱游戏，因此游戏成为幼儿生活中的基本活动。在游戏中幼儿最易接受教育，游戏在幼儿园整个教育工作中占极为重要的地位，是进行体、智、德、美全面发展教育的有力手段。"

我国真正首次明确提出"以游戏为基本活动"的政策文本是 1989 年颁布的《幼儿园工作规程》（以下简称《规程》）。《规程》第二十条明确规定幼儿园要"以游戏为基本活动，寓教育于各项活动之中"，将之作为幼儿园教育工作的原则之一。第二十四条进一步对幼儿园游戏做了具体的规定："游戏是对幼儿进行全面发展教育的重要形式。应根据幼儿的年龄特点选择和指导游戏。""应充分尊重幼儿选择游戏的意愿，鼓励幼儿制作玩具，根据幼儿的实际经验和兴趣，在游戏过程中给予适当指导，保持愉快的情绪，促进幼儿能力和个性的全面发展。"

2001 年，我国颁布实施了《纲要》，《纲要》颁行的目的在于进一步贯彻《中华人民共和国教育法》《幼儿园管理条例》《幼儿园工作规程》，指导幼儿园深入实施素质教育。《纲要》中关于游戏的阐述秉承了《幼儿园工作规程》的主要精神，强调幼儿园教育应"以游戏为基本活动"，"游戏是对幼儿进行全面发展教育的重要形式"，提出"幼儿园教育应尊重幼儿的人格和权利，尊重幼儿身心发展的规律和学习特点，以游戏为基本活动，保教并重，关注个别差异，促进每个幼儿富有个性的发展"。在此基础上，《纲要》超越了单独游戏的概念，将游戏与课程更广泛地加以融合，使游戏成为课程的主线。

（二）"以游戏为基本活动"的重申

2010 年 7 月，我国正式发布的《国家中长期教育改革和发展规划纲要（2010—2020 年）》明确提出基本普及学前教育，学前教育进入了"发展的春天"。2012 年 2 月，我国颁布实施的《幼儿园教师专业标准（试行）》把"游戏活动的支持与引导"作为幼儿园教师应当具备的七大专业能力之一，并进一步将其细分为四种基本能力：①提供符合幼儿兴趣需要、年龄特点和发展目标的游戏条件；②充分利用与合理设计游戏活动空间，提供丰富、适宜的游戏材料，支持、引发和促进幼儿的游戏；③鼓励幼儿自主选择游戏内容、伙伴和材料，支持幼儿主动地、创造性地开展游戏，充分体验游戏的快乐和满足；④引导幼儿在游戏活动中获得身体、认知、语言和社会性等多方面的发展。可见，理解游戏对于幼儿学习和发展的重要价值，认同并坚持幼儿园以游戏为基本活动的教育理念，掌握组织和指导幼儿开展游戏活动的方法和技能，已经成为对学前教育专业学生的基本要求。

2011 年 12 月，针对幼儿园教育"小学化"现象日益突出的问题，教育部专门颁布了《关于规范幼儿园保育教育工作 防止和纠正"小学化"现象的通知》，再次明确提出幼儿园"要坚持以游戏为基本活动""要创设多种区域活动空间，配备丰富的玩具、游戏材料和幼儿读物，为幼儿自主游戏和学习探索提供机会和条件"。

2016 年 3 月，我国新修订的《规程》正式颁布。新的《规程》规定幼儿园要"以游戏为基本活动，寓教育于各项活动之中"，并进一步明确了"幼儿园应当将游戏作为对幼儿进行全面发展教育的重要形式。幼儿园应当因地制宜创设游戏条件，提供丰富、适宜的游戏材料，保证充足的游戏时间，开展多种游戏。幼儿园应当根据幼儿的年龄特点指导游戏，鼓励和支持幼儿根据自身兴趣、需要和经验水平，自主选择游戏内容、游戏材料和伙伴，使幼儿在游戏过程中获得积极的情绪情感，促进幼儿能力和个性的全面发展"。

在对幼儿园应该"以游戏为基本活动"这一理念的不断践行过程中，不得不提到的一个典型案例就是"安吉游戏"。2008 年，浙江省安吉县率先提出用 10 年时间建设"中国美丽乡村"的目标。2012 年年底，中国学前教育研究会游戏与玩具专业委员会成员到访浙江省一级幼儿园安吉县实验幼儿园、安吉县机关幼儿园，听取幼儿园介绍游戏的开展情况，集中观摩安吉民间幼儿游戏、利用竹乡资源支持幼儿自主开展的集体性户外游戏以及全园性自主游戏、户内班级区域游戏、共享区域游戏、户外沙水游戏、操场建构游戏、小树林野趣游戏等，赞誉安吉幼儿园的游戏是"真游戏"。从此，"安吉游戏"进入了学前教育研究者和实践者的视野，并通过国际论坛被介绍推广到了美国、加拿大、澳大利亚和新西兰等国。

拓展阅读

"安吉游戏"玩出乡村里的幸福童年
——浙江省安吉县学前教育特色发展纪实[①]

园内绿树成荫、四季花卉、树林城堡、树屋、种植园、紫藤架等为孩子们营造出了大自然的绿色世界，各类玩沙池、冒险岛、小树林……处处散发着大自然的清新和稚拙的童趣。这是浙江省安吉县机关幼儿园为孩子们创设的户外野趣游戏区，丰富多样的活动场所每天都可供孩子们自主选择。这一切常常让来自国内外的幼教专家惊叹不已！

游戏成为安吉学前教育最大特色和亮点

儿童是否幸福，取决于童年有没有游戏。安吉县机关幼儿园副园长王珍介绍说，根据安吉的山区特点，我们就地取材，先后创设了 18 个野趣游戏区，各年龄班按不

---

① 朱振岳、姜天安：《"安吉游戏"玩出乡村里的幸福童年——浙江省安吉县学前教育特色发展纪实》，载《中国教育报》，2013-12-29。有缩减。

同游戏区进行轮换；周二、周三、周四上午全园幼儿在相对固定的游戏区游戏，周一、周五各班自由选择游戏区游戏。

　　安吉县机关幼儿园现有大班游戏区5个：大沙水池、锅松林、欢乐运动场、户外建构、冒险岛；中班游戏区6个：农家乐、建构、欢乐运动场、大脚丫沙池、小树林、石玩坊；小班游戏区7个：门厅建构、玩沙、欢乐运动场、涂鸦、废旧工厂、小树林(2个)。在现场，记者看到，"冒险岛"的沟壑、山坡、草坪、秋千、木屋、绳网，不仅给孩子们提供了锻炼体能的机会，更给孩子们无限的游戏想象，既具有挑战性，又具有原始生态性，游戏中提供的麻袋、麻绳、木桩、木条、木箱、梯子等更能让孩子们在自主自由的环境中生成各种游戏；"涂鸦区"内的瓷砖墙面、大滚筒、各号画笔、棉棒、滚筒刷、水桶、抹布、废旧材料等，能让孩子们在自由自在的方式中尽情表达，有的是随性的线条与点的组合，有的是天马行空的想象画，有的是生活情景的再现……处处洋溢着孩子们的情感，生动而稚拙！

　　近年来，安吉县学前教育积极探索以幼儿游戏活动促进幼儿身心全面发展的路子。目前，全县25所幼儿园(辐射97个村幼儿教学点)都进行以"游戏活动"为主的学前养成教育。特别是实施"学前教育三年行动计划"以来，该县投入2个多亿元建设和装备幼儿园(新建8所中心幼儿园、15个村幼儿园、改扩建3所中心幼儿园)，使全县幼儿园的游戏区建设和玩具材料配备能够充分满足孩子们游戏的需求。

"以游戏为基本活动"的理念变成了现实

　　地处城郊接合部的南北庄中心幼儿园，孩子多是外来务工人员子女。为此，南北庄在幼儿园全面贯彻落实"以游戏为基本活动"的理念，合理规划幼儿游戏环境。空间上分户外游戏区(包括金沙滩沙水区、建构区、运动区、野战区、野营区、农耕区等)，走廊游戏区(包括休闲书吧、创意美工坊、阳光大舞台、美食一条街)，班级游戏区(包括益智区、美工区、图书区、娃娃家)三大片区，并充分利用家长和社区资源，收集各类竹木草土石等废旧材料作为幼儿游戏的材料。在户外游戏区，他们把附近地板厂的废弃地板，纺织厂的纸线筒，海绵厂的泡沫与海绵边角料，木板加工厂的木块、木条、木片，体育馆的羽毛球与乒乓球和农村稻田里的稻草等，都收集成为游戏基本材料。为了满足幼儿游戏的需要，幼儿园还不断为孩子们提供一些符合年龄特点且安全的挑战型游戏材料：有自制的竹单梯、竹双梯、废旧轮胎、攀爬架、防雨帐篷、竹推车、木铲、皮球、足球、跳绳、毽子等；为保障幼儿自主游戏的时间，南北庄中心幼儿园还在园务计划、保教计划、班级计划、周计划中明确规定幼儿每天要有2小时以上的自主游戏活动时间，充分保障让幼儿自主选择游戏内容，真正做到了把游戏还给孩子。

沙水间、水渠旁、秋千上、草地里……在安吉的幼儿园里，游戏是孩子的，孩子是在游戏中学习和发展的。从中心幼儿园到村教学点，"以游戏为基本活动"在经历了从理念到行动的转化，各幼儿园因地制宜，依托宝贵的自然资源，探索各种适应，激发孩子兴趣与能力的游戏材料与环境，各级各类幼儿园还在县教育主管部门指导下，围绕"把游戏还给孩子"开展形式多样的学习研训活动。

地处安吉西南部、天目山北麓的报福中心幼儿园，户外活动面积达6500平方米，整个户外场地的地面材料约15种，由缓坡、树林、种植区域、感觉区域、玩沙玩水区域、大型运动区域、小型私密空间等组合而成。在场地设计上，报福中心幼儿园充分考虑了幼儿游戏的特点和发展的需要。为满足幼儿游戏中艺术表达的要求，他们在幼儿园的围墙一侧设计了长约25米的涂鸦墙，大小两个沙坑的总面积达到1000平方米左右，并在大沙坑里设计有高低起伏的小沙丘，充满变化和挑战；小山坡是一个充满生机和神秘感的地方，他们就利用废旧矿泉水桶和轮胎，为幼儿搭建了一条条难度不一的上山小路，让幼儿可以根据自己的能力有不同的选择。此外，幼儿园还配有各种色彩明快的大小木箱、高低不同的木制长椅和各种木制建构材料，便于幼儿在游戏时根据自己的需要进行创造性地组合，充分发挥幼儿的智慧，使游戏更富有挑战性。

2013年11月14日，德国著名学前教育专家蕾娜特·齐默尔教授再次来安吉，为安吉游戏发展成果倍加激动。她参观了安吉县新农村幼儿园及社区家园共建共育活动，激动地说："这是我看到的全世界最好的幼儿园，有很多地方值得德国学习。"

安吉经济开发区中心幼儿园地处县经济开发区万亩小区内，是一所省二级乡镇中心幼儿园，下辖6个教学点，共700个幼儿。该园充分利用和深入挖掘本土资源，确立了"美丽乡村阳光健康幼儿园"的创建特色。通过以点带面的形式，以自主游戏为重点，凸显健康教育内涵，极大地提高了辖区内各村教学点的保教质量。良好的游戏环境，"快乐之家"的亲切、温馨，就像幼儿想象中的童话"小窝"；食堂门口的"小树林"是孩子们的快乐天堂，在这里，孩子们自由选择活动内容、活动方式、活动速度；丰富的游戏材料极大地满足了不同幼儿的多种游戏需求，让游戏陪伴孩子们快乐成长。据幼儿园於科燕老师介绍，该园每天在晨间、起床后、离园前都会让幼儿自由选择一些户外野趣游戏和室内安静的游戏，每天还有1小时以上的集中户外自主游戏（建构游戏、沙水游戏、角色游戏、运动游戏，等等）。

本章小结

1. 幼儿游戏就是在一定时空中，幼儿自发自愿进行的，伴有愉悦情绪体验的一系列假想的或现实的活动，这类活动以自身为目的，既可以是幼儿个体独自进行的活动，也可以是幼儿与其他人之间的社会性交往活动。

2. 幼儿游戏的外部行为特征：①游戏不同于厌烦无聊、无所事事的被动消极状态，幼儿在游戏中的表情特征说明其身心处于积极主动的活动状态；②幼儿游戏的动作具有非常规性、随意性和重复性特点，根据游戏动作的性质，我们可以把幼儿的游戏动作概括为探索、象征和嬉戏三种基本类型；③幼儿的游戏往往有言语伴随；④幼儿的游戏往往依赖具体的游戏材料或者玩具。

3. 游戏性体验是游戏不可或缺的重要心理成分，指幼儿在游戏活动中产生的对于游戏活动本身的主观感受或心理体验。游戏性体验可分为兴趣性体验、自主性体验、胜任感、幽默感，以及因身体活动的需要满足而获得的生理快感。其中，兴趣性体验、自主性体验与胜任感是任何游戏都不可或缺的基本部分，不同性质的游戏性体验存在与否及存在多少都取决于游戏自身的性质。

4. 幼儿游戏产生游戏性体验的外部环境相对宽松，主要具有以下特征：①自由选择游戏；②自行决定游戏活动的方式方法；③游戏活动的难度与幼儿的能力相匹配；④不寻求或担忧游戏以外的奖惩。

5. 游戏有不同的分类方法。①按照认知发展分类，游戏可以分为练习性游戏、象征性游戏、结构性游戏和规则性游戏四种。②按照社会性发展分类，游戏可以分为偶然的行为或无所事事、旁观、独自游戏、平行游戏、联合游戏、合作游戏六种。③幼儿园最常见的游戏分类是将幼儿游戏分为角色游戏、表演游戏、建构游戏和规则游戏。

6. 幼儿期是身体的高速发展期，而身体健康发展是幼儿全面发展的基础。幼儿的年龄越小，身体发展对其心理发展的影响作用就越明显。游戏可以促进幼儿的身体生长发育，可以促进幼儿动作的协调发展，还可以促进幼儿动作技能的形成。

7. 游戏对幼儿的认知和语言发展具有重要的意义与价值。我们平时会说

"会玩的孩子更聪明""幼儿的智慧是长在指尖上的",幼儿正是在游戏中提高了感知能力,形成与发展了概念,促进了注意和记忆力的发展,锻炼了思维,提高了解决问题的能力,培养了创造性。游戏还为幼儿提供了语言交往的机会,促进了幼儿语言能力的发展和提高。

8. 游戏是幼儿社会性交往的主要形式,也是幼儿社会性发展的重要途径。游戏具有重要的社会文化适应功能,可以帮助幼儿去自我中心化,培养其亲社会行为。游戏为幼儿提供了社会交往的机会,帮助幼儿掌握诸如等待、轮流、分享、合作、友好、助人等社会规则和交往技能,同时也促进归属、同情,甚至道德感等社会性情感的形成。

9. 游戏在幼儿的情绪与情感发展过程中具有重要的意义与价值。游戏能够发展幼儿的成就感或胜任感,增强自信心,能够发展幼儿的美感,能够发展幼儿的同情心与移情能力。游戏还可以帮助幼儿释放紧张与焦虑的情绪,将其"玩出来"(play it out),具有明显的情绪恢复和治疗功能。

10. 幼儿园是幼儿重要的社会生活场所,为幼儿的生活提供了一种特殊的游戏生态环境。我国首次明确提出幼儿园"以游戏为基本活动"的政策文本是1989年颁布的《幼儿园工作规程》,在之后的《幼儿园教育指导纲要(试行)》等文件中进一步明确了幼儿园"以游戏为基本活动"。2016年新修订的《幼儿园工作规程》一如既往地重视游戏在幼儿园中的地位和作用。

关键术语

幼儿游戏　游戏性体验　玩相　练习性游戏　象征性游戏

思考题

一、简答题

1. 幼儿游戏有哪些外部行为特征?

2. 根据幼儿的认知发展,游戏主要包括哪些类型?

3. 游戏是如何促进幼儿身体发展的?

4. 游戏在促进幼儿的认知发展中具有什么作用?

5. 为什么说游戏可以促进幼儿情绪与情感的健康发展?

二、论述题

1. 如何理解幼儿的游戏性体验,怎样促进幼儿游戏性体验的产生?

2. 你觉得自己是一个"爱玩"的人吗?请结合自己幼时的游戏经验和在幼儿园中

的实践，分析游戏在幼儿发展中的意义与价值。

实训练习

1. 请在幼儿园或生活中选定一名幼儿，观察与记录游戏对其身心发展的影响与作用。

2. 选择你周围的两所幼儿园，调查分析其游戏活动的开展情况。结合实践讨论分析如何才能在幼儿园做到"以游戏为基本活动"。

拓展练习

以下为部分教师资格证考试笔试真题，可扫描二维码观看。

笔试真题

第二章　幼儿游戏理论

学习目标 ▶

1. 了解有代表性的游戏理论，进一步理解游戏的本质，明确以游戏为基本活动的幼儿园课程观。

2. 学会学习，学会思考，能够自觉查阅相关资料，在阅读中思考，善于发现问题，形成批判性思维的能力。

3. 尝试运用游戏理论解释幼儿教育和发展中的问题，激发对游戏理论和实践的研究兴趣，愿意进一步探索，尝试解决问题的方法。

学习导图 ▶

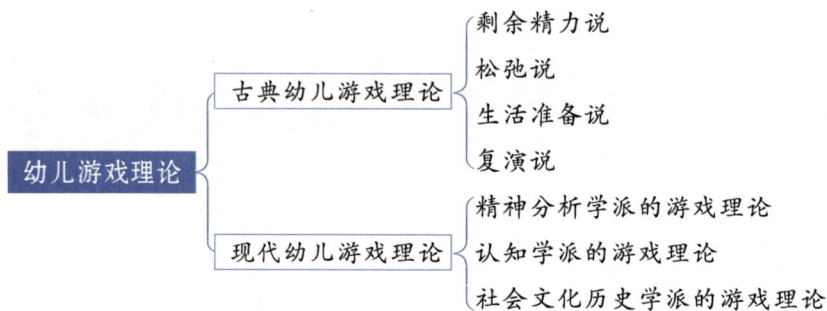

导入案例 ▶

美食坊的"鸡腿"

游戏活动开始了。佳佳和希希两个女孩子是今天美食坊的营业员。两人友好地相互帮助系好围裙，满意地相视一笑，开始准备今天的美食。刚刚收拾妥当，思思小朋友急匆匆地跑过来说："我要两个鸡腿，我们家来客人了，他最喜欢吃鸡腿。"佳佳说："好的，我拿给你。"可是，找了半天没有找到，只有整鸡，没有鸡腿。这时希希灵机一动，她问："整鸡行不行啊?""不行，我只要鸡腿。"佳佳急忙附和道："整鸡不是很好吗，它有两个鸡腿，还有两个鸡翅呢。"可是思思不答应："我们家客人只说吃鸡腿，没说吃鸡翅。"两个营业员你看看我，我看看你，怎么办呢？"把鸡腿拆下来吧。"佳佳提议说。可是两个人摆弄了半天怎么也不能把"鸡腿"拆下来。"快点行吗？我家客人都等急了！"思思催促着。突然，希希跑到积木区，又飞快地跑回来，嘴里高声喊着："鸡腿来了，鸡腿来了。"只见她手里拿着两个用球形积木插在长条形积木上构成的"鸡腿"，思思先是一愣，然后马上兴奋地说："好喽，好喽！可以吃鸡腿了。"边说边接过希希手里的"鸡腿"，并笑嘻嘻地做出啃鸡腿的样子，高高兴兴地离开了。

思思拿着"鸡腿"满意地回去招待"客人"，这充分体现了游戏的特征，也暗含游戏的本质。无论是动物还是人类，都需要游戏。尤其是对于年幼的动物和未成年的幼儿来说，游戏更为重要。例如，小猫滚线团，小鹿相互追逐，幼儿玩过家家、嬉戏打闹……在人类的不同时期，在不同的国家和地区，出生于不同家庭的幼儿，在个体发展的不同阶段，游戏的内容和方式既有很多相同和相似，也有很多差异和不同。如何解释这些现象？怎样看待游戏？如何对待幼儿的游戏……

第一节　古典幼儿游戏理论

19 世纪下半叶，出现了最早的游戏理论。很多思想家、社会学家、生物学家、心理学家从不同角度、不同侧面提出了各自的游戏观点。其中比较有代表性的有席勒和斯宾塞的剩余精力说、拉察鲁斯和帕特里克的松弛说、格鲁斯的生活准备说以及霍尔的复演说。但是由于时代的制约和实证经验的缺乏，这个时期的理论带有浓厚的生物学色彩和主观思辨性。尽管如此，这些理论从不同角度解释了游戏产生的原因，阐发了游戏的价值，对后人的研究产生了巨大影响。

一、剩余精力说

游戏的剩余精力说的代表人物是德国思想家、诗人席勒和英国社会学家、心理学家斯宾塞。他们认为，游戏是人的机体内部的剩余力量产生的。虽然，席勒和斯宾塞都用"剩余精力"来解释游戏，但是他们解释问题的角度和过程都有显著的区别。因此，有必要对它们分别进行讨论。

（一）席勒关于游戏的看法

席勒，作为德国启蒙文学的代表人物之一，其游戏理论同他的美学理念和美育思想密不可分。在其美学论著《美育书简》中，席勒提出了人的三种本性要求：感性冲动、形式冲动和游戏冲动。感性冲动源于人的自然本性，它使人获得物质上的满足，使人成为现实中有着各种感觉和丰富感受的活生生的真实的人。形式冲动源于人的精神本性，它使人超越人的自然本性，超越个体有限的存在，使人获得超越时间的永恒人格，并赋予不断变化的多样性的世界以理性的统一。感性冲动受制于物质世界的自然法则，而形式冲动则受制于精神世界的理性法则，在这两种状态下，人都受到某种强制而不能达到自由。因此，为了统一人的感性冲动和形式冲动，统一人的感性和理性，使人得到自由，使人性得到完善，席勒引出了第三种冲动——游戏冲动。游戏冲动源于人的审美本性。美是游戏冲动的对象，而游戏就是审美活动。

在席勒看来，游戏是在自然需要得到满足之后，有了剩余力量之后发生的，是力量的自由表现。他在谈到动物的游戏时说道："当狮子没有为饥饿折磨，并当没有别的野兽向它挑战的时候，它那没有使用过的精力便为自己创造出一个对象。它以威武的吼声响彻充满回声的荒漠，它那旺盛的精力以漫无目的的使用来娱乐自己。"席勒认为，当动物活动的驱动力来自物质需要的欠缺时，它是在工作；当驱动力来自充沛的剩余精力时，它是在游戏。

由于席勒把游戏即审美活动提升到了完善人性的高度，因此，在席勒那里，游戏的含义远远大于人们对它的日常用法，游戏并不仅仅意味着轻松和愉快，而且具有原则的严肃性。他曾说，儿童游戏中常寓有深刻的思想。

为此，他区分了动物的游戏和人的游戏，并进一步将人的游戏区分为低级的"材料的游戏"和高级的"审美的游戏"。他认为，动物的游戏仅仅是感性的满足，只是摆脱外部需求的自由，缺少精神的关照。"材料的游戏"作为人的低级游戏，只是一般想象力的活动，这种活动没有摆脱外部事物的本来面目，而是机械地把现实搬到头脑中来。"审美的游戏"则是人的高级游戏，它是一种创造力的活动，这时，人为自然立法的智慧使想象力摆脱了物质的自然法则，获得了独立性和无限性。正是在审美游戏中，人才获得了完整性，达到自身的完善。他说："人只为了美才游戏""只有当人是充分意义的人的时候，他才游戏，并且只有当他游戏的时候，他才是完全的人"[1]。

席勒从人性的哲学高度来看游戏的本质，把游戏理解为自由的审美。他既看到了自然法则对游戏这种自由活动的前提作用，也强调了游戏自觉对人的自然之性的价值。总的来说，席勒的游戏说与他的美学思想交织在一起，具有比较浓烈的德国古典哲学意味。

(二)斯宾塞关于游戏的看法

斯宾塞，有"社会达尔文主义之父"之称。他主要以生物进化的观点对游戏进行解释。他认为，活动是动物与人的普遍倾向。但是，低等动物的活动主要是为了满足生存，它们不停地为了食物而忙碌，基本没有精力进行游戏。随着种系的演化，

---

[1] 蒋孔阳：《德国古典美学》，186 页，北京，商务印书馆，1980。

机体用来满足基本生存需要的时间和精力越来越少，高等动物除了生存，有更多时间和精力来从事与生存无关的活动。

斯宾塞还试图说明游戏的神经生理机制。他推测，由于身体和心理的活动而使神经细胞受到损伤。这些受损细胞在静止期逐渐得到恢复，从而为机体的再度活跃做好了准备。这些重新活跃的细胞对于刺激十分敏感，从而产生了一种几乎无法控制的活动的欲望。游戏就是于静止期得到修复的重新活跃的神经细胞的"多余的"活动。

斯宾塞主要是以进化论为基础来看待游戏的。因此，斯宾塞的游戏论更多地看到了人与动物的一致性，它主要是从人的生物本能来解释游戏的。他认为游戏是诸如生存等与生俱来的本能的产物，是一种自然自发的活动。他认为这种自发的本能活动对幼儿的身体发育和未来幸福都是不可缺少的。他认为，游戏的动作富于变化，能使幼儿的机体得到锻炼，并让他们从中获得乐趣，从而使男孩子成长为绅士，使女孩子成长为大家闺秀。所以，他主张对幼儿的游戏应该加以鼓励①。

幼儿园教师资格证考试·考点预测

席勒和斯宾塞提出的游戏理论是（　　　）。

A. 剩余精力说　　B. 松弛说　　C. 复演说　　D. 练习说

（答案：A）

二、松弛说

松弛说的代表人物是德国哲学家、心理学家拉察鲁斯和帕特里克。其主要观点是：游戏不是发泄精力，而是消除疲劳、松弛身心、恢复精力的一种方式。艰苦的劳动使人身心疲劳，这种疲劳需要一定的休息和睡眠才能消除。然而只有当人解除紧张状态时，才可能得到充分的休息和睡眠。游戏和娱乐活动可使机体解除紧张状态，具有放松身心、恢复精力、增进健康的作用。

松弛说认为，游戏与工作是两种性质截然不同的活动。游戏是存储精力的理想方式，而工作则是消耗精力的活动。帕特里克认为，现代人的工作性质与过去相比发生了很大的变化。现代社会的工作越来越注重活动的有意性、注意的坚持性和思维的抽象逻辑性。简单说就是脑力劳动的任务更艰巨。因此，现代人的心理压力比较大，需要游戏尤其是运动性游戏将人从这种紧张感、压力感和疲劳感中解脱出来。

松弛说从两个方面来解释幼儿的游戏。一方面，幼儿游戏是由身心发展水平的限制以及生活经验的缺乏决定的。年幼的幼儿对复杂的外部世界难以适应，很容易

---

① ［英］赫·斯宾塞：《教育论——智育、德育和体育》，胡毅译，45页，北京，人民教育出版社，1962。

产生疲劳，因此需要游戏来使其放松，消除疲劳，恢复精力。另一方面，幼儿游戏是因为他是幼儿。游戏是幼儿自然的积极的生活。在帕特里克看来，幼儿的游戏是由"种族习惯"和"种族记忆"所驱动的。也可以说，游戏是出于幼儿的一种本能。

总的来说，松弛说认为游戏是人的本能需要，具有放松身心、恢复精力的功能。成人游戏更多是为了从工作压力中获得解脱，消除疲劳。幼儿游戏则更多是出于游戏的天性，同时也是由幼儿心理发展水平和生活经验决定的。

三、生活准备说

生活准备说是由德国生物学家、心理学家格鲁斯提出来的。他在批评剩余精力说的过程中，形成了自己的观点。他认为，剩余精力说低估了幼儿游戏的价值。在他看来，幼儿时代就要游戏，游戏是未来生活最好的预备。幼儿虽然有天生的本能，但本能是不成熟、不完善的，需要有一个准备的阶段。只有在本能基础上进行练习，锻炼自己为生存竞争的能力，才能适应将来复杂的生活。游戏是准备生存、练习本能最好的形式。

格鲁斯的理论主要基于这样两种现象。第一，游戏期的长短与动物在种系演化中所处的地位有关。越低等的动物，幼稚期和游戏期越短，甚至没有。他以一种寄生蜂为例，幼蜂一出生就能准确无误地重复母亲的行为，因此这种生来就成熟的动物没有不成熟的幼稚期，也就不需要游戏。而较高等的动物，出生后不能独自面对生活的困难，机体越复杂，不成熟的幼稚期就越长，需要的游戏期也就随之越长。第二，游戏活动是对未来严肃生活的能力练习。他认为小猫玩球是为了练习捕鼠，小狗咬着玩是为了练习猎捕的能力，女孩玩娃娃是为了将来做母亲和妻子，而男孩玩争斗游戏、开车也是为了将来的职责做准备。

格鲁斯还把幼儿的游戏分为两类：一类是练习性游戏，包括感知运动的练习和高级的心理机能的练习，作用在于促进自我控制能力的发展；另一类是社会性游戏，包括追逐打闹和模仿的游戏，作用在于形成人与人之间的关系。他认为，练习性游戏先于社会性游戏出现。

格鲁斯认为本能是人和动物行为的基础，同时又看到了本能的不成熟性，将游戏看作发展本能和完善本能的途径，认为游戏是对成人复杂而严肃的生活的准备，从而肯定了游戏的价值，这一点具有积极意义。

四、复演说

复演说的代表人物是美国心理学家、教育家霍尔。受达尔文进化论的影响，在其 1904 年出版的《青年期》一书中，霍尔提出了复演说用于解释人类的身心发展情况，认为个体心理的发展反映着人类发展的历史：生前胚胎期像蝌蚪形状，代表人类最初在水中生存的时期；婴儿期的爬行代表人类进化的猿猴时期；青年期的情绪不稳定代表人类进化的混乱期；成年后的身心成熟代表人类进化的文明期。

霍尔以复演说来解释游戏，认为游戏是远古时代人类祖先的生活特征在幼儿身上的复演。游戏的发展阶段正是以不同的形式复演人类祖先进化的历史。例如，幼儿爬树、挂在树上荡秋千是重复类人猿在树上的活动；而玩打猎、捕鱼、搭房子等游戏则是重复原始人的活动。

霍尔把人类发展从原始人至现代人分为五个阶段。

①动物阶段，是指类人猿阶段。幼儿表现为本能的反应，如吸吮、哭泣、抓爬、站立。

②未开化阶段，是指靠猎取动物为生阶段。幼儿表现为喜欢玩追逐游戏，丢手绢游戏和捉迷藏游戏等。

③游牧阶段，靠游牧为生。幼儿表现为爱玩小猫、小狗、小鸡、小鸭的游戏，爱护小动物的游戏等。

④农业、耕种阶段。幼儿表现为爱玩娃娃、玩具，挖地、挖河等游戏。

⑤城市阶段，也称部落阶段。幼儿表现出小组游戏的行为，由单个人独自玩发展成为一群人一起玩。

霍尔进一步认为，游戏的价值在于，幼儿要在游戏中根除"史前状态的动物残余"，让个体摆脱原始的、不必要的本能动作，为当代复杂的活动做准备。可以说，霍尔在某种程度上看到了幼儿游戏内容的社会历史性，随着社会环境的不同，幼儿游戏的内容也会有所不同。但是，他没有对这一现象做出正确的解释。

幼儿园教师资格证考试·真题再现

2012 年下半年《保教知识与能力》单选题

认为"游戏是为未来生活做准备"的游戏理论是（　　　）。

A. 预演说　　　　　　　B. 剩余精力说

C. 复演说　　　　　　　D. 松弛消遣说

（答案：A）

第二节　现代幼儿游戏理论[①]

在早期经典游戏理论的基础上，随着时代的变化以及各门科学尤其是心理学的发展，游戏研究呈现出新的特点。20 世纪 20 年代以来，形成了现代游戏理论，主要包括以弗洛伊德为代表的精神分析学派的游戏理论、以皮亚杰为代表的认知学派

---

① 刘焱：《儿童游戏通论》，北京，北京师范大学出版社，2004。

的游戏理论以及以维果茨基为代表的社会文化历史学派的游戏理论。与早期游戏理论主要关注人类的一般本性不同，现代游戏理论更关注个体，主要从个体发展的角度把游戏看作个体的行为。尽管现代游戏理论的不同学派有不同观点，但他们都认为游戏能够以某种方式促进幼儿的发展。学习现代游戏理论，能够帮助我们从不同的角度思考游戏的价值，拓展我们对游戏认识的深度和广度，从而更好地理解游戏的本质，发挥游戏在促进幼儿发展中应有的作用。

一、精神分析学派的游戏理论

在现代西方心理学流派中，精神分析学派是最重视游戏问题的一个学派。精神分析学派之所以重视游戏，是由这一学派的基本理论决定的。精神分析学派认为，与生俱来的原始冲动和欲望是一切生物生存的基础。在动物界，这些冲动和欲望可以随意表达，赤裸裸地表现。但是，对人类而言，这些原始冲动和欲望由于受社会道德规范的制约，往往会以曲折隐晦的方式表现出来，否则就会因过度压抑而成为神经症乃至精神病的根源。游戏作为可供个人自由支配的领域，是一种表现原始冲动和欲望的最好方式。不仅如此，精神分析学派还把游戏发展为一种游戏治疗法。

（一）弗洛伊德的游戏理论

弗洛伊德是精神分析学派的创始人，游戏是他关注的问题之一。要了解弗洛伊德的游戏思想，需要首先理解他的人格结构理论。弗洛伊德认为人格是由"本我"（id）"自我"（ego）和"超我"（superego）三个部分组成的。"本我"是人与生俱来的欲望或原始的生物内驱力，它们不懂逻辑和道德，只是盲目地追求满足，遵循的是"快乐原则"。"超我"代表着人的理性，是社会规则内化的结果，反映着人们生活中的社会道德的要求和行为准则。它遵循的是道德的"至善原则"。"本我"和"超我"的要求是对立的、矛盾的，而"自我"则是调节和平衡"本我"和"超我"之间的矛盾和冲突的机制，它既不盲目地追求生物本能的满足，也不一味压抑自己的欲望去迎合社会规则的要求。"自我"遵循的是"现实原则"。它试图获得欲望满足的同时又避免良心谴责的痛苦。在弗洛伊德看来，人格发展的重要任务就是形成"自我"。而自我的形成有一个发展的过程。在婴儿期，个体主要受"本我"支配，随着经验的积累，"自我"和"超我"才一起得到发展。

在弗洛伊德的人格结构理论中，"本我"试图说明人行为的原因，"超我"试图说明道德的形成，"自我"试图解释人在社会现实生活中如何作为一个人而出现。可以说，良好自我的形成，就在于生物因素与环境因素的平衡。弗洛伊德的人格结构理论是理解其游戏意义的基础。在弗洛伊德看来，"自我"是调节和平衡"本我"与"超我"之间的矛盾和冲突的机制，在某种程度上是在游戏中获得的。由于游戏在一定程度上是与现实分离的，游戏可以不必完全受现实社会规则的制约。在游戏中，允许

"自我"自由地调节"本我"和"超我"的要求，消除它们之间的矛盾和冲突。对于幼儿，游戏为他们提供了一个安全的环境，在现实生活中不能实现的愿望在游戏的想象中可以得到满足，从而帮助幼儿释放因社会压制而产生的紧张与压力。例如，在现实生活中，妈妈不允许幼儿吃糖果，而在游戏中，幼儿可以尽情地"吃"。现实中不允许做的事情，在游戏中都可以做。正是通过游戏，幼儿能够以自己的方式处理那些超出自身能力但对自身具有特殊意义的事。所以，游戏对于幼儿人格的正常发展具有重要的作用。

弗洛伊德认为，统治幼儿期的主要愿望就是快快长大成人，做大人所能做的事情。在现实生活中不能实现，幼儿就在游戏中寻求这种愿望的满足。例如，幼儿玩"过家家"的游戏，通过扮演成人角色来模仿成人活动，其想当成人的愿望由此得到了满足。值得注意的是，弗洛伊德认为，不仅愉快的体验可以成为幼儿游戏的主题，不愉快的体验也可以成为游戏的主题。例如，"打针"的经验对于幼儿来说是痛苦的，按照"快乐原则"，幼儿应该尽快忘掉这一经验。可事实是，幼儿随后便反复玩起了"医生和病人"的游戏。对此，弗洛伊德解释说，这是一种"强迫重复"现象。"强迫重复"实际是"快乐原则"的另一种表现形式。在看医生的现实生活里，幼儿体验到了紧张、焦虑、愤怒等不愉快体验。在"医生和病人"的游戏里，幼儿则将这些不愉快体验转嫁到了玩伴和玩具等身上。通过游戏，幼儿从痛苦体验的被动的承受者转变为游戏的主动控制者，使自己从中获得战胜环境的成功和快乐。弗洛伊德解释"强迫重复"出现的原因在于幼儿"自我"结构的不完善，心理的防御机能没有得到充分发展，不能有效抵御外界环境的伤害。因此，幼儿需要一个过程，通过"强迫重复"，重现创伤事件，重新体验，使当时无法忍受的情景和事情在多次"重复"后变得能够忍受，进而实现对环境的控制。

在弗洛伊德看来，游戏的对立面不是"严肃的工作"，而是"现实的生活"。游戏能够满足幼儿在现实生活中不能满足的愿望，为幼儿表现受压抑的或不为现实所允许的冲动提供了一个安全的领域，也为幼儿战胜现实、掌控环境提供了途径。但是，幼儿通过游戏自由表现自己愿望的时期是短暂的。随着自我的发展和逻辑思维的发生，游戏就消失了。取而代之的是滑稽、幽默或创造性的艺术活动。

弗洛伊德并未系统地论述过幼儿游戏，他对游戏的论述在其著作中虽然只有少量的篇幅，却奠定了精神分析学派关于幼儿游戏的看法的基调。其影响广泛而深远。从理论上看，可以说 20 世纪以来的游戏理论大多受到他的思想的影响。从实践上看，游戏从临床的普遍应用发展为专门的游戏治疗技术，可以直接追溯到他的影响。

(二)埃里克森的游戏掌控理论

埃里克森是著名的发展心理学家，也是新精神分析学派的重要代表人物。他接受了弗洛伊德的人格结构理论，但是侧重点与弗洛伊德有所不同。埃里克森认为，人格的发展是生物因素和社会因素相互作用的结果。虽然埃里克森也是从基本的"本能冲突"出发来构建其人格发展理论的，但是它超越了"本能"，强调来自社会的要求和自我对发展危机的解决。与弗洛伊德消极被动的"自我"概念不同，在埃里克森看来，"自我"不是本我和超我的奴仆，而是能够主动地协调和整合来自内部的心理要求和来自外部的社会要求的积极因素。

> **幼儿园教师资格证考试·考点预测**
>
> 从积极方面发展了弗洛伊德游戏思想的掌控理论的心理学家是（   ）。
> A. 蒙尼格   B. 埃里克森   C. 皮亚杰   D. 伯勒
> （答案：B）

埃里克森认为，游戏可以帮助"自我"对生物因素和社会因素进行协调和整合，因为在游戏创造的环境中，"过去可复活，现在可表征与更新，未来可预期"。所以，游戏作为自我积极主动的机能发挥的途径，有助于实现身体和社会性过程发展的同步，从而促进人格的健全发展。可以说，埃里克森从积极的方面发展了弗洛伊德关于掌握（mastery）的思想，他不仅强调游戏可以降低焦虑和满足愿望，而且更加突出游戏在自我发展中的作用。他进一步指出，游戏的形式随年龄的增长和人格的发展而不同：幼儿的游戏是使用玩具，成人的游戏是创造性想象，表现在艺术、科学和日常生活等活动中。

具体来说，埃里克森把人格的发展划分为八个阶段（见表 2-1），每一阶段都有自己特定的发展任务，或者说发展危机。每一阶段的发展任务都表现为需要解决的两极性的矛盾。如果发展任务解决得好，就形成理想的人格；解决不好，就形成与理想人格相反的另一种人格。并且，前一阶段的发展状况会影响后一阶段的人格发展。在童年期的几个阶段，游戏对于幼儿成功解决每一阶段的发展危机，从一个阶段向下一个阶段的顺利发展，发挥了重要作用。幼儿通过游戏表现内心的冲突和焦虑，又通过游戏使危机得到缓和。

表 2-1　弗洛伊德与埃里克森的人格发展阶段

年龄	弗洛伊德	埃里克森	
0～1.5 岁	口唇期	信任—不信任	希望的品质
1.5～3 岁	肛门期	自主性—羞怯、疑虑	意志的品质
3～6 岁	阴茎期	主动性—内疚	目的的品质
6～11 岁	潜伏期	勤奋—自卑	能力的品质

续表

年龄	弗洛伊德	埃里克森	
青春期	生殖器期	同一性—角色混乱	忠诚的品质
青年期		亲密—孤独	爱情的品质
成年期		繁殖—停滞	关心的品质
老年期		自我整合—失望	智慧的品质

第一阶段相当于弗洛伊德的口唇期，幼儿的本能与社会的要求之间开始了最初的交锋。这一阶段需要解决的主要发展危机是信任对不信任。如果这一阶段的危机成功地得到解决，建立起基本的信任感，克服不信任感，个体就会形成希望的品质；如果危机没有成功地得到解决，就容易胆小惧怕。幼儿在这一阶段处于人生发展最软弱的时期，完全依赖他人（一般情况是母亲）的养育和保护。婴儿从生理需要的满足中体验到身体的康宁和环境的安全，由此产生对周围环境的基本信任感。埃里克森认为，良好的母子关系是产生信任感的基础。游戏对于母子关系的形成和信任感的建立具有重要意义。这一阶段的母婴游戏，传递着爱的信息，使婴儿体验着人生最初的社会性情感，鼓励着婴儿进一步的探索，从而成为"自我"形成的基本促进力量。

第二阶段相当于弗洛伊德的肛门期。幼儿必须掌握对排泄器官的肌肉控制并由此在信任感的基础上产生自信，认识到自己的意志，产生自主感。否则将形成羞怯与怀疑的态度。游戏开始在幼儿生活中占据重要地位，游戏给幼儿提供了一个安全岛。幼儿可以在自己控制的范围内不断获得自信心与自主感，克服自己的怀疑与羞怯。

第三阶段相当于弗洛伊德的阴茎期。这一阶段幼儿面临的危机主要是所谓"俄狄浦斯情结"，即想在心理上占有异性的父母。幼儿必须学会对付这种冲动，把它纳入社会认可的行为模式中。幼儿的自我观察、自我约束、自我惩罚在此阶段开始发展，幼儿的自主性和性别角色的社会化也获得初步发展。这一阶段的正常发展是通过游戏中的角色扮演，以同性父母的自居作用来解决这一危机的。游戏在这一阶段对幼儿的发展起着格外重要的作用。游戏可以使幼儿在可能的范围内不断辨认想象与现实的界限，辨认文化环境中有效的被允许的行为。通过在游戏中扮演角色，表现内心的冲突和焦虑，危机得到缓和，同时上一发展阶段所遗留下来的问题也可能得到解决。

第四阶段相当于弗洛伊德的潜伏期。幼儿在这一阶段离开家庭进入学校。学校是幼儿进入社会的第一个比较重要的台阶。他开始意识到应该在学校中的伙伴团体中占一席之地，为此，必须勤奋学习，在学业上取得一定的成绩。在追求成功的努力中渗透着害怕失败的情绪，学习成功意味着勤奋与胜任，否则就会产生自卑感。勤奋和自卑构成了此阶段的主要冲突。而游戏作为"一种孩子气的思维方法"，使幼儿获得克服困难的经验，体验到掌握的感觉，从而获得胜任感和成功感。

第五阶段相当于弗洛伊德的生殖器期。在这一阶段，幼儿主要解决的是同一性危机。此时，幼儿一方面感觉到来自生物成熟的压力而产生焦虑，另一方面也感觉到来自社会文化的要求。他必须整合来自两个方面的因素，建立起与性别相适应的社会角色行为模式，通过认清自己的角色从而明确自己生活的目的和在生活中的位置。如果同一性危机没有得到很好解决，就可能造成角色混乱，意味着不能成为一个充分发挥作用的成人。游戏在这一阶段不仅使幼儿能在游戏中表达自己的焦虑，而且使幼儿通过想象的角色扮演将在现实社会环境中逐渐习得的角色内化为自己所拥有的角色，从而有助于这一危机的解决。

埃里克森在理论上发展了弗洛伊德关于掌握的思想，他在肯定生物本能在发展中的作用的基础上，对社会文化因素给予了一定的重视。他经验性地描述了幼儿游戏中的性别差异。埃里克森发现，在游戏材料的使用方面，男孩子喜欢用积木构建笔直向上的建筑物，如楼房、高塔等；女孩子则喜欢用家具布置室内情景。他认为这种差异与男女的生物差异有关。在游戏内容方面，男孩子倾向于反映户外活动、建造和军旅等内容；女孩子则倾向于反映家庭生活内部的情况，如烧水、做饭、照顾孩子等。他认为这种差异主要受社会文化因素的影响。同时，这些差异也反映了幼儿的焦虑、愿望以及解决发展危机的努力。不仅如此，埃里克森在研究方法上也有所创新。他运用20世纪40年代流行的"娃娃游戏"研究技术，既注重个案分析方法的运用，也试图从中揭示游戏发展与年龄、性别的关系。他的研究方法已介于传统的精神分析方法与统计方法之间。

(三)蒙尼格的"宣泄"理论

如果说埃里克森从积极的"掌握"方面发展了弗洛伊德的游戏思想，蒙尼格则从消极的"宣泄"方面发展了弗洛伊德的游戏思想。

在蒙尼格那里，"宣泄"一词专指攻击性行为或敌意的宣泄。弗洛伊德关于游戏的论述中已有游戏是敌意或报复冲动的宣泄思想，蒙尼格进一步发展了这一观点。

蒙尼格认为人生来就有一种攻击性倾向，这种攻击性倾向如果得不到发泄就会形成病症。如果提供一种合法的途径使这种攻击性驱力以对他人无害的方式得到释放，就可以减轻这种驱力而不致形成病症。游戏的益处在于宣泄和降低焦虑，也是宣泄这种驱力合法的途径。对于成人来说，体育运动、竞赛是攻击性驱力的最好出路。对于幼儿来说，游戏则是释放攻击性驱力的最好途径。蒙尼格认为，小女孩玩布娃娃的游戏，模仿母亲的态度和动作，是对母亲的一种无意识的攻击，意味着"妈妈，你不再是我需要的了，我现在已是个成人了；是我而不是你有长裙子和孩子，我不需要你了"。幼儿游戏包含着对于成人权威和父母禁令的一种带有敌意的幻想性的反抗。

班杜拉等人通过研究发现，游戏行为包括的攻击性行为是后天习得的，不是人的本能。而蒙尼格把攻击性看作人的本能，把人的本性看成是反社会的。在这样的前提下来论述游戏的宣泄作用，不仅把传统的宣泄理论推向了极端，而且为暴力的合理性提供了依据。

(四)伯勒的角色选择理论

幼儿在游戏中所扮演的角色,一直是精神分析学派感兴趣的问题。传统心理学认为,幼儿扮演角色是由模仿的本能决定的。弗洛伊德不同意这种观点。他认为如果没有情感驱力,也就没有模仿。幼儿的游戏不是一面镜子,幼儿在游戏中模仿谁、扮演什么角色是有高度选择性的。伯勒系统地分析了幼儿在游戏中经常扮演的角色以及支配这种角色扮演的动机,发展了弗洛伊德的这一思想。

伯勒认为,幼儿的许多游戏背后都隐藏着深刻的情绪原因。幼儿对角色的选择,往往基于他们对于某个人的爱、尊敬、嫉妒或愤怒的感情。通过模仿他们尊敬、爱戴的人,幼儿"想和成人一样"的愿望得到了满足。所以,幼儿常常假装自己是国王、皇后、仙女,或者以父母、教师自居。使幼儿害怕的人或事物也会促使他们模仿,通过这种模仿,幼儿可以征服恐惧。幼儿还愿意扮演那些低于他们身份的角色,如小婴儿、小动物或小丑等。这种游戏可以使幼儿在安全的环境中做他们平时不能做的事情,还可以掩饰他们的错误与过失。例如,幼儿趴在地上假装小狗,或者缩着身体假装婴儿。伯勒认为,幼儿这样做的根源在于"成人世界"对他们的压迫。随着年龄的增长,幼儿逐渐习得了社会道德的规范与约束,"超我"得到了一定发展,而幼儿一方面要取悦父母去按照社会准则行事,另一方面又不想放弃来自"本我"支配的快乐。于是,通过扮演低于自己身份的角色,幼儿可以重新回到过去,重享不再有的儿时快乐。

伯勒还从幼儿与成人(主要是母亲)的关系发展的角度,考察了幼儿游戏结构的发展变化。他把幼儿的发展分为四个阶段,每一阶段发展的矛盾不同,游戏内容也不同。

阶段1:幼儿的焦虑主要集中在与机体有关的挫折方面,在游戏中的表现形式是幼儿独自玩耍,而且常常玩弄自己身体的某个部位。

阶段2(前恋母阶段):幼儿的焦虑主要表现为失去母亲(食物来源)的担忧。这一时期幼儿游戏的主题主要是"我能够做妈妈对我做的那些事情"。

阶段3(恋母冲突阶段):幼儿在游戏中扮演成人的角色,以试图补偿他们无法与成人相匹敌的地位。

阶段4(后恋母阶段):与伙伴共同参与的规则游戏,为幼儿创造了一种自我控制的社会秩序,通过认真地执行游戏规则,幼儿从外部的"超我"控制中获得了相对的独立和自由。

(五)精神分析学派对游戏理论的发展及影响

精神分析学派发端于精神病学,而不是心理学,因此这一学派关于游戏的理论带有明显的临床诊断色彩。与学院派心理学注重传统的、一般的、所有幼儿玩的游戏不同,精神分析学派更注重各种不同的、幼儿个人的游戏。由于以分析游戏个案为主,在分析时,研究者需要了解游戏者的生活经历和情感经验,以洞察经过伪装的被歪曲了的真情实感。因此，这种分析需要消耗大量的时间。而且，对同一个幼儿的游戏，不同的精神分析学家会有不同的解释，从而难免存在主观臆测。正如舒尔茨所说，"精神分析有许多概括和假设，但好像没有什么定理、公设的并然有序的系统，也没有科学理论所必需的那种精确的关系"[①]。

尽管如此，精神分析学派对于游戏研究仍有很大的贡献和影响。首先，精神分析学派的游戏理论是建立在其人格结构理论的基础之上的，它把游戏研究与人格发展紧密地联系起来，认为游戏对于幼儿人格健全、心理健康乃至成人生活的重要性，对于后来的研究者有着积极的重大影响。其次，精神分析学派把游戏视为幼儿情感危机的自我疏导，能够降低焦虑，是欲望的一种补偿性满足。这不仅看到了幼儿人格发展中幼儿需要与社会控制的矛盾以及幼儿与成人世界的不同，更重要的是，从情感的角度来看待游戏对幼儿人格发展的作用，把情绪情感作为游戏的重要组成部分，从而让我们看到了整个的活生生的幼儿，看到了每个幼儿的独特性。最后，精神分析学家在游戏治疗的研究中，不仅使游戏治疗技术得到了丰富和发展，同时也大大促进了幼儿游戏的研究。

二、认知学派的游戏理论

(一)皮亚杰的游戏理论

皮亚杰是瑞士著名心理学家、认知发展学派的创始人。他的认知发展理论近几十年来在世界范围内产生了广泛的影响，也是对学前教育影响最大的理论。皮亚杰的游戏理论与他的认知发展理论有着密切的关系，是认知发展理论的组成部分。他认为许多游戏理论之所以不能正确地解释游戏这种幼儿期所特有的现象，主要原因是这些游戏理论都把游戏看作一种孤立的机能或活动。皮亚杰认为，游戏只是智力活动的一个方面，是思维活动的一种表现形式。他把游戏放在幼儿认知发展的总背景中去考察。他认为，游戏的基础是智慧的发展形式，其实质是同化超过顺应，功能在于练习心理机能、解决情感冲突，达到认知的平衡和情感的满足，以适应现实世界；幼儿的认知发展阶段决定了他们不同的游戏类型和游戏水平。

> **幼儿园教师资格证考试·考点预测**
>
> 皮亚杰认为游戏的实质是（　　）。
> A. 同化　　B. 顺应　　C. 同化超过顺应　　D. 顺应超过同化
> （答案：C）

---

① ［美］杜·舒尔茨：《现代心理学史》，杨立能、陈大柔、李汉松等译，353页，北京，人民教育出版社，1981。

1. 幼儿游戏的本质和功能

皮亚杰认为，游戏是认知活动的一个方面，实质就是同化超过了顺应。他借用生物学的"同化"和"顺应"两个概念，来解释人的行为。他认为"同化"与"顺应"是机体与环境相互作用的两种方式。所谓"同化"是指主体运用自己已有的动作图式或合并认知结构或整合外部事物，从而加强和丰富自己的动作图式或认知结构。例如，幼儿学会"抓握"动作后，他就试着去抓手边的每一件东西，以练习并巩固这一动作图式；幼儿认知结构中有了"狗"的概念，他会把大狗、小狗、黑狗、黄狗等纳入"狗"的概念中，丰富自己关于"狗"的认知结构，这就是同化的过程。所谓"顺应"是指机体在环境因素的作用下使自身发生变化，改变已有的动作图式或调整之前的认知结构，以适应环境。以幼儿拿一块必须先移开一个障碍物的积木为例，如果他先前的动作图式中没有这一"程序"，他就必须根据现实要求，改变原有的动作图式，否则他就拿不到积木。这一过程就是顺应。同化与顺应之间的协调或平衡是适应或智力活动的特征。幼儿早期由于认知结构发展不成熟，常常不能够保持同化与顺应之间的协调或平衡，要么同化大于顺应，要么顺应大于同化。当同化大于顺应时，表现为主体完全不考虑事物的客观特性，只是为了满足自我的愿望与需要去改造现实；当顺应大于同化时，表现为主体忠实地重复示范性动作，顺从地接受他人的意见。前一种情况具有游戏的特征，后一种情况具有模仿的特征。皮亚杰认为，一种图式或活动是游戏还是模仿，取决于同化和顺应在图式或活动中所占的比例。游戏就是同化超过了顺应。

在皮亚杰看来，幼儿游戏并不发展新的认知结构，而是努力使自己的经验适合当前存在的结构。因此，游戏的功能主要表现在两个方面。一是在认知方面，给幼儿提供一个巩固他们所获得的新的认知结构的机会，使之得到丰富和发展；二是在情感方面，实现幼儿在现实生活中不能实现的愿望，帮助幼儿解决情感冲突，发展他们的情感。由于"幼儿不得不经常地使自己适应于一个不断地从外部影响他的、由年长者的兴趣和习惯所组成的机会世界，同时又不得不经常地使自己适应于一个对他来说理解得很肤浅的物质世界"，但是，"幼儿不能像成年人那样有效地满足他个人情感上的甚至智慧上的需要"。因此，为了达到必要的情感和智慧上的平衡，满足自己的需要，幼儿就去游戏。游戏对于认知发展的作用，主要是一种"机能练习"。每当认知活动发展到一个新的水平时，其机能最初总是不成熟、不完善的，通过游戏可以使它成熟起来。而游戏的作用，"绝大多数主要是情感方面"[①]，游戏是幼儿解决情感冲突的一种手段。幼儿在现实生活中许多得不到满足的愿望，都可以在游戏中得到实现。在游戏中，幼儿用自己创造的符号系统来同化现实，从而化解自己的内心冲突。"真实的东西转变成为他自己想要的东西，从而使他的自我得到满足。""玩洋

---

① ［瑞士］J. 皮亚杰、B. 英海尔德：《儿童心理学》，吴福元译，47 页，北京，商务印书馆，1980。

娃娃的幼儿是按照他喜欢的那个样子来重演他自己的生活的。"

2. 幼儿游戏的类型与发生发展

皮亚杰不同意游戏的本能练习的观点，他认为幼儿游戏的发生、发展以动作能力和心理发展的一定水平为前提，反映着幼儿认知发展水平的变化。分别与认知发展的感知运动时期、前运算时期和具体运算时期相对应，幼儿游戏的发展也分为三种类型：练习性游戏、象征性游戏和规则游戏。

(1)练习性游戏(0~2岁)

练习性游戏也称机能游戏，是游戏的最初形式。2岁前的幼儿，还没有真正掌握语言，其认知活动处于感知运动水平，即只是依靠感知和动作的协调活动来认识事物和解决问题。这时的游戏不包含任何象征性或任何特殊的游戏方法。这种游戏是为了取得"机能性快乐"而重复习得的活动。游戏动作本身就是动力因素，"动即快乐"。

皮亚杰把这一时期的幼儿认知发展分为六个阶段，分别为反射活动阶段(0~1个月)、初级循环反应阶段(1~5个月)、二级循环反应阶段(5~9个月)、二级图式的协调阶段(9~12个月)、三级循环反应阶段(12~18个月)和象征性图式阶段(18~24个月)。幼儿的游戏随着认知的发展而发展，详见表2-2。

表 2-2　游戏在感知运动时期的发生发展

年龄	认知发展	游戏水平	举例
0~1个月	反射活动阶段	无游戏	
1~5个月	初级循环反应阶段	游戏开始发生	重复先前的动作，表情愉快
5~9个月	二级循环反应阶段	保持"有趣的情景"	反复触碰玩具，让它发出声响
9~12个月	二级图式的协调阶段	"仪式化"现象	侧身躺下，闭上眼睛，吮吸手指
12~18个月	三级循环反应阶段	嬉戏性行为的偶尔结合	蹲下，半蹲，半蹲着走
18~24个月	象征性图式阶段	象征性图式	把大衣领子当作枕头躺下，闭上眼睛，吮吸手指

第一阶段，只有与基本需要相联系的遗传性图式，同化与顺应混合在一起，没有区别，这时期既没有游戏也没有模仿。

第二阶段，重复导致的循环反应的发生标志着心理活动的发生。循环反应的延续则使游戏得以产生。判断探究与游戏的唯一区别在于幼儿的表情。严肃的表情是探究，而快乐的表情就是游戏。

第三阶段，有目的的动作逐渐形成。因为幼儿智力有了新的发展，游戏与适应性活动开始有了较大的区别。幼儿逐渐手眼协调，能知觉到自己的动作与客体之间的关系，开始对以物体为对象的动作发生兴趣，开始认识到一个动作可以导致一个结果。当幼儿理解了"好玩"的意义后，这种"有趣的情景"便会保持下去。例如，扔玩具，小女孩把玩具扔在地上，奶奶帮她捡起来，她会再扔，希望奶奶再捡……喜欢重复这种由于发生一个动作而导致一个结果的"好玩"的游戏。

第四阶段，动作更加灵活和协调，为幼儿把一系列动作联合起来进行游戏创造了条件，出现了把已有的图式一个一个表演出来的"仪式化"现象。幼儿把一整套动作重复出来，没有目的，只是为了快乐。例如，幼儿拿起梳子，碰一下自己的头发，放在一边。这种"仪式"是过去经历过的动作图式在刺激作用下连续、简单地再现或重复。

第五阶段，幼儿开始主动进行系统的探究，"为了看到结果而行动"。此时，游戏开始有所变化，幼儿不再满足于重复或再现过去所做的成功的事情，而是在重复中做出一些改变，通过尝试错误，把一些原有的、互不相关的动作图式构成新的图式组合进行游戏。例如，当学会了"蹲""半蹲"这个动作后，每次都要先蹲，再半蹲，然后再半蹲着走路去玩。这样虽然使动作复杂化了，但是幼儿就喜欢这样玩。在玩时，幼儿把自己已有的动作全表现出来。他没有其他目的，只是为了好玩。

第六阶段，游戏开始发生质变，象征性游戏从"仪式化"现象中脱颖而出，幼儿开始意识到假装的成分，游戏中出现了象征物或替代物，这些已不是原来动作图式中所拥有的，而只是作为一种信号。例如，用"手电筒"代替"话筒"来唱歌，信号物（手电筒）和被信号物（话筒）之间已开始分开，标志着幼儿"象征"的产生。幼儿使用替代物的目的只是唤起他感兴趣的动作图式或情景。象征性游戏的出现，标志着练习性游戏在感知运动领域的发展结束了。

（2）象征性游戏（2～7岁）

象征性游戏是幼儿游戏的主要形式，也是幼儿游戏的高峰。2～7岁幼儿的认知发展进入了以自我为中心的表征活动时期，他们开始学习运用语言和表象进行思维活动。但是，学前幼儿还不能完全依靠语言这种抽象的符号来思维。因此，他们创造了自己的符号系统，这就是象征性游戏。在象征性游戏的表征结构中，"信号物"与"被信号化之物"之间的联合是个人的思维产物，具有主观性。象征性游戏或象征物的意义是由幼儿自己决定的，幼儿用一个物品替代另一个物品是以幼儿自己的游戏兴趣和需要为中心的，客体之间的关系往往被忽略。

幼儿园教师资格证考试·考点预测

皮亚杰认为幼儿游戏的主要形式是（　　）。

A. 练习性游戏　　B. 角色游戏　　C. 象征性游戏　　D. 规则游戏

（答案：C）

象征性游戏尤其依赖同化和顺应的两极分化以及它们的不平衡，这种分化和不平衡使皮亚杰所假定的用来解释智力活动发展的循环机制得以成立。因此，象征性游戏说明了许多理论命题。首先，它阐明了符号制作的一种类型（在这一类型的符号制作中，符号物或符号工具与那个被符号表示的东西有一些相似之处）。其次，它阐明了两个方面的分化：一是顺应与同化的分化；二是认知的操作方面（如动作的知识）与认知的图像方面（如把现实事件的知觉形象转变为心理图形）的分化。最后，它阐明了游戏的功能：巩固主体所获得的知识。在练习游戏中，已获得的适应行为通过重复和重新组织而得到巩固。在象征性游戏中，巩固是在两个层次上发生的。第一个层次是符号制作（一个进行象征性游戏的幼儿正在练习表征事物）；第二个层次是更为本质的，它涉及通过确定生活经验的表象所表示的意义来巩固特定的生活经验。在这种意义上，进行象征性游戏的幼儿正在实现象征性的同化，因而也是在把重要的生活经验加以组织。

象征性游戏阶段可以分为两个小阶段，即象征性游戏的高峰期（2～4 岁）和象征性游戏的下降期（5～7 岁）。详见表 2-3。

表 2-3　象征性游戏的发生发展

发展阶段	类型	性质	举例
高峰期 （2～4 岁）	象征性的投射	a. 把象征性图式扩展到新的对象 b. 把模仿性图式扩展到新的对象	a. 对小狗说"哭、哭"并发出哭的声音。接下来几天让猫、小熊甚至帽子哭 b. 假装打电话，让娃娃打电话
	象征性的认同	a. 以一物代替另一物 b. 假装自己是其他人或物	a. 拿起玩具当牙刷并做出刷牙的动作 b. 趴在地上慢慢爬，并发出"喵喵"的声音
	象征性的联合	a. 简单的联合 b. 补偿性的联合 c. 清算性的联合 d. 预期性的联合	a. 把枕头叫作"阿里"，认为阿里正在照顾幼儿 b. 成人禁止玩水，幼儿到池边假装舀了水 c. 大人让幼儿吃药，幼儿不肯吃。过后，哄玩具吃药 d. 以游戏的口吻拒绝大人的提议
下降期 （5～7 岁）	集体性的象征	a. 秩序性、连贯性增强 b. 准确、真实地模仿现实 c. 角色间的合作与协调	a. 一个人可以扮演多个角色 b. 社会性主题角色游戏

象征性高峰期的游戏可分为三类，代表三种水平，即自我模仿和模仿他人；以物代物、以人代人；象征性的组合。此阶段象征性游戏大量出现，达到了发展的高峰期。此阶段具有两个特点：其一，象征性的对应或等同发生在模仿动作之前，且用语言表示出来，直接导致游戏的发生；其二，模仿性动作与幼儿原先的活动发生分离，完全是模拟由象征物所引起的客体的活动。

象征性下降期的游戏有三个特点：游戏的秩序性、连贯性增强；不断提高对准确性、逼真性的要求；出现了集体的象征活动。由于对现实的进一步顺应，象征逐渐接近现实的模仿性的表征，幼儿的思维发展越来越接近现实，幼儿能够把自己比作他人，逼真地再现周围人与人之间的关系和活动；加之幼儿年龄增长，社会交往范围扩大，自我扩张的需要可以在现实生活中找到满足的机会；幼儿取得了与别人平等的地位，游戏中角色数量增加，规则应运而生，象征性游戏就转向规则游戏。因此，幼儿 7 岁以后到 12 岁象征性游戏逐渐消失、结束，向着下面两个方向发展。一是向规则游戏过渡，一直延续到成人社会。二是向建构游戏转轨。建构游戏是象征性游戏与非游戏活动之间过渡的桥梁。因此建构游戏最开始具有象征性的特征，如构造一个汽车来玩开汽车的游戏，它是重过程的；而后来逐渐变成了真正的智力活动，追求过程以外的结果。

（3）规则游戏（7～12 岁）

规则游戏的发展，标志着游戏逐渐失去了具体的象征性内容，而进一步抽象化，它主要发生在学龄期。规则在游戏中成为中心，幼儿按此规则进行游戏，按既定的规则控制自己的行动。

（二）后皮亚杰的游戏理论

游戏的唤醒理论和元交际理论是在皮亚杰之后系统性比较强、影响也比较大的游戏理论。它们体现了近年来不断发展的心理学及相关学科在游戏研究中的延伸和影响。

1. 游戏的唤醒理论

游戏的唤醒理论，也称为内驱力理论、觉醒理论、激活理论。它试图通过解释环境刺激和个体行为的关系来揭示游戏的神经生理机制，其理论的实质就是阐明游戏是一种内在动机性行为。

（1）觉醒理论的理论背景

游戏的唤醒理论是从内驱力理论演化而来的。这一理论是从解释人的行为动机发展起来的。"内驱力"是由机体的需要状态引起的，其功能在于引起、激发行为或给予行为以动力。

传统的内驱力理论一般只讲生物内驱力。它是与饥、渴、呼吸、排泄等生理需要联系在一起的，是有机体生存所必需的机能。按照这种理论，人和动物的一切行为都直接或间接地指向满足食物、解除痛苦等基本的生物需要，指向降低或释放由这些需要引起的内驱力。

生物内驱力并不能解释人和动物的一切行为。人和动物的许多活动如探索、好奇、游戏、艺术、幽默等，显然与饥、渴等生物内驱力无关。人们通过研究发现：老鼠探查新环境的需要比解决饥饿的需要更强烈；猴子观看笼子外面的景物仅仅是为了取乐。人在退休后能活多久，往往并不取决于物质条件是否优越，而在于他们是否能找到有兴趣的事来做。这些发现导致了游戏和探究动力的假说以及内部动机和外部动机的差异说的出现。内部动机行为不直接与生理需要相联系，行为不是取得报偿的手段，行为本身就是一种报偿。伯莱因认为外部动机行为是生理组织需要驱动的，而内部动机行为是为中枢神经系统功能服务的。内部动机行为的报偿价值不在于通过外部报偿的取得以降低驱力，而在于直接影响中枢神经系统功能的激发水平。正是在这种意义上，它们被称作自我激起的或内部激起的行为。由此可见，机体不仅有食物、睡眠、性等生理需要，还有探索、寻求刺激、理解等认知需要。在外界刺激的作用下，这些认知需要可引起活动内驱力、探究内驱力。游戏正是这类驱力作用的产物。

（2）觉醒理论的基本观点

"觉醒"是觉醒理论的核心概念。觉醒是中枢神经系统的机能状态或机体的驱力状态。它与两个因素有关，一是外部环境刺激，二是机体的内部平衡机制。该理论有两个最基本的观点。

其一，环境刺激是觉醒的重要源泉，新异刺激不仅能为学习提供不可缺少的线索，还能激活机体，从而改变机体的驱力状态。

其二，机体具有维持体内平衡过程的自动调节机制。有机体的中枢神经系统能够通过一定的行为方式来自动调节觉醒水平，从而维持中枢神经系统的"最佳觉醒水平"。只有在最佳觉醒水平下，机体才感到安全舒适。

当外界刺激作用于感觉器官时，如果当前刺激与过去经验不一致，即刺激为新异刺激，就会使有机体产生不确定性，导致觉醒水平提高，有机体感到紧张，他就会设法降低觉醒水平。当环境的刺激过于单调、贫乏时，有机体会出现厌倦、困乏等现象，等觉醒水平降低到最适宜水平以下，有机体就要进行刺激寻求活动，通过多方探索制造新的刺激来提高觉醒状态。中枢神经系统总是要寻求保持一个最适宜的激发水平，使觉醒水平保持最佳状态。

（3）觉醒理论的不同观点

游戏的觉醒理论的主要倡导者有伯莱因、艾利斯、赫特、费恩等人。

伯莱因认为，过高或过低的刺激水平是反向的。困惑和倦腻两种主观状态各代表一种高于最适宜水平的激发水平。如果游戏是一种多方探索，它的作用是增加刺激来降低激发水平，那么当激发到达最适宜水平时，游戏即停止。然后，当刺激水平降低，激发水平上升时，游戏又重新开始。伯莱因等人更倾向于把最佳觉醒水平理解为一条线，在这条线的上下两端分别是探究和游戏的功能区域。

艾利斯提出了另一种理论。他把游戏与多方探索等同。他认为，有刺激时，激发水平高；无刺激时，激发水平低。游戏的作用是制造刺激，以使激发水平上升到最适宜的水平。在这一模式中，有机体是趋向积极状态，而不是避开消极状态。在艾利斯的模式中，游戏是寻求刺激的行为。但寻求刺激的行为是以几种形式出现的，如小孩跑到这儿跑到那儿自己找事消遣是一种寻求刺激的行为。

赫特认为游戏包括探究。他把游戏看作由认知性行为和嬉戏性行为构成的活动。认知性行为是与掌握信息和技能有关的，嬉戏性行为是与对过去经验的利用有关的。在发生的时序上，是先认知，后嬉戏。认知与嬉戏，先后轮流，构成了游戏的动态过程。由于对"游戏"的理解与他人不同，因此，他对游戏发生在什么样的觉醒状态下的看法也不同。他认为，环境刺激是连续作用于机体的，有时过多，有时过少，形成循环。在这个循环中，只有一个短时间是经过中等水平的，正是在这个水平上才产生了游戏。

中等水平的觉醒是最佳觉醒状态，游戏是在最佳觉醒水平上发生的。与伯莱因等人倾向于把最佳觉醒水平理解为一条线不同，赫特把最佳觉醒水平理解为一条频带或一个范围，这个范围是游戏的活动区域，包含了认知（探究）和嬉戏。赫特关于游戏的微观动态结构的观点更适用于解释幼儿的游戏。幼儿在游戏中既对环境进行认知（探究），又利用自己先前的经验来同化环境、理解环境，发挥自己的创造性。游戏可以进一步看作认知和创造交替进行的动态过程。

但是，在游戏（实际上是他的"嬉戏性行为"）的价值问题上，赫特认为幼儿是在探究的过程中而不是在游戏（嬉戏）的过程中学习的。他认为游戏和学习是对立的。一旦开始了游戏，除了出于偶然，孩子是不大可能再发现物体的新特征的。他在实验中看到，如果一个孩子发现了铃，并开始玩铃的话，他就不会再发现蜂鸣器了。所以，游戏过程会妨碍学习，即妨碍对于信息的进一步获得。游戏的价值至多只有这样两个方面：第一，从神经生理学的观点来看，当信息输入减少时，它可以"润滑"神经系统；第二，从认知的观点来看，它是认知过程中的一个"暂停"阶段，其作用仅在于巩固已获得的信息。嬉戏性行为，尤其是象征性游戏，基本上是表达或表现，是对概念的巩固。赫特的这种观点可以说与皮亚杰的观点是很相似的。

游戏的觉醒理论从更微观的领域更加精确地描述了游戏行为。幼儿在与环境的交互作用中，要注意保持环境的适当刺激。游戏环境过于丰富或单调，都会使幼儿产生不良行为，要么抑制游戏行为，要么产生无所事事行为，要么出现紧张、退缩的行为，均不利于幼儿的发展。因此，必须注意游戏环境的合理创设。这一理论对于做好新生入园的适应工作具有一定的指导意义。当幼儿新入园时，全新的环境可使幼儿的觉醒水平提高，增加幼儿的紧张、害怕、焦虑、退缩情绪。如果适当安排一些独自游戏或认知成分较高的安静性活动，会更有利于幼儿保持最佳唤醒状态，增强幼儿的安全感。

2. 游戏的元交际理论

游戏的元交际理论是由贝特森提出来的。他运用人类学、逻辑学、数理论来研究游戏，认为游戏是一种意识和信息的"意义"交流和理解的过程，游戏本身就是有价值的。游戏是幼儿进入人类的文化和表征世界的一种必备的技能和重要的途径，从而揭示了游戏的元交际特征及其意义。

元交际的特征在于，它是一种抽象水平的交际，它以否定和解释为基本框架，是意义含蓄的交际。人类的交际不仅有意义明确的言语交际，而且有意义含蓄的元交际。元交际依赖交际双方对于隐喻的信息的辨识和理解。这种隐喻的信息是"言外之意"或"不言之意"。

游戏中幼儿的打架行为与真实的打架行为是不同的。幼儿在玩游戏之前，必须先发展一套关于游戏的"组织"或关系来让同伴在游戏时知道将会发生什么，且知道这是假装的而不是真实的，这就是游戏信息的传递。如果游戏的信息不能传递，那幼儿就无法开展游戏。只有当参与者能够携带着"这是玩啊"的信息的信号达成协议或进行元交际时，游戏才能发生。贝特森注意到，当人们在游戏时，往往用"我们在玩呢"这样的话来说明自己正在从事的活动；人们在给游戏下定义时，说"什么是游戏"的时候，实际上往往在同时说它不是什么——"它不是真的"或"不是严肃的"。"这是玩啊！"在这个肯定的表述中，实际上还包含着一个否定的表述"这不是真的"，或解释的表述："我们将要或正在做的动作并不具有这些动作所应当具有的真实的或实际的意义。"这种否定的表述或解释的表述包含在"这是玩啊"的信号的隐喻中，是"不言之意"。例如，小孩子张大嘴巴，学老虎"啊呜"咬人，但是实际上他的动作和表情是在说："我在咬你，但不是真的咬你，我是在假装咬你，我不会咬痛你的。"这种隐喻的"不言之意"，正是元交际的对象。游戏是信息的交流和操作的过程，元交际是它的特征。

在游戏中，幼儿必须同时操作两个不同层面的意义。一是游戏中的意义：扮演角色并从事假装的活动、操纵物体；二是真实生活中的意义：知道自己的角色与真实身份、其他人的角色与身份，以及游戏所用的材料及活动在真实生活中的意义。游戏和幻想是进入文化符号的想象世界所必需的技能。游戏的作用在于游戏本身，而不在于它间接地、无意识地培养起来的技能，这对研究游戏和幻想如何促进认知发展的研究提出了新的思路。

贝特森强调，游戏对发展的贡献不在幼儿游戏的内容中。幼儿学到的主要的东西不是在游戏中所扮演的角色，而是创造和再创造角色的过程；他们学到的不是某个特定的角色，而是关于角色的概念。因此，游戏的贡献是学会学习。而且幼儿在游戏中不是孤立地一个事物一个事物地学习，而是在事物的联系中，即在"非"某物的物体群中学习，学会区分与概括。这种元交际式的学习是一种重要的能力，是人类文化贡献的心理基础。

三、社会文化历史学派的游戏理论

社会文化历史学派是苏联的心理学派，也称维列鲁学派。该学派提出了人的高级心理机能的文化历史发展理论，从不同角度证实了社会文化历史在人的高级心理机能的产生和发展中起着巨大作用。将此观点运用于幼儿游戏的研究，确立了苏联心理学界和教育界关于游戏的基本观点和认识。社会文化历史学派的游戏理论又被称为活动游戏理论或游戏的活动论。

(一)维果茨基的游戏理论

维果茨基是社会文化历史学派的主要代表人物，他提出了人的高级心理机能的文化历史发展理论，奠定了社会文化历史学派游戏理论的心理学理论基础。维果茨基的游戏理论奠定了苏联现代游戏理论的基石。他认为，幼儿的心理发展，是在环境与教育的影响下，低级心理机能逐渐向高级心理机能的转化过程。幼儿游戏的机制与高级心理机能相关。幼儿的游戏与动物的游戏有着极大的区别，幼儿游戏的产生不是先天的，而是在后天实践中形成的。

1. 游戏的发生及实质

维果茨基认为，游戏的发生与幼儿活动的诱因及动机的变化发展有关。在幼儿的发展过程中，会出现一个特定的时期，此时幼儿有了大量的超出自身实际能力的愿望。这些愿望不能够立即实现，但是幼儿立即满足愿望的倾向仍然存在，为了使这种愿望得到满足，游戏就发生了。例如，一个 3 岁的孩子，想跟一个驾驶员一样去驾驶汽车，可是这种愿望虽然无法实现，但又不像一个突如其来的念头似的稍纵即逝，于是幼儿就会在自己创造的想象性情境中模仿成人，满足当驾驶员的愿望。因此，游戏的实质就是愿望的满足。

2. 游戏活动的特征

维果茨基认为，"想象性情境"和"规则"是任何一种形式的游戏活动的属性。哪里有游戏，哪里就有想象性情境；哪里有想象性情境，哪里就有规则。幼儿在游戏中创造了一种想象性情境，从而使游戏与其他的活动形式区分开来。想象性情境表现在以一个东西替代另一个东西，或以一种简缩的方式再现真实的生活。幼儿在现实中不能立即满足的愿望以一种想象、虚幻的方式得以实现。同时，游戏的规则也是游戏必不可少的要素。但是，游戏的规则不同于实际生活中成人强加给他的规则，它是由孩子自己制定的并乐于执行的一种内部的自我限制。例如，当孩子把自己想象成医生时，就得服从医生这一人物的行为规则；当把自己想象成哨兵时，就得服从哨兵这一人物的行为规则。维果茨基指出，幼儿游戏的发展就是由明显的想象性情境与隐蔽的规则所构成的游戏，发展为由隐蔽的想象性情境与明显的规则所构成的游戏。

3. 游戏的发展价值

维果茨基认为，游戏在幼儿的发展中起着重要作用。游戏和发展的关系可以同教学和发展的关系相提并论，教学要走在发展的前面，而游戏则创造着最近发展区。在游戏中，幼儿的表现总是超过他的实际年龄，高于他日常的行为表现。游戏正如放大镜的焦点一样，凝聚和孕育着发展的所有趋向。心理活动的随意机能、表征能力等高级心理机能都首先出现在游戏活动中并达到了学前期发展的最高水平。游戏为性质更为广阔的需要和意识的变化发展提供了背景。具体来说，游戏对幼儿发展的价值主要表现在两个方面。

一是游戏使幼儿的思维摆脱了具体事物的束缚，促进幼儿表征思维能力的发展。在幼儿把棍子当马骑的游戏中，幼儿眼前看到的是棍子，做出的却是骑马的动作。在这里，"棍子"起到了一种支柱的作用，帮助幼儿把真正的马与马的符号、实际的棍子与棍子的符号分离开来，并在观念里和动作中进行了转换。与皮亚杰不同，维果茨基认为，幼儿游戏中的"以物代物"，不是主观任意的，不是任何东西都可以代替任何其他东西的。幼儿在游戏中用什么代替什么，取决于代替物本身的某些特点。借助替代物的帮助，幼儿的思维摆脱了当前"知觉情境"的限制，进入了时空更为宽广的表征思维的领域。

幼儿园教师资格证考试·考点预测

判断正误：维果茨基认为，游戏在幼儿的发展中所起的重要作用在于创造幼儿的最近发展区。

（答案：正确）

二是游戏可以促进幼儿以意志行动为特征的随意机能的发展。在扮演角色的游戏中，幼儿要学会把"真实的自我"与"虚构的自我"联系起来，即把自己与要扮演的角色及该角色的行为规则联系起来。这就要求幼儿不能按照"真实自我"的直接冲动去行动，而是按照所扮演的角色的要求去行动。因此，角色游戏能够帮助幼儿控制在实际生活中不能控制的"直接冲动"。角色游戏不仅有助于幼儿自制力的发展，对于幼儿道德行为的发展也可以产生积极的影响。

(二)艾里康宁的游戏理论

艾里康宁是苏联现代游戏理论的主要代表人物。他的理论更集中、更典型地反映了社会文化历史学派关于幼儿心理发展理论的主要观点。艾里康宁认为，角色游戏是学前幼儿的典型游戏，研究幼儿游戏应当以角色游戏为主要对象。他的理论突出强调了游戏的社会性本质。

1. 角色游戏的社会起源

艾里康宁继承了普列汉诺夫关于游戏和艺术源于劳动的思想，认为幼儿的角色游戏是在一定的历史发展阶段上，由于生产力的发展而引起幼儿在社会生产劳动中的地位的变化所产生的结果。他认为幼儿的角色游戏不是个体自发出现的，而是由于社会的需要而出现的。由于原始社会生产力低下，劳动工具简单，幼儿可以直接参加成人的劳动，因此不需要经过专门练习，也不需要角色游戏。随着生产力的发展，劳动越来越复杂，社会对人的要求也越来越高。成年人为了使未来的社会成员具有掌握任何工具所必需的一般能力，为幼儿创设了练习一般能力的专门物体——玩具，成人通过玩具教会幼儿正确使用的方法，幼儿也凭借此玩具来模仿他们想参加但又不能参加的生产和生活活动。游戏起源的本质是社会性的，是与幼儿生活的一定社会条件有关的，而不是本能决定的。

2. 角色游戏的个体起源

对于个体而言，角色游戏是由幼儿与成人间的关系的改变导致的。由于运用实物的动作技能的发展，幼儿的独立性不断提高，婴儿期特有的幼儿与成人的协调关系发生了变化，幼儿想参加成人活动的愿望越来越强烈，但自身能力还不能胜任成人的活动，幼儿只有在游戏条件下，模仿成人的日常活动，使愿望得以满足。角色游戏正是在这种幼儿与成人的新的关系中产生的。

3. 游戏中角色的发展

角色游戏中的角色也是在成人与幼儿的协调活动中发生和发展起来的。角色出现的前提是成人教育下的实物活动的发展。实物活动一方面与实物联系在一起，另一方面它又是人的动作，与作为动作主体的人联系在一起。幼儿实物活动发展的最初，幼儿只注意到物的社会规定的使用方法，动作与具体的、特殊的物品相联系。之后，随着对具体物品使用方法的掌握以及动作的概括化的形成，幼儿的注意逐渐转向作为动作主体的人。于是，模仿成人活动的角色游戏也就开始得到发展。

4. 角色游戏的作用

艾里康宁特别强调游戏对于幼儿个性形成的作用。他指出，个性是一种关系系统，这个系统包括两个方面：一个是"幼儿—社会现象"；另一个是"幼儿—社会成人"。幼儿在这两个系统中的活动是统一的过程，在统一的过程中便形成了幼儿的个性，幼儿的游戏正是体现这两个系统的统一。在游戏过程中，在幼儿与成人的相互交往过程中，幼儿的个性逐步形成。

本章小结

本章主要介绍了各种游戏理论的倡导者及其主要观点，具体如下。

1. 古典幼儿游戏理论

理论	倡导者	主要观点
剩余精力说	席勒、斯宾塞	游戏是自然需要满足后的剩余精力的消耗
松弛说	拉察鲁斯、帕特里克	游戏使个体恢复工作中消耗的精力并得到放松
生活准备说	格鲁斯	游戏为未来生活做准备
复演说	霍尔	游戏是复演种族进化的历史进而摆脱原始状态的方式

2. 现代幼儿游戏理论

理论学派	倡导者	主要观点
精神分析学派	弗洛伊德	通过游戏释放不良情绪，满足愿望，掌控现实
	埃里克森	突出游戏在自我发展中的作用，突出"掌握"思想
	蒙尼格	通过游戏宣泄和释放被抑制的攻击性驱力
	伯勒	系统分析游戏中的角色及角色扮演背后的情绪动机
认知学派	皮亚杰	游戏是思维活动的一种表现形式，幼儿的认知发展阶段决定了他们不同的游戏方式，游戏的实质是同化超过顺应
	伯莱因、赫特等人	通过游戏寻求刺激，调节最佳唤醒水平，保持机体的最佳状态
	贝特森	游戏本身具有独特价值，促进对"隐喻"或概念的理解
社会文化历史学派	维果茨基	游戏的实质就是愿望的满足，想象性情境和规则是游戏的两个特征，游戏的功能就是创造幼儿的最近发展区
	艾里康宁	游戏是随着社会的发展而出现的，幼儿在与成人的相互交往中逐渐发展起来游戏角色并形成幼儿的个性

【关键术语】

剩余精力说　松弛说　生活准备说　复演说

【思考题】

一、简答题

1. 简要回答弗洛伊德对"强迫重复"现象的解释。

2. 埃里克森与蒙尼格分别从哪些方面发展了弗洛伊德的游戏理论？

3. 皮亚杰依据幼儿认知的发展将幼儿游戏分为哪几类？每一类游戏的主要特点是什么？

4. 维果茨基是如何评价游戏对幼儿发展的价值的？

二、论述题

试述弗洛伊德、皮亚杰、维果茨基三者的游戏理论的共同点。

【实训练习】

试运用本章所学的游戏理论，分析自己入园时对幼儿游戏的观察与记录。

拓展练习

以下为部分教师资格证考试笔试真题，可扫描二维码观看。

笔试真题

第三章 角色游戏

学习目标 ▶

1. 理解角色游戏的概念与特点。
2. 了解角色游戏对幼儿发展的意义。
3. 掌握角色游戏的结构与指导方法。

学习导图 ▶

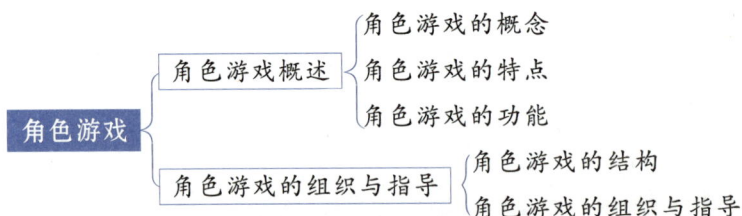

导入案例 ▶

案例一: 大千美食城

某幼儿园下午自由活动区内,中班的活动区角"大千美食城"生意异常"火爆"。5岁的佳佳小朋友头上戴着白色厨师帽,身着"工作服",正在忙碌着:"请大家别着急呀,马上就好!"一旁的强强说:"你做快点吧,要不客人就等急啦。"原来他们在"大千美食城"玩开饭店的游戏。外面的顾客小朋友都在餐桌旁等着就餐呢。佳佳是女孩,用塑料碗做面条、米饭,强强是老板兼厨师,用彩色纸片、各种形状的树叶、草叶炒"鱼香肉丝"。突然,强强说:"哎呀,忙死了,咱们快点请一个服务员吧,这样我俩做出的主食和菜就可以让服务员给大家端过去了。"佳佳说:"就是啊,都忙不过来了。"于是,强强对着外面的小朋友喊道:"谁来做服务员啊?我们给很高的工资啊!"……

案例二：我是小司机

三岁半的祺祺刚从幼儿园回到家，看到爸爸刚拆卸下来电扇叶片准备清洗，马上跑过去抓起风扇叶片，然后坐在小凳子上，两手抓住叶片左右旋转着，嘴里还不住地说"嘀嘀——嘀嘀——"。妈妈说："哎呀，赶快放下，那上面好多土没有擦呢！"祺祺说："我就不给，我在开汽车呢，我现在是司机啦。"然后对旁边的奶奶说："奶奶，你快点上车来，说你去哪里，我开车送你去。"……

案例三：做煎饼

晚饭后，一家人围坐在茶几旁看电视。祺祺妈妈拿来不锈钢的圆托盘，准备把洗好的水果放在茶几上让大家吃。这时候祺祺笑着跑过来，小手指着托盘对妈妈说："我想要这个玩。"妈妈说："这是给大家放水果的果盘，你要它做什么啊？"祺祺神气地说："我要做煎饼，这个圆圆的盘子可以当作煎饼锅。"说着，祺祺从妈妈手里去拿托盘。做老师的姑姑对祺祺说："祺祺想得真好！果盘可以做煎饼的铛，那做煎饼还需要什么呀？"祺祺眨眨眼睛，说："还要有刷子刷油，要有装油的瓶子，对了，还需要有一把铲子，煎饼熟了的时候把煎饼铲下来。嗯，还有煤气灶，要不煎饼就熟不了了。"祺祺说着，拔腿跑向厨房，在橱柜上拿了一把铲子，又找了一把刷子，然后跑到卧室。祺祺把盘子放在床边，右手拿着刷子，在盘子上刷着，嘴里还不停地念叨着："先刷一下，不行，还需要点油。"他左右寻找着，忽然似乎想到什么，跑到卫生间拿了妈妈的一小瓶保湿水，然后比画着似乎往"铛"上放油。接着又拿了一个玩具塑料桶，桶里有玩沙子用的小勺。他用小勺盛了一下（其实桶里没有东西），嘴里说："倒点面糊糊，你们等着啊，我的煎饼一会儿就做好了。""糟了，还没有点火呢。"祺祺低头沿床边用右手拧了一下，"火打开啦！呼呼，熟了!"说着拿起铲子铲起"煎饼"。"好了，谁吃煎饼啊？对了，放点孜然，有吃辣的吗？快来买啊!"祺祺说着又拿起刚才当作"油"的小瓶。"佐料都放好了，来买啊!"这时，祺祺把做好的"煎饼"放在托盘上，小心翼翼地端着走向客厅看电视的家人们，一边走一边喊着："谁买煎饼？谁吃煎饼啊？"

第一节　角色游戏概述

一、角色游戏的概念

角色游戏是指幼儿根据自己的兴趣和意愿，通过扮演角色，运用想象和模仿，创造性地反映个人生活印象的一种游戏，又称为主题角色游戏。上文案例中几个孩子进行的"大千美食城""我是小司机"和"做煎饼"都属于角色游戏。这些游戏完全是幼儿自发的，是幼儿对生活中感兴趣的活动内容的创造性反映。角色游戏是幼儿期特有的也是最为典型的一种象征性游戏，在幼儿期2岁左右自然产生。例如，2岁多的女孩抱着布娃娃喂饭，把自己想象成妈妈，把布娃娃想象成宝宝；4岁的男孩把大号象棋搭高后卖包子（搭高的象棋就如同包子铺的笼屉）等。学前中期也就是4～5岁中班阶段，幼儿开展的角色游戏最多、最常见也最为丰富；学前晚期也就是5～6岁大班阶段，角色游戏发展到高峰。可以说，角色游戏是幼儿成长过程中一项必要的活动，也是幼儿发展必经的一个重要过程。

幼儿园教师资格证考试·考点预测

一名2岁女孩抱着娃娃喂饭、梳头发，这属于（　　　）。

A.规则游戏　　　B.智力游戏　　　C.表演游戏　　　D.角色游戏

（答案：D）

二、角色游戏的特点

(一)自主性

自主性是游戏最本质的属性。角色游戏是幼儿自主性游戏，表现为游戏主题的选择、材料的选用、角色的安排、情节的开展与结束都是由幼儿自己掌控的。《儿童权利公约》明确指出，儿童有权自由发表自己的意见，表达游戏的愿望，可以自由选择同伴。这里的自主性并非不需要老师和成人指导，而是说明从角色游戏的开始到结束，是幼儿自发的，整个游戏过程中，游戏自主权都由参与游戏的幼儿自主决定，而不取决于成人。幼儿开展角色游戏的目的在于主体内部反映生活印象的需要，游戏是由幼儿内部动机引起的，是非强制性的。要让幼儿有自由选择游戏的权利，让幼儿决定游戏的进程和节奏。

上文中祺祺自发地做煎饼、当小司机，美食城里几位小朋友开饭店等，完全是幼儿自己确定游戏主题，自己选择游戏活动的情节内容，自主选取和利用游戏材料等，没有任何外界成人的引发组织，他们在游戏中的自主性得到了充分发挥。

(二)社会性

角色游戏是反映幼儿社会生活经验的游戏。角色游戏既是幼儿对周围现实生活的体验，也是幼儿对人类社会生活的模拟。角色游戏中也常常包含着幼儿对成人社会生活的某种期待。例如，女孩希望成为像妈妈那样的大人，做妈妈可以做的事情：穿漂亮衣服，在家做女主人，可以照顾孩子。男孩希望像解放军那样勇敢，像警察那样抓坏人，于是经常玩"我是解放军""抓小偷"的游戏。

角色游戏的主题和游戏内容都源自感兴趣的社会生活印象。例如，幼儿参观了超市，对超市的收银员、导购员的活动感兴趣，就希望通过玩"小超市"的游戏来满足心理需求。

(三)创造性

角色游戏是幼儿的一种以想象为特质的具有自主性、创造性的游戏活动。幼儿根据自己的经验和兴趣来选择游戏主题、角色、情节和材料，在游戏过程中自由转换游戏的情节和发展内容，使幼儿自身的主动性和创造性在游戏中得到充分体现。例如，幼儿在游戏中怎样安排角色，安排几个角色，谁来扮演，如何扮演，角色活动的语言和行动等内容，都是幼儿在观察了解生活的基础上进行的创造和想象。再比如材料的选取和利用，幼儿在游戏中会积极利用身边的玩具和游戏材料以及半成品、废旧物品。一个旧盒子，可以做吃饭桌子，也可以做积木，还可以做娃娃的小床；一个塑料碗，一会儿用来当锅做饭，一会儿又变成了盛菜用的盘子、捞饺子的盆，等等，这无一不体现着幼儿的创造性。这些创造性也是幼儿未来创造活动的萌芽。

(四)表征性

角色游戏是幼儿对角色、动作、情境等方面进行想象并表征出来的活动，是幼儿表征能力发展的产物。幼儿在游戏中扮演角色，需要以动作、语言来扮演担当的角色。生活中不同角色说话的不同特点、语音、语调、表达内容等，会给幼儿提供表征的模板，幼儿也会从这些模板身上吸取特征性的方面去表演。另外角色游戏中的材料物品的运用也体现着幼儿对材料的表征能力。幼儿在角色游戏过程中的假想会出现以人代人、以物代物、以物代人、以人代物等表征特点。表征的实质是幼儿用语言、动作、物体等抽象符号替代、表现出头脑中实体形象的过程。幼儿在游戏中会对这些"假想"活动"信以为真"。

幼儿园教师资格证考试·考点预测

幼儿角色游戏的特点包括(　　　)。
A. 自主性　　　B. 社会性　　　C. 创造性　　　D. 表征性　　　E. 表演性
(答案：ABCD)

三、角色游戏的功能

2001年9月教育部颁发的《纲要》强调幼儿园教育应"尊重幼儿身心发展的规律和学习特点，以游戏为基本活动"。2016年3月修订颁行的《规程》指出，幼儿园教育应当贯彻"以游戏为基本活动，寓教育于各项活动之中"的原则和要求。足见游戏对幼儿发展的重要教育功能。游戏是最适合幼儿、最能促进幼儿心理发展的活动。角色游戏又是幼儿最喜欢的游戏。在角色游戏中,幼儿锻炼和发展着自身的各种能力,吸收着周围生活中丰富的知识,逐渐形成优良的个性品质。角色游戏在幼儿的全面发展中起着重要作用。国内外许多教育家都对角色游戏的意义进行过阐述。

被美国心理学家誉为"心理学界的莫扎特"的苏联儿童心理学家维果茨基,非常重视儿童角色游戏中角色扮演在儿童心理发展中的作用。维果茨基指出,在学前期,游戏,尤其是有主题的角色游戏,是学前儿童基本的主导活动。当儿童在游戏中创造了想象的环境时,他们便学习按内部的思维行事,而不仅是对外部刺激做出反应。这当中,构成角色扮演特征的替代性目标至关重要,它改变了物体的通常意义。例如,幼儿看到沙子,他会迅速调动头脑中已有的与沙子这种物质相似的表象,由沙子的细碎颗粒状以及可塑性、可变性,联想到面粉、大米、肉松等类似物质,然后将其充分利用到自己的游戏中。

苏联现代游戏理论代表人物艾里康宁,比较系统地研究了儿童的游戏并重点研究了角色游戏,他认为角色游戏是学前儿童的典型游戏。可见,角色游戏在幼儿发展中有重要且深远的意义。

(一)促进幼儿认知的发展

角色游戏是以幼儿为主体的社会性游戏活动。角色游戏不仅仅是幼儿自主性的发挥,更能唤起幼儿的活动兴趣,集中注意力,使幼儿在轻松愉快的气氛中活动学习,从而锻炼幼儿的想象力、创造力以及解决问题的能力,使幼儿的记忆、思维和语言得到积极主动的发展。

幼儿在角色游戏中认知的发展体现在两个方面。一是社会性认知的发展。例如,在超市游戏中,幼儿会对去超市购物的社会生活经验进行回忆,按照超市中基本的角色来分配游戏角色,"以人代人":超市售货员、收银员和顾客等,并对各个角色的活动内容产生想象活动。由此幼儿对超市购物这一生活场景的认知会更加深入。二是对环境中替代物的认知发展。"以物代物"是幼儿角色游戏开展不可或缺的。维果茨基认为,儿童以物代物不是任意的,而是取决于代替物本身的某些特点。以物代物的关键是儿童能用一物体的名称取代另一物体的名称,如果他做不到这一点的话,那就不可能使词语、物体分开,也就不可能以物代物。幼儿在角色游戏中创造性地利用手头的材料,以帮助游戏情节的顺利进行。

(二)有助于幼儿社会性的发展

社会性是作为社会成员的个体,为适应社会生活所表现出的心理和行为特征。也就是人们为了适应社会生活所形成的符合社会传统习俗的行为方式。幼儿社会性的发展是在孩子同外界环境相互作用的过程中逐渐实现的。幼儿时期社会性的主要内容如同伴关系、亲社会行为等的发展对幼儿健康成长有重要意义,而角色游戏是幼儿自发自主地反映社会生活印象的游戏活动，可以帮助幼儿提前了解各种社会角色，在游戏中进行角色之间的沟通互动，增进与同伴的交往，从而更好地促进幼儿良好社会性行为的形成。

角色游戏能促进幼儿社会交往能力和团结协作行为的发展，增强幼儿的社会角色意识并使社会角色得到强化，促进幼儿自我意识及社会积极性、独立性和主动性的发展，是幼儿实现社会化的重要途径之一。

1. 发展幼儿恰当的自我意识，摆脱自我中心

经常听到幼儿家长、老师反映现在的小孩子自我中心倾向比较严重，心中只有自己，很少想到别人，更不会从他人角度去考虑问题，不容易体会他人的感受。这和幼儿的年龄特征有关，也和现在的家庭教育有关。

瑞士儿童心理学家皮亚杰对幼儿思维的研究结果表明，幼儿的思维是非常具体的，他们只能理解事物的直接关系，因而具有很大的片面性。他们常常从自己的角度出发看问题和理解周围环境，不能从别人的角度去考虑问题。自我意识是人的社会性发展的基础，发展恰当的自我意识是人的社会性发展的第一步。角色游戏在促进幼儿从他人角度看问题的能力发展中起着重要的作用。这是因为在角色游戏中，当幼儿扮演社会角色时，由于角色的需要，必须以他人的身份出现，从他人的角度看问题。这样幼儿可以比较自然地学会改变自己看问题的角度，逐渐克服"自我中心"的特点，使自我意识得到发展。两个幼儿看到一堆沙子和一根木棒，便想到要玩修工事打仗的游戏。可是如果都想在游戏中扮演拿枪冲锋的战士，就缺少守在沙子旁驻守工事的另一方。于是，为了双方的共同目的——"玩打仗的游戏"，必须有一名幼儿先做出让步，这样游戏才能得以开展，然后再商定一轮游戏后的角色轮换。可以看出，在许多角色游戏中，幼儿为了群体的游戏目的实现，不断尝试着逐步摆脱自我中心的倾向，为集体游戏目的考虑，为同伴着想。幼儿的去自我中心是幼儿社会性提高的重要标志之一。

2. 促进幼儿的同伴交往

幼儿期是幼儿社会化的开始阶段。同伴交往是幼儿社会化的重要途径，也是必经之路。幼儿期开展角色游戏发展了幼儿的交往技能。一个角色游戏的开展必须有至少两个以上的幼儿参加，扮演游戏角色。他们要协商确定主题、游戏内容、游戏角色和游戏情节并分配角色。这个过程就促进了幼儿与现实同伴的交往关系的发展，他们在游戏中促进了彼此的亲密协作。另外，在角色游戏中还需要角色之间进行交往，学会表达与扮演的角色相应的情感和愿望，理解其他角色的意愿和态度并做出积极的反应。这样幼儿在游戏中结成了现实伙伴关系和游戏角色交往关系。两种关系的发展都为幼儿社会性发展提供了积极有利的条件。

角色游戏为幼儿提供了同伴交往的环境和氛围，也为幼儿交往能力的发展提供了可能性。幼儿的角色游戏水平越高，游戏中角色之间交往越密切，交往越积极主动，就越能促进幼儿交往能力的发展。而且，在游戏中，幼儿需要学会适当妥协和让步。例如，"警察抓小偷"游戏，不能所有参加游戏的幼儿都扮演警察不扮演小偷，否则游戏就难以开展。因此，幼儿在游戏中逐渐学会去自我中心，学会让步、谦让、轮流、分享等交往技巧，以使参加游戏的幼儿的游戏愿望都能实现，角色游戏也可以顺利开展。

3. 帮助幼儿认识社会角色，学习遵守社会规则

角色游戏是幼儿对社会生活的想象扮演活动，所有角色游戏都为幼儿今后步入社会、担当社会角色、理解社会角色之间的关系以及掌握合乎角色的行为方式，提供了实践练习的机会。人具有社会性属性，总要步入社会并担起各种社会角色。每个社会角色都有各自需要完成的角色任务和应遵守的行为规范。幼儿未来担当的社会角色是社会赋予的，不是天生的，角色游戏可以帮助幼儿提前了解各种社会角色的行为活动，为将来能够更好地演绎社会生活角色打下基础。幼儿角色游戏的内容广泛，凡是他们生活中感兴趣的领域都有所涉及。例如，涉及家庭生活、饭店、超市、车站、医院等，幼儿可以扮演爸爸妈妈、服务员、售货员、售票员、医生，等等。多种社会角色的活动都会在幼儿的游戏中有所反映。这就给幼儿实践各种社会角色提供了良好的预演机会。幼儿会将在实际生活中看到的成人活动反映到自己的角色行为中，成为角色游戏情节的源泉。幼儿游戏情节的不断丰富，也揭示着幼儿对生活的积极关注和学习。

幼儿在游戏中不仅演绎社会角色，而且按照他们生活中观察到的各种角色的相应行为规则去开展游戏，从而习得社会规则。幼儿会懂得医生是治病救人的职业，需要耐心细心、认真负责；老师对小朋友要关心爱护并且知识丰富；售货员要对人和蔼可亲才会迎来更多顾客；警察要抓捕坏人，维护人们的安全；等等。幼儿在角色游戏中开始渐渐领悟各种社会规则规范。

(三)促进幼儿语言交流能力的发展

在角色游戏中，幼儿因对游戏主题及角色充满兴趣，所以情绪愉快、活动积极主动、全身心投入自己扮演的角色活动中。为了推进游戏情节，幼儿会积极主动地用语言进行角色之间的交往，学习用适合角色身份和要求的语言去与人交流，幼儿的语言有模仿成人角色的成分，也有创造的内容，无论是模仿还是创造，对幼儿语言发展都有着极大的促进作用。

(四)有助于培养幼儿良好的个性品质

幼儿期是良好个性品质形成的奠基阶段。苏联心理学工作者马努依连科曾研究角色游戏对幼儿意志行动的影响。实验的条件不同：一种是在一般实验室条件下当哨兵站岗；另一种是在糖果加工厂角色游戏中当哨兵站岗，幼儿保持站岗姿

势的时间不同。实验结果表明，在角色游戏相互交往中，幼儿站岗的姿势保持时间最长。由表 3-1 可见，幼儿游戏中担任角色坚持的时间明显长于一般实验室条件下。[①]

表 3-1　幼儿游戏中担任角色坚持的时间比较

幼儿年龄	一般实验室条件下	游戏中担任角色
4～5 岁	41 秒	4 分 17 秒
5～6 岁	2 分 55 秒	9 分 15 秒
6～7 岁	11 分	12 分

另外，在角色游戏过程中幼儿的亲社会行为表现出的良好品质得以强化。幼儿参加角色游戏，学会了：同伴之间友好相处；角色谦让、轮流；角色之间材料共同分享；同情关爱他人、为他人着想；做事遵守规则、认真负责；等等。

(五)有助于培养幼儿积极的情绪与情感

角色游戏是幼儿建立积极情绪与情感、排解消极情绪与情感的重要途径。著名奥地利精神分析学派的创始人弗洛伊德曾经提出游戏可以发泄人们的消极情绪的观点。现代心理咨询也有游戏疗法，特别是儿童游戏疗法。幼儿在生活中难免会产生消极情绪，他们年龄尚小，缺乏表达、宣泄不快情绪的方法，游戏不失为一条积极健康的排解渠道。例如，幼儿在被妈妈批评后生气，通过玩角色游戏，自己做妈妈可以把心中的气愤转移到娃娃身上，也可以在游戏中体验快乐并忘记心中的烦恼。还有的幼儿去医院看病，回来经常玩医院游戏，他们可以扮演医生、护士，给来"医院"的"病人"看病打针，从而体会到给人看病的乐趣，并宣泄了自己看病的不愉快。此外，幼儿在游戏中可以学会爱和同情他人，如妈妈会疼爱宝宝，关爱年长的老人等。总之，游戏是放松的活动，是幼儿感兴趣的活动。在游戏中，他们轻松愉快，既可以宣泄转移消极的情绪，又有利于积极情绪的培养，学会用正确、合理、健康的方式表达情绪。

幼儿园教师资格证考试·真题再现

2016 年上半年《保教知识与能力》材料分析题

角色游戏中，大二班在教室里开展理发店主题游戏，教师为了提升幼儿的游戏水平，主动为幼儿制作了理发店的价目表(见图 1)。

---

① 李淑贤、姚伟：《幼儿游戏理论与指导》，82 页，长春，东北师范大学出版社，2004。

理发店价目表

美发区		美容区	
洗发	10元	牛奶洗脸	10元
剪发	10元	美白面膜	15元
烫发	30元	造型设计	20元
染发	30元	身体按摩	20元

图1

问题：请结合你对角色游戏的理解，分析教师提供价目表这一做法是否适宜，并提出建议。

【参考答案】

我认为大二班的主题设计是比较好的，但是指定价目表是不合理的。

角色游戏是幼儿通过扮演角色，运用想象，创造性地反映个人生活印象的一种游戏，通常都有一定的主题。角色游戏是幼儿期最典型、最有特色的一种游戏。幼儿园角色游戏的共同特点是：创造性、过程性和变化性。大班的角色游戏的特点是游戏主题新颖，内容丰富，能主动反映多种生活经验和较为复杂的人际关系；处于合作游戏阶段，喜欢与同伴一起游戏，能按自己的愿望主动选择并有计划地游戏，在游戏中自己解决问题的能力增强。材料中老师创办的主题角色游戏符合幼儿的年龄特点，但是价目表的设定限制了幼儿的想象以及对角色、对生活的反映，所以是不合理的。

建议如下。

①让幼儿自主参与活动。教师应根据幼儿游戏的特点，引导幼儿一起结合自己的经验商定在理发店内的不同服务内容及其价目，培养幼儿自己解决问题的能力。

②多用语言指导游戏，在游戏中培养幼儿的独立性，观察幼儿游戏的种种意图，给幼儿提供开展游戏的练习机会和必要帮助，允许并鼓励幼儿在游戏中的点滴创造，通过讲评让幼儿相互学习，拓展思路，不断提高角色游戏水平。

第二节　角色游戏的组织与指导

《纲要》指出，游戏是幼儿的基本活动。游戏是幼儿学习的基本特点，也是幼儿生活和学习的方式。角色游戏对幼儿身心发展的促进功能是其他游戏无法取代的。因此，幼儿园教师有必要认真研究角色游戏的结构，这样才能组织好幼儿角色游戏，提高幼儿游戏水平。

一、角色游戏的结构

(一)游戏主题

游戏主题是角色游戏结构中的核心要素，它统帅着其他的结构要素。所以有些专家也把角色游戏称作主题游戏。游戏主题不仅包括游戏名称，还包括游戏内容，以及在活动中的动作、事件和相互关系，是幼儿在游戏中所反映的周围人们的生活。例如，上述"大千美食城"中佳佳和强强模仿饭店中厨师的活动，"我是小司机"中祺祺用电扇叶片模仿汽车司机开车的活动等，都是源于生活中的经验表象。

(二)角色扮演

角色游戏之所以能吸引幼儿乐在其中，正是因为幼儿可以扮演自己感兴趣的生活中成人的角色。可以说每个孩子在幼年都渴望成为像成人那样的角色，做成人可以做的事情。幼儿天生就是好奇的，他们有着强烈的心理愿望，就是渴望像成人一样做事，以此满足自己的愿望。角色游戏中角色扮演成为最吸引他们开展角色游戏的重要因素之一。爸爸妈妈哄孩子、老师给小朋友讲故事、解放军叔叔背着枪站岗、警察抓坏人、司机手握方向盘开车、医生给病人看病打针等，幼儿眼中的各种社会角色的活动都像磁铁一样吸引着幼儿，他们有着强烈的欲望尝试各种角色的活动，于是他们开展各种主题的角色游戏，在丰富的游戏主题中扮演各行各业的社会角色，对扮演角色的假想也支撑幼儿更好地推进游戏的进程。

(三)假想

假想是角色游戏的重要特质，是贯穿整个角色游戏始终的重要构成要素。它包括对游戏材料和物品的假想、对游戏角色动作和情节的假想。

1. 对游戏材料和物品的假想

幼儿在角色游戏中对游戏材料和物品的假想是支撑角色游戏开展的又一重要因素。幼儿不可能像成人那样用真实的工具材料工作。因此幼儿必须借助对眼前可以利用的材料的假想来进行游戏活动。没有了对材料的假想，幼儿等于失去了开展游戏的支柱，如佳佳和强强把彩纸和树叶、草叶当成蔬菜，把塑料碗当成锅等；祺祺把风扇叶片假想成方向盘等。也只有如此，幼儿才能投入快乐的游戏情境之中，感受假想材料和活动带给自己的满足感。当然，幼儿对游戏材料和物品的假想，并不是无意识的，而是根据手头材料的特点来开展假想并利用的。因此对材料的假想表明幼儿对环境的关注和已有表象的认知和加工水平。例如，在对材料的假想中，幼儿会对材料的形状、质地、颜色、功能等进行假想利用。他们会把土或沙子当面粉，而绝对不会把石块砖头当面粉或大米来用。

2. 对游戏角色动作和情节的假想

角色游戏中幼儿通过对角色动作的假想来展现自己模仿的角色活动并推进游戏情节。当幼儿选择确定开展的游戏主题后，便开始了角色的活动。扮演什么角色、角色活动怎样，在不同情节中会做出怎样的反应，幼儿会根据需要认真考虑并做出相应回应。幼儿是通过对扮演角色的某些代表性动作来进行角色假想的。幼儿的假想动作往往不会像现实生活角色的动作那样复杂。例如，妈妈的活动经常是用照料孩子的动作来代表：用给孩子喂饭、梳头、穿衣服等一些个别动作来代表妈妈的活动；用"站岗"来代表解放军的活动；用"打针"来代表医生给病人看病的一系列活动和情节。幼儿正是通过这样一些角色的特征性动作的假想来展开游戏情节的。其中很多角色的活动通过这些简单动作代替，不少情节是被省略概括的。例如，解放军不只是站岗一件事；妈妈也不只是照顾孩子，还要工作；医生也有具体的分工，"打针"这一个动作不能代替看病的所有情节。

(四)内在规则

维果茨基认为，角色扮演的特征——按规则行事，强化了儿童在行动前的思考能力，它要求儿童抵抗自己的即时冲动。这样，他们就能更好地理解并努力遵循社会规范和期望。其实这里的规则便是生活中人们遵循的某些社会角色活动中的活动程序和行为规范等。这些规则是内隐的，与规则游戏中的规则不同。规则游戏中的规则是外显的。外显的游戏规则是指为了游戏活动的顺利进行，在游戏开始前由游戏指导者或游戏者向"所有游戏人"宣布的，是人人可以看见和直接认知的。

幼儿园教师资格证考试·考点预测

角色游戏的结构有(　　　)。

A. 游戏主题　B. 角色扮演　C. 假想　D. 内在规则　E. 游戏过程

(答案：ABCD)

幼儿角色游戏的规则具有内隐性。"内隐的游戏规则"表现为"游戏内在的情境性和秩序感"，它是在游戏过程中得以体现的。幼儿游戏是按照实际生活中的规则(或者称为"世界的规则")进行的。"世界的规则"是指客观事物及人类社会发生、发展的规律，它制约着一切事物，包括游戏的开展。角色游戏规则是幼儿的自我限制。哪里有游戏，哪里就有假想情境；哪里有假想情境，哪里就有规则。在游戏中，规则是隐含的，是幼儿自己制定的规则与执行时的一种内部的自我限制。例如，幼儿在玩打针游戏时，会按照自己打针的生活印象，先消毒再打针，而不会先打针再消毒。再如，到美食城做顾客的幼儿，吃完饭后，会用假装的"纸币"结账，绝对不会吃完饭就离开，这同样是幼儿自我内在的游戏规则，而不用依靠任何人告诉他们该如何按游戏的规则去开展游戏。

二、角色游戏的组织与指导

角色游戏是幼儿期开展最多、内容最丰富的一种游戏。虽然幼儿角色游戏有其独立自主性，但如果没有教师的组织指导，游戏主题、情节不会特别丰富，幼儿的角色游戏水平不易迅速提高。因此，幼儿园教师可以在尊重幼儿游戏意愿的基础上，加以适度组织指导，以有助于幼儿的角色游戏水平得到不同程度的提升。教师应根据幼儿的实际经验和兴趣，在游戏过程中给予适当指导，使幼儿保持愉快的情绪，促进幼儿能力的全面发展。

角色游戏源于幼儿生活经验的一种创造性游戏活动。幼儿游戏的水平既和幼儿生活经验有关，又受幼儿认知发展水平的制约，因此小、中、大班游戏的水平不同，这就要求幼儿园教师对各年龄班的角色游戏活动予以不同的组织指导。

(一)角色游戏的一般指导①

1. 丰富幼儿的生活经验

角色游戏是建立在幼儿所掌握的生活知识和经验基础上的社会生活再造活动。幼儿的知识越多，生活内容越丰富，角色游戏的主题和内容也就越新颖、越充实。教师要善于利用教育活动、观察、参观、日常生活、劳动、娱乐等多种活动来丰富幼儿的知识经验，加深幼儿对周围生活、人与人的关系的印象。同时帮助家长安排好幼儿的家庭生活，适当带幼儿出行，引导幼儿观察人们的活动，了解成人角色的丰富内容，使幼儿在家庭中获得更广泛的知识经验，为开展角色游戏打下良好的基础。丰富幼儿的生活经验是角色游戏指导的首要工作。

2. 为幼儿提供角色游戏的基本条件

角色游戏的开展需要一定的条件，否则幼儿的角色游戏就不能尽情展开。

首先，要为幼儿提供充裕的游戏时间。角色游戏的开展需要较长的时间，每次游戏至少需要 30 分钟。只有时间充足，幼儿确定主题、分配角色、寻找材料、开展情节等活动才能深入展开，否则势必影响游戏的效果。幼儿园每天都要保证幼儿在园有充裕的自主游戏时间，幼儿可以依据兴趣需要自主选择角色游戏，确保游戏效果良好。

其次，要根据幼儿的兴趣特点和生活经验，为幼儿创设角色游戏的场地，配备游戏玩具和材料。幼儿比较喜欢的角色区有娃娃家、小医院、美食城、服装店、小超市、小银行、理发店等，创设时主题应尽量丰富。

娃娃家：娃娃，小床，家具，小服装，鞋帽，厨具灶具，小餐具，小桌椅，家用电器(电视机、冰箱、空调、微波炉、洗衣机、电脑等)，废旧纸盒，代金币等。

小医院：小床、听诊器、体温计、药瓶、注射器、血压计、棉签、输液器、药品柜、小镊子等。

美食城：桌椅、筷子、餐盘、塑料碗、各种食品卡片、各种食品材料、代金币、饮料瓶等。

服装店：各种小服装、代金币等。

---

① 李淑贤、姚伟：《幼儿游戏理论与指导》，86 页，长春，东北师范大学出版社，2004。

小超市：各种各样的商品，如小食品、日用品、水果、蔬菜、米面等。

小银行：电脑、取款机、票据、水笔、代金币等。

理发店：小镜子、椅子、桌子、吹风机、发型画册、剪刀、梳子、围巾、洗手盆、热水器、洗发膏、焗油膏、代金币等。

需要说明的是，教师在角色区提供丰富多样的玩具和游戏材料以保证游戏开展时材料的多效性和对幼儿思维想象的激发作用。1989 年的《规程》第二十四条指出，"游戏材料应强调多功能和可变性"。2016 年修订颁布的《规程》又进一步重申，"幼儿园应当因地制宜创设游戏条件，提供丰富、适宜的游戏材料"。幼儿角色游戏的开展离不开材料的支撑。因此，教师布置各个角色主题区角时，要为幼儿提供多功能的游戏材料。游戏材料和玩具的多功能并不一定是购置的高级娃娃家具、超市小桌椅等，而是可以在多个主题游戏和情节发挥其功能。教师提供的废旧物品、半成品材料或可塑性材料如沙子、橡皮泥等，可以一物多用，更能够激发孩子的想象力，促使他们挖掘材料的多种功能。例如，一个废旧的纸盒，可以当作娃娃的小床、小桌子、小案板、柜台、椅子等；一节木棍，可以当作饭勺、梳子、擀面杖、指挥棒、口琴、注射器、遥控器、铅笔等。可见，游戏材料的多效性和可变性能够刺激幼儿大脑的兴奋性，调动已有经验，从而激发幼儿的创造想象。

另外，游戏材料并非越多越好，丰富是品种和材料种类丰富，数量不一定越多越好。教师提供各种材料便给幼儿创设了开展游戏的环境，幼儿会根据自己的兴趣投入游戏。而一旦他们的情节中缺乏某种游戏用具，他们会积极地思考，去寻找可以替代的物品、材料。这样不仅可以激发幼儿创造性地利用环境、物品，还可以促进幼儿认知的发展。

教师还可以"鼓励幼儿制作玩具"，如手工活动中的作品可以放到超市，美术课画好的衣服可以放到服装店，等等。幼儿对亲手制作的玩具会表现出更浓厚的兴趣和积极性。

3. 尊重幼儿的游戏意愿，鼓励幼儿确定主题、分配角色

角色游戏是幼儿自主自愿的游戏活动，游戏主题必须是幼儿自己感兴趣的，开展哪个主题的游戏必须尊重幼儿的意愿，否则幼儿会失去兴趣，也不符合角色游戏的特征。所以无论是确定主题还是分配角色，都需要尊重幼儿的意愿。

有的幼儿特别是低龄班幼儿，经常重复模仿某些成人的动作，但缺乏更为丰富的情节。这些幼儿喜欢角色游戏但不会确定游戏主题或游戏主题不够明确，教师需要给予引导，帮助幼儿确定游戏主题，丰富游戏内容。例如，一名三岁半的幼儿坐在小椅子上，双手不停地旋转重复司机着开汽车的动作，嘴里不时"嘀嘀嘀"。显然他在学司机开车。但是他没有意识到，只有简单的动作重复，不能展开游戏。此时教师可以对孩子加以引导："小朋友，你是在开汽车吗？那你是在玩开汽车的游戏吧？那你就是小司机啊。噢，你开的是什么车？是货车还是客车？如果是货车，有

副驾驶吗？有装货卸货的工人吗？如果是客车，那客车开往哪里啊？有谁在车上啊？有没有售票员啊？"幼儿会迅速确定游戏方向，明确主题，继而围绕主题展开游戏。

4. 鼓励幼儿学会分配角色

游戏角色是幼儿最感兴趣的，角色分配也经常成为开展游戏时的关键问题。游戏角色分配主要有两个方面需要关注。一是幼儿确定主题后不清楚到底游戏中该有怎样的角色。例如，几个男孩子想玩"神七奔月"，只知道有人驾驶神七，其他就不清楚了，此时教师可以引导："小朋友在玩神七奔月，真好。那你们说除了驾驶飞船上天的叔叔，还需要什么人呢？地面上有没有一些叔叔阿姨科学家来指挥飞船，跟飞船驾驶员联系呢？"二是分配角色时发生矛盾。有的游戏角色是所有参加游戏的幼儿都想扮演的，他们又知道不能同时扮演，由此可能会争执谁扮演。教师可以借此机会帮助幼儿学会分配角色，同时不失时机地帮助幼儿学会谦让等良好行为。"娃娃家"中只有一个爸爸和妈妈，可是到娃娃家的三个人都想做爸爸。教师的做法："噢，三个小朋友都想当爸爸，可是，都做爸爸的话，家里就没有人当妈妈，爸爸妈妈也没有孩子了。这可怎么办呢？"在教师的引导下，三个幼儿互相商定：一人做爸爸，一人演妈妈，一人演孩子。过一会儿三人轮换角色，如果时间不够，可以下次来娃娃家时再换。就这样教师不仅不失时机地鼓励幼儿自己化解了角色分配的冲突，还对幼儿进行了良好行为品质的教育。

5. 适时参与到游戏中，促进幼儿游戏情节的发展

角色游戏虽然是幼儿自主活动，但是在游戏过程中教师要随时观察各角色区的游戏进行情况，适时有针对性地介入并指导幼儿游戏，以保证游戏的情节更加丰富，幼儿游戏水平更高。例如，在"美食城"中，小厨师都在忙活着切菜做饭，服务员见没有顾客来就餐，也跑到厨师那里帮忙。有几个小顾客进来坐了一下发现没有人接待，于是离开了"美食城"。教师观察到这一情况，迅速走过去并大声说："老板，你这儿有啥好吃的啊？服务员呢？我想看看菜单，请帮我把菜单拿过来啊。"服务员听到后，急忙跑过来递上菜单说："请点菜吧。"教师说："顾客来吃饭你们要招待呀，不然我们就到别处去吃饭了啊。"此时，服务员明白自己的责任是招呼进来就餐的客人，而不是去后面帮厨师。一些小朋友看到有服务员招呼了也来到美食城就餐，美食城的生意迅速兴旺起来。

由于角色游戏是幼儿的自主游戏，教师的指导一般是参与性间接指导，而非直接告诉幼儿如何游戏。美食城中教师以游戏的角色身份出现，适时介入恰到好处，既不影响幼儿游戏的自主性，又帮助幼儿明确角色内容，更好地展开游戏。

6. 选择时机自然愉快地结束游戏

游戏有好的开端也要有好的结束。结束环节主要包括游戏的自然结束、游戏后的整理工作、游戏后的总结评价。

(1)游戏的自然结束

角色游戏是幼儿感兴趣的活动，幼儿带着良好情绪开始游戏，也要在愉快的气氛中结束游戏。从游戏开始到进行、结束都使幼儿感兴趣，才能吸引幼儿下次继续玩角色游戏。通常，结束游戏是在教师观察的基础上自然终止。前面提到角色游戏时间一般是 30 分钟，此时幼儿各主题情节基本开展完毕，如果再进行下去可能不会再有丰富的内容，也会因此使幼儿失去游戏兴趣。因此，教师要看准时机，适时结束游戏。结束的方式尽量自然，可根据游戏主题来提示，告诉幼儿游戏进入尾声。例如，超市服务台广播："各位顾客好，超市还有 5 分钟就要下班了，请顾客抓紧时间选好物品，到收银台结账。祝您购物愉快！"教师以理发店经理的身份对理发师说："大家辛苦了，抓紧时间接待完最后一位顾客就要整理店内卫生，准备下班了。"

(2)游戏后的整理工作①

游戏结束后整理场地、收拾玩具和材料既是为下次开展游戏做准备，又是培养幼儿良好生活习惯的重要时机。教师切不可包办代替，要提示幼儿在结束游戏后收拾场地，将材料归位，养成良好习惯。针对不同年龄班幼儿的特点，教师可以采取不同的指导方法。例如，对小班幼儿，主要是培养他们游戏后参与整理场地的意识。教师可以请幼儿一起收拾玩具，整理场地。对中班幼儿，主要是培养他们收拾玩具的能力，整理场地和收拾玩具以幼儿为主，教师只在必要时给予帮助。对大班幼儿，应要求他们独立做好收拾场地及玩具、材料的整理工作，教师只要给予适当督促即可。

(3)游戏后的总结评价

教师组织幼儿对游戏总结评价必不可少。总结评价能够引导幼儿明确游戏方向，提升游戏水平。总结评价可以由教师和幼儿共同进行。幼儿是游戏的亲历者，对每个角色的活动和情节的开展最有发言权。幼儿参与总结评价环节的积极性高，既是对游戏的回顾，又可以积累游戏的经验，相互学习交流，提升游戏水平。总结评价包括游戏主题、角色扮演、区域互动、材料和玩具的使用、情节开展等多方面内容。教师在引导幼儿共同总结评价游戏过程中，可以让幼儿知道自己和别人游戏的情况，获得游戏经验，以便今后提高游戏水平。

对于角色游戏的评价，形式可以灵活。不一定每次都要在集体中进行，也可以在游戏小组中进行；不一定每次都是在游戏结束后进行，也可以在游戏过程中进行。例如，去小剧场看表演，教师可以在节目结束后引导幼儿观众总结评价游戏的开展情况。

游戏评价的形式主要有以下几种。

①讨论。

当幼儿在游戏中发生纠纷时，教师可以让幼儿讨论是与非。例如，在角色分配出现争执、情节方向不统一时，教师可以让幼儿讨论怎样开展最好玩，大家也能比

---

① 杨枫：《学前儿童游戏(第二版)》，39 页，北京，高等教育出版社，2012。

较满意。如果幼儿因缺乏生活经验不能得出结论，教师可以找机会让幼儿参观来丰富经验。需要注意的是，教师不要试图把控讨论，而是要引导幼儿发掘游戏中的闪光点。事实上，幼儿往往不能说出教师所认为的闪光点，因为幼儿眼中的闪光点与教师眼中的闪光点可能是完全不同的。

②现场评议。

有的角色游戏开展较好，为提升全体幼儿游戏水平，可以保留游戏现场，组织现场评议。例如，超市区的幼儿布置的货物齐全，摆放有序，井井有条，还有幼儿自己找来许多代金券、商品等，教师可在各区域游戏结束后带领大家一起参观超市，请开展超市游戏的幼儿介绍自己开展游戏的情况，也可以让其他幼儿提意见。现场评议可以使幼儿继续回到游戏中，体会并分析游戏的快乐。

③汇报发言。

游戏结束后，教师可组织各游戏区的幼儿讲讲各自是如何游戏的，分享游戏的快乐。通常，大班幼儿汇报发言比较积极踊跃。针对这种情况，可以安排相应的环境来满足幼儿的需求。例如，制作或准备小话筒放在活动室后面，小话筒数量与活动区人数一致。这样幼儿可以在课下与其他小组分享，而且每个人都可以有发言的机会。

幼儿园教师资格证考试·考点预测

1. 教师组织指导幼儿开展角色游戏的首要工作是(　　)。

A. 丰富幼儿生活经验　　B. 确定主题　　C. 分配角色　　D. 适当参与

(答案：A)

2. 结合实例说明组织幼儿角色游戏的指导方法。

教师在评价总结活动中应注意：提问以开放性问题为主，以促使幼儿讨论话题，并表达不同观点；每次游戏评价要有重点，具体、准确地指导幼儿的问题或行为；以幼儿评价为主，教师适时引导；评价活动要为幼儿进行下一次游戏指明方向。

幼儿园教师资格证考试·真题再现

2012 年下半年《保教知识与能力》材料分析题

李老师发现大班"理发店"的顾客很少，"顾客"对理发店不感兴趣。于是李老师带幼儿到理发店参观，看理发店的设施，鼓励幼儿向理发师咨询问题，记录幼儿的问题，还拍下照片，幼儿在理发店看到顾客躺着洗头，梳理发型。回到幼儿园，李老师组织幼儿讨论"如何开好理发店"，并把照片给孩子回顾，有的幼儿反映没有躺椅，有的反映没有发型梳，李老师则启发幼儿自己用积木做躺椅，自己画发型。之后，"理发店"生意又红火起来。

请分析案例中教师采用了哪些策略来支持幼儿的游戏活动。

【参考答案】

教师指导游戏就需要介入幼儿的游戏当中去，介入的目的是引导幼儿继续游戏，促进幼儿游戏向高一级水平发展，从而提高游戏质量，促进幼儿社会性发展。在这个案例中，教师采用的是外部干预的介入方式来指导游戏，外部干预是指成人并不直接参与游戏，而是以一个外在的角色引导说明、建议、鼓励游戏中幼儿的行为。

该案例中，李老师采用了以下策略来支持幼儿的游戏活动。

(1)及时帮助幼儿记录与总结角色游戏中的突出特点。

李老师观察游戏中孩子的表现以及游戏主题及材料的使用情况。及时记录孩子在游戏中的特点，帮助幼儿把无意识的游戏变为有意识的学习过程。另外，还可以让幼儿通过参观、记录、提问的方式发现问题，自己来制作躺椅、自己画发型来参与游戏。通过这些，不断地充实和深化幼儿的角色游戏。

(2)以交流体验为媒介。

李老师引导幼儿自发地进行交流(幼儿向理发师咨询问题，记录幼儿的问题)，积极地表达情感，相互体验，共享快乐，共解难题，进一步为幼儿提供表现和学习的机会。自发交流是游戏同伴间对自己游戏的交流，自发交流改变了过去交流只是教师对幼儿的自上而下的片面做法，凸显了幼儿在整个游戏过程的主体地位，更有利于幼儿自主独立创造的个性和社会性人格情感的培养发展。

(二)各年龄阶段角色游戏的组织与指导[1][2]

幼儿年龄不同，生活经验不同，幼儿游戏层次和水平也有区别。例如，小班幼儿的角色游戏多以简单动作模仿为主，中班幼儿的角色游戏主题丰富，大班幼儿的角色游戏以创造为主。教师需要根据实际情况，针对各年龄班做出相应指导。

1. 小班幼儿角色游戏组织与指导

(1)小班幼儿角色游戏的特点

小班幼儿的无意注意占优势，直觉行动思维仍然是主要的思维方式，所以小班幼儿角色游戏对玩具的依赖性最强，通常是眼前有什么玩具就选择什么玩具、玩什么游戏，离开了眼前的玩具，游戏也就停

小班角色游戏

止了。幼儿对玩具的运用主要是依据玩具的刺激性特点，不是自己真的喜欢玩某个游戏。也就是说，是玩具刺激他们开始游戏活动。小班幼儿缺乏游戏活动的目的性，喜欢模仿，看到周围人玩什么玩具、做什么游戏，就会舍弃自己手中的玩具，终止游戏活动，转而

① 葛东军：《幼儿游戏设计与案例》，37页，保定，河北大学出版社，2012。
② 杨枫：《学前儿童游戏(第二版)》，41页，北京，高等教育出版社，2012。

跑去玩和别人一样的游戏。小班幼儿处于独自游戏和平行游戏的高峰阶段，喜欢和同伴玩相同或者相似的游戏。他们没有自己明确的游戏目的，没有游戏的发起者和组织者，游戏角色不明，同伴之间往往没有什么交往，如果有也是简单的观看或互借玩具的简单交流，如"我的娃娃想喝奶了，给我一袋酸奶吧"，游戏情节十分简单，游戏水平比较低。例如，小班幼儿看到娃娃便抱着娃娃玩过家家，看到小药瓶就玩医院游戏，等等。

幼儿园教师资格证考试·考点预测

根据各年龄班游戏特点和水平差异，谈谈如何组织幼儿开展角色游戏。

幼儿园教师资格证考试·真题再现

2018 年下半年《保教知识与能力》单选题

小班同一个"娃娃家"中，常常出现许多"妈妈"在烧饭，每位幼儿都感到很满足。这反映小班幼儿游戏行为特点是（　　　）。

A. 喜欢模仿

B. 喜欢合作

C. 协调能力差

D. 角色意识弱

（答案：A）

（2）小班幼儿角色游戏指导

针对小班幼儿生活经验比较少、平行游戏居多的实际情况，教师要做出相应的组织指导。教师需要为幼儿提供种类少、数量多且性质相似的成品玩具，以确保每个幼儿都能拥有玩具，避免因玩具短缺而发生争吵甚至攻击。教师以游戏角色身份参与到幼儿游戏中，用游戏角色的口吻来指导幼儿游戏。小班幼儿角色游戏的目的不明，缺少主题引领，教师有必要帮助幼儿确定游戏主题，分配角色，调动、挖掘幼儿的生活印象，明确角色的活动内容。同时，教师要注意引导他们多与同伴进行游戏主题内部和各游戏主题之间的交往。小班幼儿的规则意识淡薄，在角色游戏中教师要注意培养他们游戏的常规意识。

幼儿园教师资格证考试·考点预测

小班区域活动开始了，小娜和嘉祺迅速来到娃娃家。小娜当妈妈，像往常一样给娃娃喂饭、梳头；嘉祺则坐在沙发上看手机。两个人没有什么交流，各自沉浸在自己的活动中。根据以上材料，说明教师如何引导小班幼儿开展角色游戏。

指导案例

娃娃家(小班)

观察指导

莎莎今天是娃娃家的妈妈,她一进娃娃家,就忙活起来。一边拿起小炒锅,一边说"今天我给你们做好吃的"。妈妈在忙着做饭,在炒锅放入一些彩色纸条和一些猪肉;奶奶哄着娃娃坐在一边;爸爸走到这里看看又走去那边瞧瞧,似乎没什么可以做的事;爷爷在奶奶旁边的椅子上坐着,偶尔看看娃娃。过了一会儿,爸爸又跑出娃娃家,不知道去哪里了。爷爷感觉自己没意思,说:"妈妈做好吃的,做好了吗?我都饿了。"似乎孩子们在娃娃家就是做饭哄孩子,而这些往往多是由女孩子完成的;男孩子在娃娃家似乎总是找不到自己可以做的事情。小班娃娃家的内容显得单一,无法展开。

老师出现在娃娃家门口,当当当,当当当,敲开娃娃家的门,这时奶奶放下孩子来开门,爷爷抱起娃娃,扮妈妈的莎莎放下炒锅请老师坐下,还给老师倒水,老师说:"我是你们家邻居,今天我忘记带家里钥匙了,进不去门,想请你家爸爸帮我把门弄开。"爷爷连忙找爸爸:"快点去帮忙啊,要不客人进不去家门啦。"老师说看看小桌子摆的很多食物,说:"哇,你家这么多好吃的啊!"妈妈说:"是啊,我做了好多好吃的呢,锅里还有。要不我们一起坐下来吃吧?反正你也进不去家,我做了好吃的,在我家吃饭吧。"接下来老师扮演的邻居和娃娃家的成员一起吃饭。邻居一看爷爷把娃娃放在了床上急忙说:"你家娃娃也吃点饭吧,她一定也饿了。"演妈妈的莎莎喂娃娃吃东西,边喂边说:"娃娃不好好吃饭,奶奶来喂吧。"这时奶奶放下手里的塑料碗,过来抱起娃娃开始喂饭。奶奶拿起小勺喂起来,一边喂还一边说:"快点吃!"

附图①

分析

小班娃娃家里,幼儿的分工还较明确,但却缺乏游戏情节。虽然在游戏分享时,

---

① 本部分角色游戏图片由河北省高碑店市第二幼儿园提供。

幼儿都会讲爸爸妈妈、爷爷奶奶平时在家会做些什么，但游戏时，又显得没事可做。于是老师适时介入游戏，作为娃娃的邻居到她家请爸爸帮忙，并在娃娃家做客。在老师的建议引导下，幼儿开展了一家人请邻居吃饭、喂娃娃吃饭、收拾整理碗筷、洗碗、帮邻居开门等一系列活动。教师的引导让幼儿增加了更多的游戏情节，游戏分享时，他们讲得特别高兴，其他幼儿听得也特别认真。

2. 中班幼儿角色游戏组织与指导

（1）中班幼儿角色游戏的特点

经过幼儿园小班一年的学习生活，中班幼儿的生活经验越来越丰富，语言表达能力不断提高，幼儿之间的同伴关系也比较融洽，游戏持续时间比较长。此阶段的幼儿角色游戏主题丰富，涉及生活的各个领域，如商店、医院、超市、银行、理发店、邮局等；但是游戏主题不够稳定，时常出现频繁更换游戏的现象。例如，有的幼儿本来在娃娃家当妈妈做饭，但是看到小医院人多热闹，就跑去医院，而忘记自己的角色职责。相对于小班幼儿角色游戏，中班幼儿角色游戏的目的性比较强，情节得到丰富发展，角色意识较强，角色刻画比较深入，游戏角色有归属感。幼儿之间的交流愿望增强，但交流能力有限；幼儿有了简单的规则意识，但不太会处理与其他幼儿之间的纠纷，经常出现一些争执冲突、告状等现象。

（2）中班幼儿角色游戏指导

首先是玩具材料的提供上。在为幼儿提供成型玩具的基础上，适当投放一些半成品材料，如旧纸盒、化妆品瓶子、纸片、废旧的破皮球、花生壳、毛线团、泡沫等，幼儿可以根据主题需要挖掘废旧材料的游戏功能，同时满足并激发幼儿创造想象的愿望。此外，对幼儿游戏的指导，以平行游戏和合作游戏的方式为佳。指导重点是帮助幼儿拓宽游戏主题，学习分配角色，设计游戏情节，引导幼儿制定并遵守游戏规则。教师要善于观察幼儿游戏进程，及时发现幼儿发生纠纷的原因，引导幼儿逐渐学会自己处理冲突。在游戏结束环节，教师提示幼儿收拾游戏场地，将玩具材料归位。

指导案例 👉

贝贝烧烤城　（中班）

观察指导

"贝贝烧烤城"是中一班孩子非常喜欢的一个角色游戏。根据幼儿的需要，现在烧烤城的食品有猪肉、牛肉、羊肉串、馒头片、面筋、大蒜和其他蔬菜等。很多幼儿都喜欢参与贝贝烧烤城的游戏，摆弄这些形象逼真的材料。今天下午区域活动时，王佳选择了贝贝烧烤城游戏，卖起了烤羊肉串。游戏中，他发现负责穿串的浩淼离开了，自己没有肉串可以烤，就跑去摆弄穿肉串的竹签和各种调料，越玩越觉得开心，忘记了自己的岗位是烤羊肉串。不一会儿，浩森回来了，与王佳争执起来。因为王佳摆弄竹签和调料正起劲不愿意离开，让浩森去卖羊肉串，一直在串肉串的李楠不愿意，他急红了脸据理力争，对浩森和王佳说："我才是串羊肉串的，你俩是卖肉串的，我先来的。"王佳还是不情愿，说："那我们一会儿换换好吧？"李楠说："我不换，我先来的。"李楠说着看看浩森和王佳，当他看到两人特别是王佳可怜兮兮的样子时，说："嗯，那要不这样吧，我们石头、剪刀、布，谁输了就去卖肉串。"三个人都同意了。王佳输了，他只好回到卖羊肉串的岗位。

分析与思考

游戏进行到一定的时间，在同一游戏中出现了不同的角色，而各角色应有自己不同的职责。观察中，幼儿之间因为"你该做什么，我该做什么"发生争吵，这说明幼儿的游戏在进步。在之前的游戏中，幼儿游戏的角色少、不稳定，没有明确的角色分工。随着游戏的逐步开展，游戏角色增加了、游戏的情节丰富了，幼儿常常受游戏材料和参与游戏人数等因素的影响而离开自己当前的角色，去扮演比较有兴趣的角色，有时参与到其他游戏，甚至强占他人的角色。这些现象的出现告诉教师，幼儿的游戏需要规则，需要明确的角色分工，幼儿在游戏中必须明确自己的角色、履行自己的角色职责。

实施措施

1. 教师和幼儿讨论："在角色游戏中，怎样才能让别人一看就知道自己是做什么工作的？"鼓励幼儿与教师共同想办法，制作标志如牌子、图片、服装等，表现相应的角色。

2. 根据幼儿讨论，为幼儿提供不同的服饰，帮助幼儿明确自己和同伴的角色。

3. 游戏中，有意识地询问幼儿，"你今天玩的什么游戏？你扮演什么角色？这个角色的任务是什么？"让幼儿回答："今天我是××，我的任务是……"

4. 游戏中教师随时观察，发现幼儿离开岗位时可以以游戏角色的身份参与游戏，间接引导幼儿回归游戏角色。例如，王佳是因为没有人买羊肉串才离开的，教师观察后可以扮演买肉串的顾客："哎呀，谁是卖羊肉串的啊？我要买羊肉串啊！"这时王佳意识到自己的岗位是卖肉串，自然会回到自己的岗位上。

教师随时观察幼儿游戏情况，及时帮助幼儿明确自己的角色与职责，在游戏时能自始至终不离开游戏岗位。

活动反思

角色的分工以及角色职责都应从幼儿的游戏中来，教师在游戏观察的基础上组织幼儿讨论、确定游戏角色的分工以及角色职责。在幼儿游戏过程中关注每一位幼儿是教师工作的重要一环，当幼儿发生困惑、疑虑、争执的时候，教师都要及时地给予帮助和鼓励。因为幼儿游戏水平的不断提高除了需要幼儿自我的积极探索外，更需要教师去引导和推进。

附图

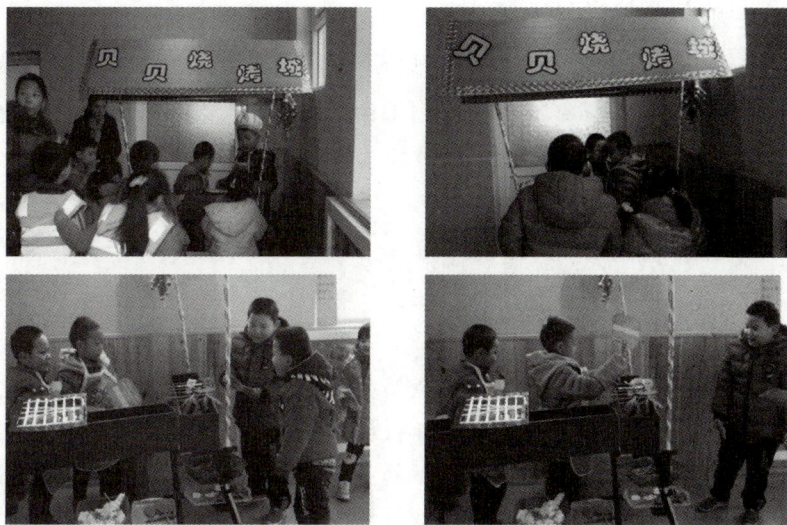

3. 大班幼儿角色游戏组织与指导

（1）大班幼儿角色游戏的特点

大班幼儿的生活经验日益丰富，角色游戏水平也日益提高。游戏主题广泛新颖，往往与幼儿的社会生活紧密联系，反映的人际关系也较为复杂。大班幼儿角色游戏处于合作游戏阶段，喜欢和同伴一起游戏，而且通常有比较固定的玩伴。游戏的目的性较强，合作水平高，会分配游戏角色，并能较好地扮演角色，游戏情节也更为丰富。游戏的规则意识较强，而且对自我游戏水平和他人游戏水平有一定的评价能力。

大班角色游戏

（2）大班幼儿角色游戏指导

大班幼儿角色游戏指导的重点应放在培养他们独立开展游戏的能力上，包括独立确定游戏主题、自主布置游戏场地、准备游戏玩具材料、商定如何分配角色、设计游戏情节、制订游戏规则、独立解决游戏中遇到的困难和各种冲突、自制玩具等。教师可以多用提问、建议引导幼儿游戏。教师要注意随时观察幼儿游戏的活动进程，及时为幼儿提供游戏机会和创设游戏条件；引导幼儿在游戏中进行更多更深入的沟通，以便反映现实生活中更复杂的社会关系；鼓励幼儿参与游戏评价，充分讨论问题，分享游戏经验，促进幼儿初步分析与解决问题的能力的提高。

指导案例

爱心诊所 （大班）

观察指导

"爱心诊所"里有个"治疗床"，在这里护士给病人打针，医生给病人治病检查，给伤者做手术。今天的值班医生是佳宝，佳宝天天乐呵呵的，小朋友们都喜欢和他一起玩。今天来到手术室排队的人特别多。

伟业抢先排在第一个，手里拿着一张"挂号单"，递给了佳宝，因为人太多，佳宝着急没看挂号单，就往废纸篓子一扔，说："上去吧。"伟业马上爬上了铺着白单子的手术床。佳宝医生找了一根雪糕棍拿在手里当作手术刀，在伟业身上比画了几下，没一会儿就给伟业做完了手术，说："好了。"伟业立即跳下了手术床，高兴地一蹦一跳地去玩别的游戏了。排队的幼儿大多拿着挂号单，脸上表情很开心，没有一丝痛苦的样子。

分析

角色游戏的每个主题都有一定的内隐规则。游戏规则中规定幼儿要先到挂号处挂号，然后去"医生门诊"那儿看病，需要做手术的病人必须持有医生给的手术卡片卡才能到手术床上去找医生做手术，而大多数幼儿没有遵守游戏规则。因为生活中，幼儿看病时大多数是吃药、打针、打点滴，很少手术，所以对手术治疗非常感兴趣，一个个都往那儿跑，加上此游戏是刚刚玩，幼儿对自己的角色把握得不是很好。而且幼儿做手术完全没有痛苦表情，反而都是开心的，做完手术马上蹦跳走开了。

反思

在组织幼儿游戏时，教师往往急于求成，摆出游戏的道具，讲解完游戏的规则，就让幼儿自由地游戏了，由此在游戏活动中产生了很大的问题：幼儿玩游戏没有深度，对游戏不理解，把道具当作玩具玩，等等。这需要教师把每一步工作做细、做到位，从幼儿对角色的理解模仿到道具的使用及整个参与过程，教师都要十分重视并加以引导。此次游戏后，教师仔细地向幼儿讲解了游戏规则，让幼儿认真体会病人与医生的表情、动作等，在第二次小医院活动中，情况有了很大的好转。

附图

本章小结

1. 角色游戏是幼儿期最为活跃的游戏，作为幼儿教师要重视角色游戏在幼儿发展中的重要价值，要充分了解角色游戏的特点和结构，积极为幼儿开展角色游戏创造条件，依据各年龄班的不同特点，科学合理地指导幼儿角色游戏的开展，真正发挥角色游戏对幼儿成长的价值。

2. 角色游戏是幼儿期最受欢迎的游戏之一。角色游戏是指幼儿根据自己的兴趣和意愿，通过扮演角色，运用想象和模仿，创造性地反映个人生活印象的一种游戏，又称为主题角色游戏。

3. 角色游戏具有自身特点。主要包括自主性、社会性、创造性、表征性。幼儿角色游戏过程的假想会出现以人代人、以物代物、以物代人、以人代物等表征特点。

4. 角色游戏作为幼儿喜欢的创造性游戏具有多种功能。角色游戏能够促进幼儿认知的发展，一是社会性认知的发展，二是对环境中替代物的认知发展。"以物代物"是幼儿角色游戏开展不可或缺的。角色游戏有助于幼儿社会性的发展。角色游戏还能够促进幼儿语言交流能力的发展，有助于培养幼儿良好的个性品质，有助于培养幼儿积极的情绪与情感。

5. 角色游戏有一定的结构。角色游戏有游戏主题，角色扮演，假想（包括对游戏材料和物品的假想、对游戏角色动作和情节的假想），内在规则。

6. 教师应注意做好幼儿角色游戏的指导工作。角色游戏的指导主要是丰富幼儿的生活经验；为幼儿提供角色游戏的基本条件（包括时间、空间和游戏材料等）；尊重幼儿的游戏意愿，鼓励幼儿确定主题、分配角色；鼓励幼儿学会分配角色；适时参与到游戏中，促进幼儿游戏情节的发展；选择时机自然愉快地结束游戏。

7. 幼儿年龄不同，教师指导方法也各有区别。幼儿年龄不同，生活经验不同，幼儿游戏层次和水平也有区别。例如，小班的角色游戏多以简单动作模仿为主，中班幼儿的角色游戏主题丰富，大班幼儿的角色游戏则以创造为主。教师需要根据实际情况，针对各年龄班做出相应指导。

关键术语

角色游戏　游戏主题　角色扮演　假想

思考题

一、简答题

1. 举例说明角色游戏的特点。

2. 角色游戏对幼儿发展的功能表现在哪些方面?

3. 角色游戏由哪几部分构成?

4. 幼儿角色游戏的一般指导方法包括哪些内容?

二、论述题

结合各年龄幼儿的不同特点,说明如何指导幼儿进行角色游戏。

实训练习

1. 观察记录某一年龄班幼儿的角色游戏以及教师对游戏的指导情况。

2. 结合见习、实习,尝试指导某一年龄班的一个角色游戏。

3. 生活中观察一幼儿角色游戏活动,并分析角色游戏的特点、构成。

拓展练习

以下为部分教师资格证考试笔试真题及面试真题,可扫描二维码观看。

笔试真题　　　　面试真题

第四章　表演游戏

学习目标 ▶

1. 初步理解表演游戏的概念及特点。
2. 掌握幼儿表演游戏的类型。
3. 掌握表演游戏的指导方法。

学习导图 ▶

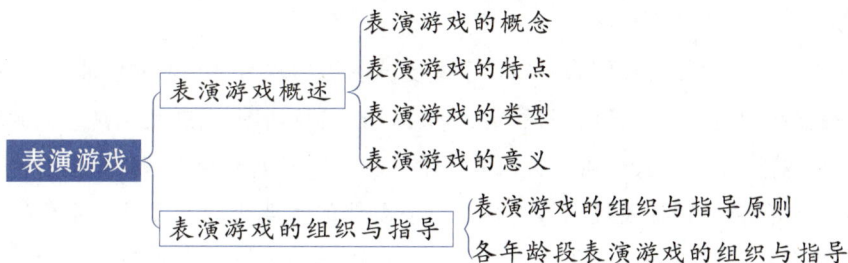

导入案例 ▶

案例一：祺祺与《熊出没》

祺祺每天从幼儿园回家都要看国产动画片《熊出没》，这似乎已经成了他每天回家必做的事情。连续看了一段时间后，祺祺让爸爸妈妈收集了许多和光头强、熊大、熊二有关的玩具，以及可以用来模仿片中几个角色的材料。晚饭后，祺祺最津津乐道、最开心的活动就是自己戴上爸爸从工地上拿回家的安全帽，这样可以做光头强，然后让爸爸演熊大、妈妈演熊二，把许多易拉罐放在茶几上当森林。有时爸爸妈妈忙，没人和他一起表演，祺祺照样戴上安全帽，拿上塑料电锯、斧头等，自己模仿动画片中的角色，有时甚至自己同时演几个角色。他自己虽然忙碌但是非常开心。

案例二：《小兔子乖乖》①

在组织幼儿玩表演游戏《小兔子乖乖》时，有一次"兔宝宝"不想再吃萝卜，提出要吃饼干，"兔妈妈"很为难地向教师求助："没有商店，我到哪儿去买饼干？"

游戏结束后，教师组织幼儿展开讨论，最后大家一致决定在游戏区中设立一个"小商店"。这样一来竟收到了意想不到的效果：兔妈妈为了给兔宝宝增加营养，到小商店里买了许多食品；为了骗过小兔子，大灰狼专程到商店买了一些能改变嗓音的药；另一只大灰狼到商店买来了假发、花衣服等打扮成兔妈妈的样子，到小兔家去行骗；机警的小兔子趁大灰狼不注意，溜了出来，到商店用公用电话给妈妈打电话，让妈妈赶快回家。

第一节　表演游戏概述

一、表演游戏的概念

对于表演游戏内涵的理解和界定，我国受苏联影响较大。在苏联学前教育学中，表演游戏被看作"通过教养员的词（故事、朗读、谈话及插图）所获得的观念为源泉的游戏"。根据这个定义，我们可以得出表演游戏在苏联学前教育学理论中包含两个要素：①故事、朗读、谈话及插图等内容是表演游戏的主要来源；②幼儿主要通过教师的语言来获得表演游戏的相关内容。据此，我国学前教育学学者对表演游戏做出了进一步的概括："表演游戏是按照童话、故事中的角色、情节和语言，进行创造性表演的游戏。"②如今，大家比较一致的看法为：表演游戏是幼儿按照文艺作品（童话、故事、儿歌、歌曲等）中的情节、内容和角色，运用一定的表演技能（语言、表情和动作）对文艺作品进行创造性表现的一种游戏形式。

幼儿在参与表演游戏的过程中，运用语言、动作、表情对角色进行诠释，是一种积极主动的创造活动，尽管它的框架是按作品规定的内容进行游戏的，但它依然充分体现了幼儿的主动性和创造性。幼儿可以根据想象增减故事的情节、角色、对话、动作等。例如，幼儿演出的童话剧、歌舞剧、木偶剧、皮影戏等都属于表演游戏。总之，表演游戏是幼儿喜爱的游戏之一，它融想象、创造于一体，对幼儿创造能力的培养与发展起着不可低估的作用，表演游戏还能锻炼幼儿的人际交往能力，

---

① 翟理红、侯娟珍：《幼儿游戏》，177 页，北京，北京师范大学出版社，2012。
② 黄人颂：《学前教育学》，253 页，北京，人民教育出版社，1989。

促进幼儿集体观念的发展和幼儿良好个性品质的形成。为了使幼儿能更好地进行表演游戏并能在游戏中得到发展，教师应对表演游戏进行正确的指导。

幼儿园教师资格证考试·考点预测

幼儿按照故事、童话的内容，分配角色，安排情节，通过动作、表情、语言、姿势等来进行的游戏被称为（　　）。

A. 规则游戏　　　B. 建构游戏　　　C. 角色游戏　　　D. 表演游戏

（答案：D）

二、表演游戏的特点

(一)自娱自乐性

在表演游戏中，幼儿最大的动机是追求表演的满足和快乐。因此，不管在什么场合，有无观众，也不管演出效果如何，都不会影响幼儿的表演，即使很粗糙的表演也能让幼儿体验到极大的满足感和愉悦感。可以说，表演游戏是幼儿"自娱自乐"的活动，幼儿是因为"有意思、好玩"而乐此不疲地进行游戏，他们并不是为"观众"表演。事实上，他们心目中并没有"观众"，也并不在乎"观众"是否在观看他们。"目的在于自身"并"专注于自身"是游戏活动的本质特点。

(二)表演性

在表演游戏中，幼儿以文艺作品为蓝本，通过模仿和想象来扮演角色，以表演角色的活动为满足。幼儿从选择和确定所要表演的文艺作品的那一刻起，表演游戏就已经有了一个规范游戏者的框架。幼儿在游戏的过程中会自发地在头脑中将自己的言行与作品中的角色、情节联系起来，文艺作品成为幼儿行为表现的框架和评价自己与伙伴游戏行为的尺度。正是这种源于故事或"再现"故事的要求，构成了表演游戏的"表演性"基础，而且也正是这种"表演性"，构成表演游戏区别于其他类游戏的根本特征。表演游戏，如果缺乏"表演性"也就没有了它自身作为一种游戏类型独立存在的依据。

(三)戏剧性

在表演游戏中，幼儿要按照文艺作品中的角色为蓝本，按照作品中的情节、人物、语言、动作等去扮演角色、再现作品的主题和内容。加上舞台的搭建、服装道具的使用、场景的布置等，使得表演游戏呈现出类似于戏剧表演的一些特点。

表演游戏与戏剧表演的本质区别在于：戏剧表演是在教师的组织导演下，严格按照作品的内容、情节、语言进行的表演。而表演游戏则是幼儿自娱自乐的创造性活动。这种创造性表现为幼儿在表演游戏中可根据自己对作品的情节、角色的领悟、理解和体验，对作品进行增添或删减，即对作品进行再创造。

(四)创造性

著名哲学家莱布尼茨曾说过,世界上没有两片完全相同的树叶,也没有两个完全相同的人。在这个世界上,每个人都是独特的,具有不同的个性特征。表演游戏是一种创造性活动,幼儿的表演是对文艺作品的一种再创造。其创造性表现在对角色的表现、对作品情节的增减以及对环境材料的利用等方面。幼儿表演时可根据自己对作品角色、情节的体验,在表现角色的语言、动作上有所增添或改动。于是,在表演游戏中,不同的幼儿对同一作品、同一角色的扮演就会产生不同的、富有个性化的独特表现。

三、表演游戏的类型

(一)根据游戏中角色扮演形式的不同

1. 自身表演

自身表演即幼儿以文艺作品为范本,亲自对角色进行表演的游戏活动。幼儿根据自身对作品的理解,在游戏中自娱自乐,他们的表演不仅极其专注,还非常的自然和朴素,每一遍演出都可能不一样。

2. 木偶表演

木偶形象夸张、造型生动有趣,既是工艺品又是幼儿喜爱的玩具。常用的木偶有手指木偶和布袋,比较简单。木偶既可以是由教师和幼儿动手制作的,也可以是市售的布袋木偶玩具,演出时,只要拉一块幕布挡住操纵者即可,简便易行,深受幼儿的喜爱。幼儿可用木偶唱歌、跳舞、讲故事,创造性地再现文艺作品中的内容,从而形成了各种木偶表演游戏。

3. 桌面表演

桌面游戏是指在桌面上,幼儿以玩具或物体来扮演作品中的角色,运用口头言语(如对话、对白)和操纵玩具角色的动作等形式再现作品的内容。一般来说,桌面表演需要幼儿具有较好的语言表达能力,要求他们在理解作品情节和体会角色情感的基础上,能用不同的语音、语调来表现角色的性格特征和情节的起伏变化。这种表现能力一般要到中班下学期才出现。

> **幼儿园教师资格证考试·考点预测**
>
> 下列选项中不属于表演游戏的是(   )。
> A. 娃娃家   B. 桌面表演   C. 影子戏   D. 木偶戏
> (答案:A)

4. 影子戏

影子戏(皮影戏、灯影戏)是依据光学原理,在灯光作用下,利用物体阴影的活动来表现文艺作品内容的一种游戏。皮影戏离奇有趣、变化多端、形象夸张，深得幼儿的喜爱。皮影戏对幼儿的言语表达能力、眼手协调能力、动手操作能力、协同合作能力都有较高的要求，并且在教师的指导和组织下才能顺利进行，所以一般到大班才出现。

(二)根据游戏内容的不同

1. 故事表演游戏

故事表演游戏即幼儿扮演文艺作品中的角色，通过对话、动作、表情等富有创造性的表演再现文艺作品。它可分为以下三种类型。

(1)整体表演型

整体表演型即要求幼儿在初步掌握文艺作品的基础上，按照故事的情节变化完整而连贯地表演。在组织活动中，应注意：①教师讲1~2遍故事后，帮助幼儿分析人物形象的特征；②可不用提前排练，组织幼儿自己讨论如何用语言和动作来表现人物的角色特征，讨论需要用什么道具，道具也可以用其他物体来代替；③在表演过程中，不需要准确复述故事，而是由教师串联故事，引导故事；④提供的道具要简单，且易于操作，具有可替代性，不要装饰性过强的道具。

(2)分段表演型

分段表演型即将整个故事分割成若干段落进行表演。这种类型的表演游戏较为简单，适合小班和中班的幼儿。这种表演游戏可以由多人扮演同一角色，允许全班幼儿集体参加，幼儿能够比较轻松地进入角色。组织指导时，应注意：①尽管故事被分解成几个段落，教师仍需要组织幼儿讨论，引导幼儿体验角色的发展变化；②如果若干幼儿表演同一角色，可组织幼儿协商角色的动作，同时鼓励幼儿做出与同伴不一致的动作，尤其是在每一段结尾的造型动作；③在教师指导幼儿表演的过程中，要拿捏好分寸，既不能干预太多，又不能让局面失控；④道具应简便，易于操作，能使幼儿较快进入角色。

(3)区域活动型

区域活动型即在活动区(或者语言区、表演区)开展的故事表演游戏。特点是自主性强，游戏成分多。

在区域活动中，幼儿自发展开的故事表演游戏存在以下几个特征。

①目的性角色行为减少，嬉戏性角色行为逐步增多。

②在游戏过程中，多为一般性表现，生动性表现没有显著增加。

③同伴交往是表演游戏的重要组成部分。

教师在组织幼儿进行此活动时，应注意以下几个方面。

①帮助幼儿加深对文学作品的理解，并丰富幼儿相关的生活经验。

②根据作品中的情境变化来布置场景。

③在表演区，多投放一些相关的材料和道具，以进一步拓展幼儿表演的内容。

④幼儿可大体根据自己的意愿来选择角色的扮演。

2. 歌舞表演游戏

歌舞表演游戏一般又分为以下两种。

（1）模仿性律动游戏

通俗地讲，律动是一种动作模仿，其核心是节奏。律动的内容主要取材于人的劳动生活方式、人在日常生活及运动中的动作、动物的动作、自然现象等，其中最受幼儿喜爱的是动物形态的律动。

（2）歌唱式表演游戏

歌唱式表演游戏即幼儿根据自己对歌曲中词意和曲调的理解，利用肢体动作和舞蹈动作，塑造人物形象。其教育意义主要体现在通过歌唱和舞蹈来培养幼儿的创造性，让幼儿在歌舞活动中获得乐趣的同时陶冶情操。

四、表演游戏的意义

(一)促进幼儿认知能力的发展

认知是认识过程及其心理品质的总称，包括感知觉、记忆、思维、想象、语言等方面。

表演游戏不仅是幼儿喜爱的活动，还可以帮助幼儿从不同方面来认识文艺作品。在表演活动中，幼儿借助现有的认知能力，如通过听故事、模仿教师的示范动作来理解和记忆文艺作品，借助各种材料和道具，对动作、对话和情节进行再现。反过来这些活动的掌握又促进幼儿观察、感知、比较、记忆、想象、思维、语言等认知能力的发展。

(二)促进幼儿情绪与情感的发展

表演游戏要求幼儿从角色的角度上进行创造性表演，有利于促进幼儿情感的移入和换位思考，幼儿通过努力完成游戏任务，由此产生成功感和快乐感。就这个意义而言，表演游戏可以给幼儿提供体验积极情绪的机会。

在现实生活中，幼儿因为各种因素难免会产生一些消极情绪，如果消极情绪长期累积而得不到宣泄，会影响到幼儿情绪与情感的健康发展。在表演游戏中，幼儿可以借助想象，补偿现实生活中不能满足的欲望，再现那些难以忍受的体验，缓解心理紧张，减少忧虑，最终产生愉快、肯定的情绪体验，从而获得心理平衡，这对幼儿心理的健康发展是很有好处的。

(三)促进幼儿集体观念的形成，增强幼儿的自信心

表演游戏要求幼儿根据"脚本"的要求，协调一致的行动，并产生共同的体验，有助于培养幼儿的集体观念。此外，表演游戏还可以帮助幼儿克服羞怯、胆小，增强幼儿的自信心。

(四)促进幼儿人际交往能力的发展

同伴关系是幼儿期一种重要的人际关系，也是促进幼儿社会性能力形成与发展

的重要因素。

在表演游戏中，幼儿在讨论、制作道具（主要是材料的使用与分配）的过程中以及表演时（围绕文艺作品中的情节、动作和对话方面的沟通）会发生的大量、形式多样的幼儿之间的互动。通过这种互动，幼儿学习如何参加小组活动，为同伴所接受；如何共同合作与配合；逐渐地认识到他人的观点和特点，当自己与同伴发生冲突时学会如何坚持正确意见或调整甚至放弃自己的想法，从而使自己的社会技能不断地提高。

第二节　表演游戏的组织与指导

一、表演游戏的组织与指导原则

(一)选择适宜的文学作品

内容的选择是表演游戏中的一个必要环节，教材内容应符合幼儿的年龄和心理发展特点。幼儿熟悉并喜欢的故事、童话等儿童文学作品都是幼儿表演的基本素材。因此，选择适宜的文学作品是表演游戏顺利开展的保障和基础。所谓适宜的文学作品应符合下列要求。

1. 故事情节的趣味性和起伏性

能否积极主动地参与表演游戏，取决于故事的情节是不是生动、简单、富有童趣的。因此，选择表演游戏的故事，首先要考虑趣味性。例如，《小兔子乖乖》，对于《小兔子乖乖》歌曲的敲门情节和夹断大灰狼尾巴、小白兔智斗大灰狼等好玩、有趣的情节，幼儿极其感兴趣，这凸显了《小兔子乖乖》这一表演游戏极强的趣味性。幼儿争先恐后地要扮演大灰狼、小兔子或兔妈妈，乐此不疲地参与表演游戏活动。于是，在有趣的表演活动中，扮演小兔子的幼儿体验到其积极、勇敢的品质；扮演大灰狼的幼儿则体验到其狡猾、贪婪的品性。

故事情节要完整有起伏，情节发展的节奏要快，变化明显，并按一条主线发展，重点突出，枝蔓不多，这样才能引人入胜，并易于表演。例如，在《小兔子乖乖》中，兔妈妈去拔萝卜，大灰狼来骗小兔子，兔妈妈回来了，把大灰狼赶跑了，这就具有起伏的情节，变化明显。

2. 故事主题的教育性

表演游戏在满足幼儿愉悦性的同时，其教育性是不可或缺的考虑因素，这就要求教师做有心人，平时留心幼儿感兴趣的文学作品，从中挑选易于幼儿表演的、思想健康的、传递正能量的内容，如《大头儿子和小头爸爸》《大耳朵图图》《小鲤鱼历险记》等。对幼儿同样感兴趣的暴力行为、打斗动作过多的内容进行合理改编或摒弃，使内容适合幼儿的表演游戏，如《奥特曼》《西游记》等。

3. 角色形象的生动性

在幼儿期，幼儿的思维以具体形象思维为主。他们活泼好动，好模仿，只有生动、活泼的故事形象，才能激起幼儿的表演兴趣，也有利于幼儿进行模仿。同时，在表演中融入丰富的动作，又有助于幼儿理解故事，并激发其表演的创造性。例如，《拔萝卜》，大家相继出场，一个接一个地来帮忙，对于摔倒在地的各种动作，加上大家一起把大萝卜送回家的动作表演，表演者易于产生即兴创作的夸张动作，让幼儿得到极大的愉悦感，并表现出参与游戏的极大热情。

4. 角色的对话性

角色的对话性是指对话语句简短、重复、朗朗上口。它有助于帮助幼儿理解角色形象，也是激发幼儿表演兴趣的重要影响因素。例如，《小兔子乖乖》《小羊和小狼》《三只蝴蝶》等故事，对话贯穿故事的始终，众多角色都有对话的机会，避免了某个角色只在开始时出场一下，然后就坐在一边等待，到最后无所事事的现象。而有的故事虽然情节生动有趣，但描述性语言较多，角色之间的对话不多，不适合幼儿展开表演活动。例如，《三只小猪》，其前部分三只小猪各自盖房子的情节在原始作品中都是描述性语言，对于幼儿的表演而言，缺乏互动性。在幼儿表演前，教师和幼儿可以共同讨论、协商将描述性语言改编为小猪之间的对话，把他们各自打算选择什么样的材料盖房子的想法都用语言表述出来，幼儿在表演时就能通过对话表达出自己的情感和神态，表演也变得愈加生动有趣。

幼儿园教师资格证考试·考点预测

学前儿童常常喜欢扮演故事或童话中的人物的游戏，如《拔萝卜》《小兔子乖乖》《三只小猪》等，这种行为称为（　　　）。

A. 语言游戏　　　B. 动作技能游戏　　　C. 表演游戏　　　D. 交往游戏

（答案：C）

(二)引导幼儿深入理解文艺作品

理解文学作品的内容、情节和人物形象特点，是幼儿恰如其分地扮演并表现出文学作品的关键。教师可以利用多媒体课件或相关图片，组织全班幼儿集体学习该文学作品；也可以通过幼儿园晨间、餐前、午休前讲故事等方式引导幼儿理解文学作品，并在开展表演游戏前重点帮助幼儿理解其中的关键要素。在此过程中，教师要特别注意引导幼儿分析文学作品中的角色形象及其特征，熟悉角色之间的对话，并鼓励幼儿发挥想象力，创造性地表现出角色的表情和动作。

(三)引导幼儿参与游戏道具、服饰的设计与准备工作

俄国教育家乌申斯基曾经说过："最好的玩具是那些我们能够随意地用各种方式

加以变更的玩具。"道具和服装是进行表演游戏十分必要的物质条件。教师可选择幼儿非常熟悉、喜爱、适合表演的故事，并组织幼儿参加表演游戏的准备工作，如吸引幼儿一起准备头饰、服饰、布景及道具，鼓励他们开动脑筋，积极展开丰富的想象，中大班幼儿还可以参加道具的制作等。幼儿参加游戏的准备工作，便更容易激起他们游戏的兴趣。幼儿的表演游戏具有一定自由发挥的余地，不受场所、时间和道具的限制。准备的道具不必追求精美、齐全、逼真，因为这并不比幼儿自己制作的道具更具吸引力。何况，道具的不足往往可以用动作去弥补。

(四)给予幼儿适时有效的支持与指导

1. 创设适宜的环境

环境的创设是表演游戏开展的一个重要环节。在创设环境时，教师应启发幼儿根据表演的主题和情节，认真思考，共同创设有关的环境，为幼儿提供多种辅助材料，一起商议并制作道具。

2. 安排合适的游戏场地

安排表演游戏的场地时，应注意以下两个方面。第一，根据游戏角色的内容和数量安排较为宽敞的空间。游戏的空间直接影响到幼儿游戏的效果。表演游戏需要幼儿唱唱、跳跳，所以需要较大的空间。有条件的幼儿园可以专门设置表演游戏室，室内有大舞台，提供一些表演游戏所必需的道具、布景等。这样的空间可以促使幼儿全身心地投入表演中去。第二，准备封闭或半封闭的空间，尽量和其他游戏场地分隔起来，以避免与其他区域相互干扰。因为在幼儿期，幼儿的注意特点以无意注意为主，有意注意初步发展。所以，幼儿的注意力容易分散，注意的稳定性较差，更难持久、稳定地保持有意注意。因此，教师在划分游戏场地时要尽可能减少不同游戏群体之间的相互干扰。

3. 投放适宜的游戏材料

在表演游戏中，游戏材料一般是指各种表演的道具。因此，教师在投放时要关注材料在激发幼儿游戏兴趣、推动幼儿游戏发展方面的作用。对于年龄较小的幼儿来说，复杂、艳丽、烦琐的道具反而会使他们专注于操作、摆弄，从而妨碍表演游戏的开展。因此，对小班幼儿来说，最适宜提供角色挂牌帮助他们区分角色；对中班幼儿来说，指向性明确的头饰和与角色形象相对应的服装和道具有助于其形象地演绎文学作品；对大班幼儿来说，各类自制服饰和道具有助于他们发挥创造想象的能力，深刻表现文学作品。

4. 营造融洽的游戏氛围

融洽、自由、关爱的心理氛围有助于幼儿获得良好的情感体验，在表演游戏中建立自信。因此，教师应做到以下几点。第一，充分信任幼儿，鼓励幼儿游戏时进行创造性表演。第二，接纳幼儿表演形式的个体差异性。由于每个幼儿对文学作品理解的不同以及表现能力的不同，在表演游戏中会体现出明显的个体差异。第三，尊重幼儿的表演。大多数幼儿的表演在成人眼中不是很精彩，但教师应从幼儿的角度去欣赏他们的表演，帮助幼儿树立自信心，使他们乐于表现，勇于表现。

(五)提高幼儿表演游戏的水平

1. 通过不同形式，激发幼儿的表演兴趣，增强幼儿的表演动机

首先，教师可结合多媒体课件、挂图、图片及相关的头饰来帮助幼儿尽快记忆故事内容。其次，教师要引导幼儿回忆故事内容，并重点提问故事中角色的动作、表情、对话等。最后，教师应鼓励幼儿努力把故事表演出来。

2. 指导分配角色并进行表演

教师在指导分配角色时，应和幼儿一起商量分配角色。游戏的主角一般需要有较强的语言表达能力、表演能力和组织能力，可先让能力强的幼儿担任，以后可轮流担任主角。也可以特意让某个幼儿担任某一角色，以使他得到锻炼。值得注意的是，应以商量、建议的口吻提出，不要违背幼儿的意愿。小班幼儿缺乏主见，教师可采用指定角色的办法，但也应该尊重他们的自愿选择。对个别幼儿经常占主角的行为，教师要动员他们更换角色。

在幼儿理解故事情节及角色的个性、动作和情感的基础之上，教师提供角色头饰等材料，让幼儿装扮成自己选择的角色，帮助幼儿从角色形象上进一步理解自己所要表现的文学作品。教师还可以担任旁白，通过语音、语调的变换等方式提醒相关角色入场，用简短的词语提示幼儿相关的动作或对话。

3. 讨论分析，鼓励幼儿创造性表演

初次表演，幼儿经常出现动作过于简单、表情不够丰富、忘词并冷场的现象，甚至有的幼儿连自己扮演的角色到底该做些什么都不知道。因此，在这一环节，教师可以表扬初次游戏中的"佼佼者"，引导幼儿讨论怎样才能更准确、多样化地表现出故事中角色的对话、动作和表情等。在这样的过程中，教师进行有的放矢地指导，从而促进幼儿对角色的进一步掌握。

在幼儿能够比较准确到位地进行表演后，他们就会情不自禁地按照自己的生活经验或独特的理解进行创造性的表演。因此，想方设法促进幼儿的创造想象，鼓励他们进行创造性的表演，对维持幼儿表演游戏的兴趣、促进幼儿文学想象的进一步发展，是非常重要的。教师可以通过呈现创造想象的范例或组织进一步的讨论来激发幼儿的创造想象。

二、各年龄段表演游戏的组织与指导

3~6岁幼儿因其身心发展水平、生活经验的不同，参与表演游戏时也会有一些不同的行为表现，因此教师可根据幼儿的年龄特点组织与指导他们的表演游戏。

学生设计表演游戏"三只小猪"

(一)小班幼儿表演游戏的组织与指导

小班幼儿参加表演游戏的年龄特点是：几乎没有角色意识，表演能力不强，同伴间交往互动极少。确切地说，小班幼儿基本不会玩表演游戏，他们往往只是表演自己感兴趣的某个动作或重复某一句有趣的语句。

因此，小班幼儿表演游戏的组织与指导应注意以下几点。

第一，教师应选择主题明确、情节简单、有起伏、活泼有趣的作品。

第二，教师带领幼儿准备游戏的道具和材料。

第三，教师可以指定或参与角色分配。教师应常常参加小班幼儿的表演游戏，并亲自担任某一角色，开始可担任主角，帮助幼儿解决角色分配中的困难，以后可担任一般角色，直至不担任角色。

第四，教师在游戏前应亲自做示范。小班幼儿处于独自游戏、平行游戏的高峰期，还不会玩表演游戏，但他们对模仿成人动作很感兴趣，所以教师生动形象的示范会直接影响幼儿对表演游戏的喜欢程度和表演意愿。

(二)中班幼儿表演游戏的组织与指导

中班幼儿参加表演游戏的年龄特点是：可以自主分配角色但角色更换意识不强；游戏的嬉戏性强，角色的任务意识较差，需要教师进行提示才能不偏离游戏的主题；游戏的计划性差，需要较长时间才能进入表演阶段；以一般性表现为主，以动作为主要表现手段。

中班幼儿表演游戏

因此，中班幼儿表演游戏的组织与指导应注意以下几点。

第一，教师提供较为充分的时间、空间，并注意材料的简便易制作。教师应提供至少半小时的游戏时间；为幼儿提供一个相对宽敞的空间，最好在一定时间内是固定的；为幼儿提供一些不太需要花费时间和精力的简易材料，且种类不宜过多，以防转移幼儿的注意力，干扰幼儿表演游戏的开展。

第二，教师仍需要指导幼儿的角色分配工作，并讲解角色更换的规则。

第三，在开展游戏的最初阶段，教师不要过多干预幼儿的表演游戏，要耐心等待幼儿协商、讨论，并适时提醒幼儿坚持游戏主题。

第四，教师应为幼儿提供适当的示范。在展开游戏的过程中，适时提醒幼儿的角色表现意识。

(三)大班幼儿表演游戏的组织与指导

大班幼儿参加表演游戏的年龄特点是：不仅能独立完成角色分配任务，还可以自觉进行角色更换；游戏的目的性、计划性较强，能自觉再现文艺作品的故事内容；具备了一定的表演意识和表演技巧，能灵活运用多种表现手段。

因此，大班幼儿表演游戏的组织与指导应注意以下几点。

第一，教师可以投放较多种类的游戏材料，以促进幼儿进行多样化探索。

第二，在游戏开展的最初阶段，教师应尽量不干涉大班幼儿的表演。大班幼儿已经具备独立开展表演游戏的能力，如果教师过多干预反而会限制幼儿主体性的发挥。

第三，随着游戏的展开，教师应及时给幼儿提供指导，提高幼儿创造性表现人物形象的能力。教师应重点帮助幼儿运用语气、语调、夸张的动作、生动的表情来塑造角色形象。

第四，教师应适时提醒幼儿丰富游戏情节。教师要帮助幼儿充实游戏的内容，鼓励幼儿根据自己的想象和理解进行对话和动作，避免对幼儿的表演简单粗暴地横加干涉，随意打断和指挥幼儿进行表演游戏。

本章小结

1. 表演游戏是幼儿按照文艺作品(童话、故事、儿歌、歌曲等)中的情节、内容和角色，运用一定的表演技能(语言、表情和动作)对文艺作品进行创造性表现的一种游戏形式。

2. 表演游戏的特点：①自娱自乐性；②表演性；③戏剧性；④创造性。

3. 表演游戏的类型。(1)根据游戏中角色扮演形式的不同，表演游戏可分为：①自身表演；②木偶表演；③桌面表演；④影子戏。(2)根据游戏内容的不同，表演游戏可分为：①故事表演游戏；②歌舞表演游戏。

4. 表演游戏的意义：①促进幼儿认知能力的发展；②促进幼儿情绪与情感的发展；③促进幼儿集体观念的形成，增强幼儿的自信心；④促进幼儿人际交往能力的发展。

5. 表演游戏的组织与指导原则：①选择适宜的文学作品；②引导幼儿深入理解文艺作品；③引导幼儿参与游戏道具、服饰的设计与准备工作；④给予幼儿适时有效的支持与指导；⑤提高幼儿表演游戏的水平。

关键术语

表演游戏　表演性　戏剧性　创造性

思 考 题

一、简答题

1. 幼儿表演游戏的特点有哪些？

2. 表演游戏可分为哪几种类型？

3. 角色游戏和表演游戏有哪些相同点和不同点？

二、论述题

1. 试述如何根据中班幼儿的年龄特点指导幼儿表演游戏。

2. 试述如何根据大班幼儿的年龄特点指导幼儿表演游戏。

实训练习

1. 在生活中观察某班幼儿表演游戏活动，并分析其游戏类型。

2. 结合下园见习或观摩活动，观察并详细记录某班幼儿进行表演游戏的活动。

3. 向幼儿园教师请教如何参与并指导幼儿的表演游戏活动。

案 例 分 析

某老师在语言活动"小乌龟开店"的基础上，组织一次表演游戏。老师一一出示早已准备好的道具。介绍完道具，配班老师带领全班幼儿"开火车"离开活动室去"剧场"看表演，主班老师忙着在活动室里布置场景：一家花店、一家书店、一家气球店。场地布置好了，幼儿由配班老师带领进"剧场"。主班老师提问："谁愿意上来表演？"几十只小手举了起来。第一轮，老师挑了五个没有举手而上次语言活动表现又不好的幼儿上来表演。表演时，老师不停地提示孩子们对话，做动作。第二轮，老师请了五个"坐得好的孩子"上来表演，五个孩子表演同一个角色。老师还是不时地按照故事情节规范孩子们的语言，纠正孩子们的动作。好多孩子忙着摆弄有趣的道具，忘了表演，老师又不停地提醒……

请结合学前儿童表演游戏的有关理论，分析该活动是不是真正意义上的表演游戏活动。

拓展练习

以下为部分教师资格证考试面试真题，可扫描二维码观看。

面试真题

第五章　建构游戏

1. 理解建构游戏的概念、特点及构成要素。
2. 了解建构游戏对幼儿发展的意义。
3. 掌握建构游戏的指导方法。

学习导图 ▶

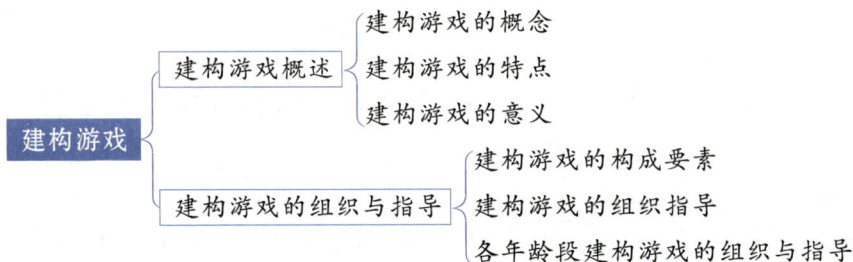

导入案例 ▶

"我的飞机飞起来了！"①

　　早餐后，孩子们陆续进入区域进行活动。牛牛选择到建构区进行活动，这也是他特别喜欢的区域之一。他选择的是子弹头塑料拼插玩具，他一边拿起拼插玩具一边自言自语地说："今天我想插一架大飞机。"他看了看墙上的飞机拼插图片，摇了摇头，显然不想按照图示的样子拼插，他很可能已经有了自己的创意。牛牛选择了不同颜色的子弹头塑料拼插玩具，有红色的、黄色的、蓝色的，他很有规律地按照颜色进行排列拼插。他先拼插好了机身，看了看机身说："嗯，好像还缺少两个大翅膀。"他又拿起子弹头塑料玩具开始拼插飞机的机翼。可是，在这次拼插时，他遇到

---

　　① 该案例由河北省高碑店市第二幼儿园张乃艳提供。

了一些小困难，机身与机翼如何连接呢？他拿着玩具皱起了眉头。"对了，这样就可以了哦。"他拿起了另一种小型材料玩具嵌入机身位置，然后又拿起子弹头塑料玩具开始拼插机翼。在拼插机翼时，他小心地排列着机翼的结构。拼插机翼对牛牛来说有一定的挑战，因为机翼数量是按照由多到少排列的，不可马虎。但他一遍遍地调整拼插玩具的数量，直到一架完美的飞机成功"现身"。他拿起自己的飞机一边飞一边兴奋地说："轰轰轰，我的飞机飞起来了！"

第一节 建构游戏概述

一、建构游戏的概念

建构游戏是幼儿利用各种不同的建构玩具或材料，如积木、积塑、泥、土、沙等，创造性地构造物体形象，反映生活场景的一种创造性游戏活动。建构游戏始于幼儿初期对积木的简单摆弄和堆砌动作。

随着幼儿年龄的增长，对生活场景的印象积累，及其对建构材料的性能知识的掌握，幼儿的操作能力不断提高，在建构游戏中表现出的建构技能和建构主体越来越丰富，并呈现出与角色游戏、表演游戏相融合的趋势。建构游戏和角色游戏都是幼儿通过想象创造性地反映现实生活场景的活动。但是，建构游戏是幼儿通过使用建构材料或玩具，自己动手操作，构造物体形象来反映现实生活；角色游戏是幼儿通过扮演角色来反映现实生活，反映人与人之间的关系。建构游戏与角色游戏既可独立开展，也可结合在一起开展。

幼儿园教师资格证考试·真题再现

2015 年下半年《保教知识与能力》真题

幼儿以积木、沙、雪等材料为道具模仿周围生活的游戏是（　　）。

A. 表演游戏　　　B. 建构游戏　　　C. 角色游戏　　　D. 规则游戏

（答案：B）

二、建构游戏的特点

建构游戏是幼儿喜爱的一种具有创造意义的游戏，也是幼儿园非常普遍的一种游戏形式。

（一）操作性的充分体现

建构游戏中的各种建构材料及玩具大多是由一些没有独立意义的建构元件组成

的。幼儿只有通过充分操作，才能将无意义的建构元件建构成有意义的千变万化的物体形象来反映周围现实生活。因此，操作是建构游戏构造物体形象的主要活动方式。建构游戏是以操作活动贯穿始终的一种构造物体形象的创造性游戏活动。

在建构游戏的操作过程中，首先，幼儿操作的技巧非常重要，它要求动作要灵活、协调、有力度，以便进行加高、加宽、铺平、围合等技能的训练，来建构各种物体形象；其次，幼儿构造物体形象的能力同等重要，幼儿需借助空间想象力将建构元件按一定的顺序进行排列组合，来实现建构的造型，使造型更美观、牢固；最后，构造时还需幼儿考虑物体形象的对称性、平衡性等，否则构造就难以实现。所以说，无论是对建构材料的选择利用，还是对建构技能方法的运用，都离不开幼儿的操作活动。

(二)创造想象的积极参与

建构游戏属于象征性游戏，它和角色游戏一样，都是依靠幼儿的想象，通过建构来反映周围现实生活的一种创造性游戏。但是，建构游戏中幼儿构造的物体形象并不是对周围现实生活的简单翻版，而是幼儿创造性的表现。在建构游戏中，幼儿运用想象力和记忆力，依据头脑中的表象利用建构材料进行再生产和再创造，表达自己对世界的体验和想象，创造着"自己的世界"。

作为一种创造性游戏，幼儿在建构游戏中既可以表现现实中的各种物体形象，又可以把自己头脑中想象的物体具体化，创造性表达自己的想象和造型设想。即使是同一主题、同一材料，幼儿都可以发挥自己的想象创造出不同的物体形象。另外，当建构材料不够时，幼儿会创造性地选用其他材料组合、替代或运用建构玩具中各种模拟构造物的形象，结合各种辅助材料，按自己的意愿去模拟或建构各种场景，体验各种社会角色，这些无不表现出幼儿巨大的创造潜能。

(三)艺术造型的明显出现

建构游戏是一种创造性游戏，也是幼儿的一种艺术造型活动。它不仅需要幼儿大胆合理的构思，同时也需要幼儿掌握一些简单的造型艺术知识和技能(如造型的对称、平衡、色彩、大小比例、空间位置等)。因此，建构游戏的艺术造型的特点，决定了它能直接反映物体的建构造型，并能运用艺术技能，通过构造物体形象来反映大自然和人们构造劳动的美。幼儿在操作建构材料的游戏过程中的专注和认真，就像一个真正的艺术家在工作。那些具有不确定性的无意义建构元件到了幼儿手里，都能变成一种艺术表现和创造的媒介和材料。幼儿通过对元件的构造，创造出千变万化的造型艺术形象，反映了他们对生活中美的感受和对创造美的追求，具有审美意义。

三、建构游戏的意义

建构游戏是幼儿利用各种不同的建构材料，通过思维和创作来反映现实生活的游戏，它融操作性、创造性、艺术性于一体。游戏不仅能丰富幼儿的主观体验，发展幼儿的动手能力和建构技能，而且更重要的是能使幼儿在协商、谦让、交换的游戏氛围中学会分享与合作，尝试开拓与创新，体验成功与挫折，从而实现幼儿的全面发展。

(一)促进幼儿认知能力的发展

建构材料没有固定的模式，建构游戏的过程就是幼儿动手动脑，以自己对周围事物的感知印象为基础，通过对建构材料的亲自操作创造性地反映生活的过程。在这种实际的直接操作活动中，幼儿能获得关于建构材料性质、大小、颜色的知识；体会自己的动作与建构材料之间的相互作用和因果关系；积累有关空间方位的概念和组合、堆积、排列各种形体的感性知识，增强对数量和图形的理解和认识。在建构游戏过程中获得的这些经验，可以帮助幼儿探索解决问题的可能性，从而促进幼儿认知能力的发展。

(二)促进幼儿动手操作能力的发展

幼儿进行建构游戏不仅需要具有一定的表征能力，而且更需要具有一定的动手操作能力。在建构游戏中，幼儿不停地做出各种动作，可以促进幼儿各种基本动作特别是手部动作的发展。幼儿通过对建构材料的排列、接插、镶嵌、编织、旋转、组合、搭建及做出揉、搓、捏、剪等动作，充分地发展了感知运动技能，特别是促进了手的小肌肉活动，促使动作越来越精确。另外，幼儿在搬运、取放、堆叠、搭建和平衡各种形状积木的过程中，可以增强大肌肉群和小肌肉群的运动技能，同时有利于促进手眼协调能力的迅速发展。

(三)有助于幼儿审美能力的提高

建构游戏是幼儿的一种造型艺术活动，幼儿通过自己的建构作品在形状、颜色、各部分比例等方面的对称、协调和美化要求，来整合和表达自己对周围世界的感受和理解，表现自己独特的审美观点，来反映大自然和人类社会中的美好事物。这不仅可以培养幼儿的艺术兴趣和感受美、表现美的情趣，而且可以提高他们的审美能力。在建构游戏中，幼儿建构的一个个物体和创造的一个个主题，从单个物体造型到整体设计，从搭配色彩到协调比例，从注意美观大方到切实可用，无不表现出幼儿对美的创造力和感受力。

建构游戏中投放的建构材料成了幼儿艺术表现和创造的媒介。幼儿在建构活动中表现着自己独特的审美观点，也在模仿着成人世界的审美传统。因此，建构游戏不仅能使幼儿获得丰富的造型艺术知识和技能，增加他们感受美和表达美的情趣，而且是培养幼儿的审美能力和表现美、创造美的能力的一种重要手段。

(四)有助于幼儿良好个性品质的形成与发展

建构游戏是一项复杂细致的工作，在建构物体形象时往往需要几个或者几十个建构元件组合而成，幼儿只有认真操作、克服困难、同心协力、坚持到底、有始有终，才能成功建构。所以，建构游戏对培养幼儿认真、耐心、细心、坚持克服困难、分工合作完成任务等品质具有重大的意义。另外，建构成果的产生能使幼儿体会到自己的能力和成功的喜悦，树立自信心，增强自豪感。此外，幼儿经常通过建构游戏表现周围生活，有助于培养热爱自然、热爱生活的积极的人生态度。

幼儿园教师资格证考试·真题再现

2015 年上半年《保教知识与能力》材料分析题

大班幼儿在玩积木时，出现了自发探究行为，其探究过程与结果如下图所示。

图 1   图 2

问题：

(1)图中的幼儿在搭建中可能会遇到什么问题？

(2)在解决问题的过程中幼儿能获得哪些学习经验？

(3)该游戏中的材料有什么特点？这些特点对幼儿的学习活动有什么影响？

【参考答案】

(1)图中幼儿在搭建中可能遇到的问题有：

①缺乏合作的意识，不会协商；不会分工与交流；只能够根据自己的能力来完成搭建。

②搭建过程中积木频繁倒塌，只好重新再来一遍。

③搭建过程中，两头的积木难以达到平衡，找不到解决问题的关键。

(2)在解决问题的过程中幼儿能够获得以下经验。

①有关几何体特征的学习经验。

各种形状的积木就是各种形状的几何体。幼儿操作积木的过程实际上就是感知几何体特征的过程。幼儿在解决积木的匹配问题时，往往会根据自己的需要主动比较各种不同几何体的异同，从而选择最能表现建筑物特点或最符合现实比例要求的积木。

②有关物体稳定支撑的学习经验。

在积木游戏中，垂直堆高是幼儿早期就获得的基本的积木搭建方法，但是随着积木游戏技能的发展，幼儿开始追求堆高的高度、形式以及稳定性。于是，在解决这些问题的同时，顺其自然地进入探究物体支撑规划的过程中。这种稳定支撑的学习经验对于幼儿空间思维的发展有深远意义。

③有关形状感知与理解的学习经验。

积木本身就是一种低建构的材料，加之形状各异，大小不一，所以为幼儿提供了广阔的操作空间。幼儿在搭积木时经常会遇到这样的问题：相同的积木数量不够用了。他们通常的解决方法就是用其他形状的积木代替，于是在代替的过程中就出现了形状组合的新问题。

（3）游戏材料的特点为：体积较大，种类单一，数量丰富，功能较多。

这些特点对幼儿学习活动的影响表现为：

体积较大的材料，一方面便于幼儿抓握；另一方面便于幼儿更好地观察活动材料。种类单一的材料虽然可以提升幼儿的专注能力，但也容易让幼儿丧失游戏的乐趣。数量丰富、功能较多的材料能够激发幼儿的探索精神，帮助幼儿在自主探究的过程中培养创造力和操作能力。

第二节　建构游戏的组织与指导

幼儿的建构游戏是随着幼儿知识经验的不断积累和幼儿手的精细动作能力的发展而逐渐发展、完善的。幼儿园教师要想做好建构游戏的组织与指导工作，必须首先了解、把握幼儿建构游戏的构成要素；其次应根据幼儿的身心发展水平和特点，做到适时、适度、适当地科学指导。

一、建构游戏的构成要素

（一）建构材料

建构材料是幼儿开展建构游戏的物质基础，也是丰富建构内容、发展创造能力的必要条件。幼儿园常用的建构材料是多种多样的，根据材质不同而不同，主要有以下几种。

①由木制材料制成的各种几何形体的大、中、小型积木，空心或实心型积木等。积木虽然花费较高，但经久耐用，是幼儿园普遍使用的一种建构材料。

②金属制的、木制的、塑料制的各种可装拆的积塑、胶粒、插片等，通过接插、镶嵌组成各种物体或建筑物模型。积塑品种繁多，轻便耐用，便于清洁，在幼儿园

运用日渐广泛。

③随处可见的树叶、泥土、沙石、雪等自然材料。幼儿可以随意操作这些经济实用且随意灵便的建构材料，构成出各种物体形象。例如，用沙石堆造小山洞桥梁，构建"公园""动物园"等自然景象；采集形状各异的树叶拼贴成各种植物、动物图案等。

④易拉罐、瓶子、牙膏盒、报纸、绳子、线等各种废旧材料等，经过卫生处理和色彩加工，可以代替各种形状的积木。幼儿可以利用废旧材料拼建出各种形象逼真的图形，如卡车、房子、飞机、帆船等。收集使用时需尽量注意大小比例配合，以期发挥更大的教育价值。

（二）建构技能

建构技能是保证建构游戏顺利开展的重要前提条件。建构游戏的建构技能根据材料和指导方法的不同而不同。

从建构游戏的不同材料来看，各种块状几何积木需要排列、组合、延长、铺平、加宽、对称、加高、加长、围合、盖顶等；形状各异的各类积塑需要镶嵌、插接、整体连接、交叉连接、端点连接、围合连接等。

小班建构游戏

从建构游戏的指导方法来看，建构技能主要有模拟建构、主题建构、自由建构。模拟建构包括对建构物造型的模拟，对建构图纸的模拟，对事物、玩具等形象的模拟，对物体形象图的模拟。主题建构源于幼儿对生活场景的观察和积累的丰富的社会生活经验。自由建构主要指幼儿依据兴趣自由构造物体形象或游戏情境。

（三）表征与想象

表征与想象是建构游戏顺利进行的充分必要条件。幼儿通过表征与想象赋予自己所建构的物体新的形象或意义，从而丰富和完善建构游戏的过程。随着建构技能的掌握，幼儿根据自己的愿望和想法建构物体的能力进一步增强，利用建构物的表征形式开展象征性游戏的现象也逐渐增多，如幼儿直接将建构材料进行以物代物的想

建构区里的生日会

象，将长方形积木想象成"树""滑滑梯"等，这是幼儿最初的想象萌芽。随着幼儿想象能力的发展，幼儿开始出现组合建构想象和主题建构想象。例如，幼儿用雪花片接插一个物体形象，别人觉得像只小熊，而构造者本人却认为是机器人。同样，用大积木搭成的两座房子，造型和外观上甚是相像，但是幼儿本身能区分出哪个是娃娃家，哪个是公园。另外，幼儿根据自己的认知水平、已有的建构技能和对平面图纸的模拟建构经验，幼儿会自己预先提出主题或在教师的启发下提出主题，进行主题建构。有的是单一主题的建构，如一辆汽车、一座房子；有的是综合主题的建构，如一个飞机场、一个公园等。

幼儿园教师资格证考试·考点预测

以下对游戏的指导方法，不正确的是（   ）。

A. 对角色游戏进行指导时，教师可以以角色的身份指导游戏

B. 对建构游戏进行指导时，教师应该手把手地教

C. 对表演游戏进行指导时，应选择幼儿容易理解又便于表演的作品

D. 对规则游戏进行指导时，教师应详细介绍游戏及规则

（答案：B）

二、建构游戏的组织指导

针对建构游戏的构成与特点，幼儿园教师可以从以下几个方面进行指导。

（一）提供充足的游戏时间与宽阔的游戏空间场地

在全日制幼儿园，幼儿每天至少应有半小时以上的时间能接触

建构游戏指导

和进行建构游戏。此处所谓半小时以上的时间并非要求所有幼儿都需要在同一时间，或者每名幼儿半小时都在进行建构游戏，但教师应该每天给幼儿提供充足的游戏时间，提供合理使用建构材料的机会，累计时间至少应达到半小时。

扫一扫右侧二维码，可看一看教师是如何指导"地道战"游戏的。

建构游戏的空间场地，最好是以活动区角的形式在活动室内布置安排。选择宽阔的游戏场地就是为了满足幼儿平行游戏与合作游戏的需要。另外，建构游戏区角的地面最好能消声；有专门陈列作品的区域，以供幼儿建构造型作品的陈列和展现。

"地道战"游戏
指导片段

（二）提供丰富的建构玩具与材料

材料是幼儿进行建构游戏的物质基础。教师要根据幼儿的不同年龄特点、游戏发展水平，为幼儿提供不同的材料。同时，教师可指导幼儿细心收集一些生活中的废旧物品，如纸盒、可乐瓶、易拉罐、吸管、小木棒等，对各种废旧原材料进行加工制造，充分发挥它们的作用。制造玩具本身就是一个创造的过程，而利用创造出来的玩具进行创造性的建构活动，就使建构游戏本身的意义和所产生的作用得到了高度的统一。

在建构材料的选择和运用方面，教师应有目的、有计划、有针对性地投放、变更和调整，科学地指导幼儿使用和操作。例如，给小班幼儿提供形状单一、色彩鲜艳、体积较大的玩具材料；中班幼儿随着游戏能力的增强，想象力与创造力日渐发展，教师可以选择一些废旧材料、小动物玩具、小木偶等辅助材料让幼儿进行创造性游戏；大班幼儿的建构技能进一步发展，教师可为其提供废旧材料等低建构材料，

让幼儿参与材料的制作。另外，在材料的投放上，还应该注意幼儿之间的个体差异，对能力强的幼儿，教师可引导他们选择低建构的游戏材料；对能力弱的幼儿，教师可引导他们选择高建构的游戏材料。

在材料的玩法方面，教师应深入探究已有材料的玩法，物尽其用。对幼儿园购置的现有材料，教师应进一步分析其特点，深入探索更多更新的玩法。仅仅为幼儿提供、配备必要的建构材料并不能保证良好的活动效果。要使这些材料切实发挥应有的价值，教师应明确建构材料在培养促进幼儿哪些方面的能力上作用更明显，每一种建构材料都有哪些玩法，哪些是常规玩法，哪些是扩展玩法。例如，拼字积木既可以用来搭房子、拼字，又可以用作多米诺骨牌。这样一来，一种材料就有了多种玩法，实现了一物多用、一物多玩。

（三）丰富幼儿的生活经验，加深对事物的印象

建构游戏绝不是一种单纯的拼插活动，而是生活经验在头脑中积累而创造性地再现的一种活动。幼儿只有仔细观察，丰富表象，才有可能创造出新事物。幼儿的好奇心使他们渴望了解周围的一切。教师通过引导幼儿观察实物来感知生活中常见的一些事物的主要特征。在日常生活中，教师应当引导幼儿有目的地观察，培养他们对自然事物的敏感性，引导他们观察物体的形状、建构、色彩等，注意由近及远、由局部到整体的观察顺序，积极培养他们仔细观察周围事物的习惯。

让幼儿养成仔细观察事物的习惯，是为了给下一步的建构游戏打下坚实的基础。在观察中，教师可以以谈话或提问的方式不断刺激其大脑，加深其记忆，使幼儿脱离实物后也能在脑海中显现出有关物体的形象。当幼儿建立起一定的感性经验后，就有了模仿甚至创造的基础。

首先，教师可带领幼儿观察日常生活中的实物和图片。通过观察，幼儿可加深对各种事物的印象，掌握物体的特点，将其在游戏中创造性地反映出来。其次，教师可组织幼儿到大自然中去观察，观察大自然中的各种物体和建筑物的形状、建构、色彩等。在引导幼儿观察的过程中，教师应引导幼儿有目的、有顺序地进行观察，较清晰地把握物体各部分的形状及关系建构等，从而引导幼儿概括出物体的主要特征。例如，在引导幼儿观察房子时，教师应有顺序地引导他们观察房顶的造型、门和窗的位置及建构等。同时注意引导幼儿观察这几部分的整体关系，最终概括出房子的基本特征及建构，更好地进行建构游戏。最后，教师还可以引导幼儿对同类事物进行对比观察，比较事物之间的相同点和不同点。这种观察方法既能让幼儿加深对同类物体共性的认识，又能区别出它们的个性特征，从而形成对各种物体的完整感知。

（四）激发幼儿参与建构游戏的兴趣，鼓励开展建构活动

兴趣是最好的老师，幼儿只有对建构游戏感兴趣，才能更好地投入游戏。教师可以通过多种方法来激发幼儿游戏的兴趣。教师可以选择漂亮的建构造型物展示给

幼儿，引导幼儿充分调动感官欣赏这些作品，了解建构材料和建构造型的丰富多彩，体验艺术美；教师也可以通过展示幼儿建构作品的形式，激发幼儿的兴趣。在实践中，有一部分幼儿对建构游戏并没有很大的兴趣，对不感兴趣的幼儿，教师要帮助其分析原因，通过多种方式引导幼儿。有的幼儿由于自身的建构水平不高，在游戏中体验不到成就感，很难对建构游戏产生兴趣。对于这部分幼儿，教师可以通过示范、平行游戏等方式引导幼儿学习建构技能。有的幼儿觉得在建构游戏中受到的规则约束太多，没有宽松、自由的环境，很难按照自己的想法去建构作品，在这种情况下，教师就要及时反思游戏的规则是否限制了幼儿自主性的发挥。总之，教师要时刻认识到在建构游戏中幼儿才是真正的主体，要尊重和激发幼儿游戏的兴趣。

在实践中还有一种常见的现象：班级的建构游戏呈现显著的性别差异，在建构区玩的基本上是男孩，女孩很少进建构区，好像男孩比女孩更喜欢这种游戏形式。产生这一现象的原因有很多，如幼儿对性别角色的认同，认为建构游戏适合男孩，女孩玩建构游戏不合适，也有些是因为本班的女教师认为自己是女性，不擅长建构游戏，这些想法会潜移默化地对幼儿产生影响。教师要通过角色游戏，创设一定的角色情境等方式，吸引不同性别的幼儿参与到游戏中。

(五)帮助幼儿掌握基本的建构知识与建构技能

教给幼儿基本的建构知识与技能是开展建构游戏的必要条件。在日常生活中，教师就应引导幼儿逐步识别各种材料的性质及其作用等。当幼儿逐渐熟悉建构材料的性质后，就会不满足于简单地拼拼搭搭，而是力图采用更多的操作技能构造更加完美的造型。这就要求教师帮助幼儿掌握必要的操作技能。建构游戏的操作技能根据材料的不同而不同。积塑的形状多种多样，需要插接(一字插、十字插、整对插、正方形插等)、镶嵌、整体连接、交叉连接、端点连接、围合连接等技能；积木等块状材料的基本技能有排列、延长、铺平、围合、盖顶、加长、加高、加宽、砌墙、搭台阶等。同时，教师还应注重培养幼儿的设计构思能力，尤其在中、大班。随着抽象思维能力的发展，中、大班幼儿可以逐渐脱离先搭后想或边搭边想的动作模式。幼儿可以在建构之前先整体构思设计造型，从而有目的、有计划地进行建构活动。例如，幼儿想用积木搭建一座房子，教师可引导幼儿先想好房子的建构，用哪些形状的积木，怎么组合搭建等。幼儿有了设计构思的能力，无意摆弄就会变成有意识的创造。总之，建构技能的教授可采用讲解、示范的方法，引导幼儿由模仿练习向独立构造物体形象过渡。

(六)注意观察游戏中幼儿的建构游戏水平

教师应根据幼儿不同年龄安排不同的建构游戏内容，遵循由浅至深、由易到难、循序渐进的原则，合理安排建构游戏。小班幼儿对建构的动作感兴趣，常常把建构材料堆起垒高，然后推倒，不断重复，从中得到快乐和满足。这些都表明他们的建构活动没有明确的目的，只是对建构的动作感兴趣，加上他们的注意力水平低，常常会中断建构。因此，小班建构游戏的指导应侧重于引导幼儿认识和熟悉建构材料，在游戏中初步学习铺平、延长、围合等简单的建构技能，学会给自己的建构作品命名，增强小班幼儿建构的目的性，初步建立建构游戏的规则，学会整理和保管建构材料的简单方法，养成爱护建构材料的好习惯。

中班幼儿不但对动作过程感兴趣，同时也关心建构的成果，目的比较明确，主题比较鲜明。他们已经能够独立建构一些较为复杂的物体，能根据建构物的特点选择建构材料，注意美化和装饰建构物，也能集中一段时间进行建构游戏，能围绕建构物开展游戏。因此，教师应设法丰富幼儿的生活经验，为他们的建构游戏打下基础。教师应提供适合中班幼儿特点的建构材料，如积木、人偶、小动物玩具、假花假树、交通工具模型、废旧材料、橡皮泥等；培养幼儿设计建构方案，学习有目的地选材和看平面建构图；着重指导幼儿掌握建构技能，并会运用这些技能去塑造各种物体，把平面图形变成立体图形；组织小型集体建构活动（3~4 人），教会他们共同讨论，制定方案，进行分工，友好合作地游戏。

大班幼儿已有了较强的建构技能，目的明确，计划性较强，能围绕一个主题进行长时间的建构活动，合作意识增强。因此，教师要为大班幼儿提供适合的特定的建构材料，如积木，有大积木（形状更多）、中小型积木、平面板、辅助材料等。要鼓励幼儿集体进行建构活动，共同设计方案，确定规则，分工合作，开展人数多、持续时间长的大型建构游戏。幼儿围绕一个主题进行建构时，引导幼儿学习表现物体的细节特征，准确表现游戏的构思和内容，使用建构材料和辅助材料，进一步美化自己的建构物。

（七）建立必要的建构游戏常规

幼儿刚接触建构游戏时根本不具有规则意识，常常会为争夺同一材料而出现争吵哭闹现象，或可能发生将材料乱扔等情况。要解决这些问题，一个重要的切入点就是要发挥幼儿自身的主观能动性，让幼儿自觉建立并遵守基本游戏常规，如用正确的方法使用，有顺序地取放，用完放回原处等。

为保证游戏安全顺利地进行，教师可以在幼儿进入游戏区之初就帮助幼儿建立适当的规则。例如，限制同一时间进入区域的人数，教师可以采用告示板的形式，标明有多少个幼儿可以同时在这个区域活动；建构时，幼儿要遵守的规则有：在指定的区域内玩游戏，不扔砸踩踏积木，大型积木不能搭得太高以免倒塌下来压到人，会保护和欣赏自己与他人精心建构的作品。

（八）收拾整理，欣赏评价，结束活动

幼儿从专注游戏到结束游戏在心理上需要一定的时间来转换，所以教师应在游戏结束的时候给幼儿一定的时间来过渡。在游戏快结束的前五分钟，教师可以向幼儿发出结束信号。例如，每次游戏活动结束时播放固定的音乐或旋律，让幼儿养成听到音乐开始收拾整理材料的习惯。对于专心游戏的幼儿，教师可个别提醒。当然

提醒幼儿结束游戏活动也是有技巧的。例如，对于小班幼儿，教师可采取"送积木宝宝回家"的拟人化情境鼓励幼儿收拾整理材料；对于中大班幼儿，教师可以采用提供工具让幼儿变化搬运建构材料的方式，分组合作引起幼儿收拾整理的兴趣。

欣赏评价环节是引导幼儿提升游戏水平的重要环节。首先，教师要对幼儿的建构作品给予一定的肯定和赞美。这样不仅能增强幼儿的自信心，而且还能让幼儿体验到建构游戏带来的快乐。其次，教师要引导幼儿围绕游戏过程中出现的主要问题进行思考，提出解决方法或改进措施，还可以从推进下一次建构游戏的角度进行思考，探究如何搭建出更好的作品，也可以提出更高的要求，使幼儿逐步提高游戏水平。最后，教师要谨慎对待幼儿的建构作品，因为对每个幼儿而言，幼儿所搭建的作品都是独一无二的，所以教师要采用恰当的方式保留幼儿作品。教师可以通过拍照或陈列作品的方式存留幼儿作品。

三、各年龄段建构游戏的组织与指导

(一)小班幼儿建构游戏的组织与指导

小班幼儿的建构游戏往往是无意识、无目的的行为，他们经常进行独自游戏和平行游戏，以自娱自乐为主，只在乎动作的有趣性，而不在乎建构结果。小班幼儿在建构前往往没有游戏的主题和名称，在游戏的过程中也常常更换建构作品的名称，或是等建构完成以后才根据成果的外部特征进行命名，但这时幼儿并不能明确解释作品的细节。所以这个阶段幼儿的建构游戏嬉戏性较强，建构作品较为简单。

1. 指导要点

①教师要先引导幼儿认识建构材料，知道它们的名称，激发幼儿使用材料的兴趣。

②教师应鼓励幼儿在操作探索中学习简单的建构技能，鼓励幼儿独立进行简单的建构活动，能表现出建构物体的主要特征。

③在幼儿操作的基础上，教师要引导幼儿学习连接、延长、围合、加宽、垒高等基本的也是主要的建构技能，搭建简单的三维物体。

④在游戏之初，教师就要引导幼儿树立建构游戏的基本规则，如材料要轻拿轻放，不乱扔，结束后收拾材料等。

2. 指导方法

在小班应多以游戏的口吻，教师边示范边讲解，以激发幼儿模仿建构的兴趣，慢慢过渡到幼儿能独立进行简单的构造。

(二)中班幼儿建构游戏的组织与指导

中班幼儿已经具备一定的建构技能，手部的小肌肉也逐渐发展起来，幼儿的思维能力、想象力、生活经验等也更加丰富，建构游戏中的目的性、坚持性在不断增强，建构的水平也由单一的延伸向整体的布局过渡。此时的幼儿已经能运用已有的经验对物体进行再现和创造，但是对对称和平衡的掌握并不是很好。

1. 指导要点

①在小班的基础上，中班幼儿需要增加建构造型方面的知识和训练，教师应引导幼儿学会选择高低、宽窄、厚薄、粗细、长短等不同的建构材料搭建不同的物体。

②教师要引导幼儿练习架空、覆盖、桥式和塔式等多种建构技能，形成里和外的空间概念。

中班合作搭建
"照相机器人"

③教师要适当尝试提供作品的构造图，引导幼儿学习看图搭建。

④教师可要求此阶段的幼儿有目的、有计划、有顺序地搭建，学习同伴间的合作搭建。

2. 指导方法

针对中班幼儿，教师仍可采用边讲解边示范的方法，同时也可采用建议和启发的方法，多鼓励幼儿进行独立性的创造活动。

(三)大班幼儿建构游戏的组织与指导

大班幼儿已经具备了一定的独立构造的能力，并且掌握了一定的建构技能，幼儿还会使用一些辅助材料来装饰建构作品，在建构前能事先进行一定的设想和规划，并能通过分工、合作等方式完成较复杂的建构游戏。大班幼儿能搭建出有场景、有情节，同时又讲究对称和平衡的立体作品。

1. 指导要点

①在中班建构技能的基础上，教师要引导大班幼儿学习新的建构技能，如转向、穿过、平式联结和交叉联结等，搭建复杂的物体。

②教师要引导幼儿掌握整体对称、平衡的构造，整体布局，学会选择辅助材料。

大班建构区游戏

③教师要引导幼儿在操作前学会协商、分工等合作方式，进行设想和规划，通过合作完成较复杂的建构作品，如通过协商、分工，有的幼儿搭建楼房，有的幼儿搭建停车场，有的幼儿搭建游泳池，有的幼儿搭建花园等，形成一个完整的住宅区。

④教师要引导幼儿建构有一定主题、情节，结构复杂、精巧的建构作品。例如，通过《母鸡萝丝去散步》的故事，让幼儿根据故事情节的发展，搭建池塘、磨坊、鸡舍、篱笆以及蜜蜂房等建筑物，有了故事的依托，幼儿的建构兴趣会更加浓厚，有助于幼儿搭建出更加复杂、精美的作品。

2. 指导方法

针对大班幼儿，教师应多采用语言提示的方法教授他们建构的知识和技能，鼓励他们创造性地再现物体。

本章小结

1.建构游戏是幼儿利用各种不同的建构玩具或材料，如积木、积塑、泥、土、沙等，创造性地构造物体形象，反映生活场景的一种创造性游戏活动。

2.建构游戏的意义：①促进幼儿认知能力的发展；②促进幼儿动手操作能力的发展；③有助于幼儿审美能力的提高；④有助于幼儿良好个性品质的形成与发展。

3.建构游戏的构成要素：①建构材料；②建构技能；③表征与想象。

4.建构游戏的组织指导：①提供充足的游戏时间与宽阔的游戏空间场地；②提供丰富的建构玩具与材料；③丰富幼儿的生活经验，加深对事物的印象；④激发幼儿参与建构游戏的兴趣，鼓励开展建构活动；⑤帮助幼儿掌握基本的建构知识与建构技能；⑥注意观察游戏中幼儿的建构游戏水平；⑦建立必要的建构游戏常规；⑧收拾整理，欣赏评价，结束活动。

关键术语

建构游戏　　创造想象　艺术造型

思考题

一、简答题

1.建构游戏的意义是什么？

2.建构游戏的构成要素有哪些？

二、论述题

1.角色游戏与建构游戏有何异同？

2.试述建构游戏的组织与指导。

实训练习

1.结合见习，观察并记录幼儿在建构区的建构游戏开展情况。

2.观察周围生活中幼儿建构游戏的开展，并尝试科学指导幼儿的游戏活动。

3."河北大学教育学院幼儿建构游戏技能辨析及其支持"虚拟仿真实验：http：hbu.rofall.net/virexp/xqet，访问日期：2020-03-23。

项目简介视频　　项目引导视频

拓展练习

以下为部分教师资格证考试面试真题，可扫描二维码观看。

面试真题

第六章　规则游戏

学习目标 ▶

1. 理解规则游戏的概念，明确规则游戏的种类、特点、意义及指导原则。
2. 能够组织开展适宜的幼儿规则游戏并进行恰当的指导。
3. 尝试根据各种实际情况并运用有关原理进行游戏规则的设计。

学习导图 ▶

导入案例 ▶

老鹰捉小鸡

老鹰捉小鸡是幼儿非常喜欢的游戏活动之一，在游戏中幼儿一边做游戏，一边唱歌，获得了快乐和满足感，也增强了幼儿的体质和反应能力。合作游戏更能增进幼儿和教师的感情，增进幼儿之间的合作、交流。

每组一个幼儿扮演老鹰，其余幼儿站成一路纵队扮演小鸡，"小鸡"随"母鸡"左右动，灵巧地躲闪，不让"老鹰"抓到，"小鸡"如果被捉到，即离开场地。哨声一响，游戏就开始了。在音乐的配合下，老鹰和小鸡们都忙活起来，小明扮演凶恶的老鹰，小文扮演温柔的鸡妈妈，老鹰很凶猛地扑过来，鸡妈妈展开丰满的羽毛，勇敢地与老鹰周旋，小鸡的眼睛都睁得大大的，紧紧地跟着鸡妈妈左摇右晃，老鹰见没得逞，又生一计，他趁鸡妈妈不注意，把后面的一只小鸡捉住了，等到五六只小鸡都成了老鹰的美食，鸡妈妈才反应过来，一看就剩两只小鸡了，小文说："我输了……"

第一节 规则游戏概述

一、规则游戏的概念与分类

(一)规则游戏的概念

规则游戏是成人为发展幼儿的各种能力而编制的、有明确规则的游戏。规则游戏仍然具有游戏的基本特点,其中最突出的特点是规则性和竞争性。

由于规则游戏要求游戏者必须遵守规则,并具有竞赛性,因此,规则游戏在幼儿游戏发展中出现得较晚。艾里康宁曾描述与不同年龄的幼儿玩捉迷藏游戏的情况:与3岁幼儿玩捉迷藏游戏,幼儿藏好之后,成人没有立刻"找"他,而是故意在他藏的地方等了两三分钟,装作找不到。这时,幼儿就控制不住自己,破坏规则,跳出来说:"叔叔,我在这儿。"而对于6岁的幼儿来说,规则与结果对他们有了特殊的意义,如果让6岁幼儿与3岁幼儿一起藏起来,6岁幼儿会阻止要暴露自己的3岁幼儿,并强迫他遵守规则。

(二)规则游戏的分类

1. 我国对规则游戏的分类

我国学者以规则游戏达到的教育、教学目的为依据,把规则游戏分为以下几类。

①智力游戏:根据一定的智育任务而设计,以发展幼儿智力及智力品质为主要目标的规则游戏,也称"益智游戏"。它以新奇、生动、有趣的游戏形式,使幼儿在轻松愉悦的活动中完成增长知识、发展智力的任务,如"摸箱""什么东西看不见了""走迷宫"。"走迷宫"游戏可以在幼儿充满好奇、好胜、开心的心理状态下,调动幼儿的注意力、观察力、比较与分析能力等,让幼儿观察得更加仔细,思维也愈加敏捷和灵活。如果迷宫游戏中再融入一定的知识内容,可帮助幼儿建构相关的知识和经验,为幼儿智力发展奠定良好的基础。

②体育游戏:根据一定的体育任务而设计,以发展幼儿身体素质和基本动作为主要目标的规则游戏,也称"运动性游戏""体能游戏",如"老鹰捉小鸡""跳房子""丢手绢"。

幼儿园教师资格证考试·考点预测

智力游戏、体育游戏和音乐游戏属于( )。

A. 创造性游戏   B. 规则游戏   C. 表演游戏   D. 个人游戏

(答案:B)

③音乐游戏：根据一定的音乐教育任务而设计，以发展幼儿的音乐感受性和表现力为目标，在音乐伴奏或歌曲伴唱下进行的规则游戏，如"抢椅子""小兔子乖乖"。

2. 国外对规则游戏的分类

国外有学者以游戏动作为依据，把规则游戏分为以下几类。

①瞄准游戏：指游戏者拿东西瞄准目标后击打或投掷，如"保龄球""套环"。

②赛跑游戏：是以奔跑为主的游戏，如"两人三足跑""端球跑"。

③追逐游戏：是角色互补的游戏，游戏中有追者和跑者，如"丢手帕""猫捉老鼠"。

④躲藏游戏：包括藏人的游戏和藏东西的游戏，如"捉迷藏""东西藏在哪里"。

⑤猜测游戏：是以触觉、听觉、视觉、言语为线索去猜测是"什么东西"或"谁"的游戏，如"猜猜我是谁""谁丢了"。

⑥口令游戏：是指跟着口令做适当动作的游戏。一种是要求游戏者跟着口令做正确的动作，另一种是要求游戏者做出与口令相反的动作，如"大皮球小皮球"。

此外，还有纸牌游戏、盘面游戏。

二、规则游戏的结构与意义

规则游戏的结构比较复杂，一般包括游戏任务和目的、游戏玩法、游戏规则及游戏结果四部分。它们相互联系，相互作用，缺少任何一部分都不能形成完整的规则游戏。

(一)游戏任务和目的

游戏任务是指游戏时对幼儿所提出的要求，便于幼儿理解，直接指向游戏的过程。一般游戏的名称很明确地体现了游戏的任务，如"猜猜我是谁""拔萝卜""抢占地形"等。游戏目的是成人通过游戏想要达到的某些教育方面的要求，直接指向游戏的结果，是教师在选编游戏时，根据教育要求和游戏类型而确定的。

(二)游戏玩法

游戏玩法就是对游戏的计划和构思，包括游戏的全过程。游戏玩法要能很容易引起幼儿的兴趣，调动幼儿的积极性，使幼儿愿意主动地去完成游戏中提出的任务，否则游戏无法进行下去。游戏玩法也包括游戏中利用什么材料、做什么动作等，充分体现游戏性的特征。例如，"百宝箱"就是要求幼儿在封闭的口袋或是箱子内去摸东西，用已有的经验、在触摸的基础上判断这个东西是什么，以促进幼儿感知、记忆的发展。

幼儿园教师资格证考试·考点预测

大班幼儿强强等 5 人组织进行一次 50 米赛跑游戏，他们请来赵老师做裁判，这种游戏属于(   )。

A. 规则游戏   B. 象征性游戏   C. 感觉机能性游戏   D. 实践性游戏

（答案：A）

（三）游戏规则

游戏规则是活动中必须遵守的规定，以确保游戏的顺利进行。每个游戏都有一个规则。它规定了游戏动作的顺序和方式。规则在游戏中起着组织游戏者参加活动和充当评价游戏行为标准的作用，约束与规范幼儿的游戏行为，保证游戏任务的完成。规则游戏的规则包括角色行为规则、内容与玩法规则、竞赛性规则。

（四）游戏结果

游戏结果是指参加游戏的幼儿经过努力，最后所达到的目标。规则游戏都有一定的结果，良好的结果给孩子以成就感和满足感，并能激发幼儿继续游戏的积极性。游戏的结果是教师事先能预料到的，可以帮助教师了解幼儿掌握知识和能力的发展情况，更重要的是使幼儿获得快乐和满足感。

规则游戏对幼儿的发展具有极其重要的作用。它可促使幼儿以愉悦的精神状态积极主动地学习知识、发展动作技能和全方位地提高各方面的能力。甚至诚信、勇敢、协作、坚强等品格，幼儿也可以在参与规则游戏中逐渐形成。

三、规则游戏的组织与指导

规则游戏可由教师提供相应的材料和场地，让幼儿自选进行，也可将其用于专门组织的教学活动中，以增强活动的趣味性，激发幼儿的主动性，使学习取得良好的效果。规则游戏要根据幼儿的身心发展水平来进行，一般应注意以下几个方面。

（一）做好游戏的准备工作

1. 选择和编制适合幼儿年龄特点的规则游戏

教师不仅要依据教学任务，还要顺应幼儿的身体和心理的发展水平选编游戏。一方面要根据教育任务、要求选编不同类型的规则游戏，如发展感知能力的游戏，训练注意力、记忆力、发展语言、运动能力、音乐能力的游戏等；另一方面还要考虑幼儿的实际发展水平，选择和编制既适合幼儿的已有发展水平，又具有一定的挑战性，且幼儿经过努力可以完成的游戏，这既能激发幼儿的思考和探索，又能使幼儿获得经过努力克服困难之后的成功体验，激发继续学习的兴趣。反之，则会打击幼儿参与游戏的积极性，造成消极后果。

2. 教师要熟悉游戏的玩法和规则

教师在为幼儿选编游戏后，必须熟悉游戏的玩法和规则，了解游戏的重点，思考组织游戏的方法，并反复试玩几次，以验证游戏的玩法和规则是否合理，为指导幼儿游戏打下基础。

3. 准备好游戏的场地和材料

教师要根据游戏的内容，确定游戏的场地，选择游戏的材料。游戏的场地应尽可能宽敞，材料应尽可能丰富，可以人手一份，也可以每小组一份，让幼儿有足够的活动空间，有足够的操作材料，减少幼儿等待的时间，保持幼儿游戏的兴趣。

(二)引导幼儿按规则玩游戏

每一个游戏都有一定的规则和内容，幼儿需要学会后才能玩，这就需要"教"。教师要注重讲解和示范相结合，说明游戏的名称、玩法及规则，引导幼儿按规则玩游戏。可事先教会个别幼儿，然后再让幼儿之间相互学习，也可运用直观教具演示讲解游戏的玩法和规则。在游戏过程中，教师应着重指导幼儿遵守游戏规则，保证游戏的顺利进行，对个别幼儿给予具体指导，引导其掌握游戏时间，使每个幼儿都有游戏的机会。

(三)组织幼儿积极参加各种游戏，有针对性地指导

在"教"幼儿玩游戏的同时，要充分调动幼儿的积极性、主动性，提高幼儿参与游戏的兴趣，启发幼儿开动脑筋，寻找解决问题的方法，促进幼儿创造性思维的发展。

针对不同年龄幼儿的特点，具体地加以指导。

1. 小班幼儿的特点及其指导

小班幼儿的规则意识处在"动即快乐"的阶段，幼儿对游戏中角色的动作、材料感兴趣，而且表现出"自我中心"，只对自己所做的事感兴趣，不会把自己的做法和想法与别人做比较。该年龄的幼儿不在乎游戏结果，也发现不了别人违规，而且自己会破坏规则。

因此，对于小班幼儿，教师需要注意：①选择规则简单，通过使用实物、玩具和简单的动作来完成的游戏；②游戏玩法和规则的讲解要力求生动、简单、形象，要注重讲解与示范相结合，注意多让幼儿体验游戏动作的快乐，提高幼儿对游戏过程的兴趣。

2. 中班幼儿的特点及其指导

中班幼儿已具有规则意识，能够遵守规则并开始关注游戏的结果，这一阶段的幼儿比较喜欢互补性的规则游戏。

因此，对于中班幼儿，教师仍需要示范、讲解游戏的玩法与规则，并在游戏中着重检查游戏玩法的掌握情况及游戏规则的执行情况，可开展规则简单的竞赛游戏，要鼓励幼儿关心并努力争取好的游戏结果。

3. 大班幼儿的特点及其指导

大班幼儿能理解规则对于比赛结果的重要性，规则意识强且特别重视游戏结果，喜欢竞赛性的规则游戏；能很好地遵守游戏规则，并会关注其他幼儿遵守规则的情况，发现违规者就会提出抗议，要求对违规者加以惩罚，因此游戏过程中的纠纷较多。大班幼儿还喜欢改变游戏情节、游戏规则以增加游戏的新颖性。

因此，对于大班幼儿，教师需要注意：①用语言讲解游戏，要求幼儿独立地玩游戏，严格遵守游戏规则，争取最好的游戏结果；②能对游戏的结果进行评价，并可开展较为复杂的竞赛游戏；③多利用幼儿间的相互影响来提高幼儿的游戏水平；④引导幼儿正确对待输赢。

(四)做好游戏的结束工作

鼓励幼儿争取最好的游戏结果，对幼儿游戏做出适宜的评价，对胜利者予以口头表扬、鼓掌、颁发小红旗等奖励。

第二节　各类规则游戏的指导

一、智力游戏的指导

(一)智力游戏的含义与特点

智力游戏是指以发展幼儿的智力及智力品质为目的的一种规则游戏。它以生动、有趣的游戏形式，使幼儿在轻松愉快的活动中增长知识、锻炼能力、发展智力。

智力游戏片段

幼儿园教师资格证考试·考点预测

智力游戏属于（　　）。
A. 创造性游戏　　　B. 建构游戏　　　C. 规则游戏　　　D. 角色游戏
（答案：C）

智力游戏是帮助幼儿认识事物、巩固知识、发展智力的一种十分有效的手段，通常以拼图、迷宫、棋牌和各种猜猜类游戏来促进幼儿智力及智力品质的发展。例如，拼图游戏能使幼儿在好奇、娱乐的心理驱动下，调动注意力、观察力、比较能力、分析能力等，让幼儿观察的仔细性、思维的灵活性等获得发展。

智力游戏具有以下特点。

1. 游戏目的明确、任务突出

智力游戏是基于一定的智育目的提出的，其游戏目的明确，不同年龄班的智力游戏有不同的智育目的。小班幼儿的智力游戏侧重感知能力的培养；中班幼儿的智力游戏侧重思维能力、观察力和想象力的培养；大班幼儿的智力游戏侧重思维的有意性、各种智力品质和创造性的发展。

2. 游戏过程具有规则性、挑战性

智力游戏的规则在游戏中起着指导、组织、调整幼儿行为的作用，恰当的游戏规则可以大大提高游戏者的兴趣，使其充分体验挑战的成就感。

3. 游戏结果具有刺激性、启发性

好的智力游戏常常给幼儿带来欢乐和满足，并使其从游戏中受到知识技能、能力品质等方面的启发和锻炼，达到智力教育的目的。如果是竞赛性游戏，还会有胜负的结果，这就更增强了游戏的刺激性。

(二)智力游戏的价值

有趣、适宜的智力游戏能使幼儿产生愉悦的情绪，增强幼儿尝试、探索、思考的主动性、积极性，提高他们努力完成任务的坚持性以及思维的灵活性、敏捷性，促进幼儿的智力发展。例如，"找不同"游戏需要幼儿集中指向两幅图的每一个细节，这不仅培养了幼儿的注意力，而且有利于幼儿观察力的发展。"棋牌类"游戏需要幼儿运用思维活动的基本过程(分析、综合、比较等)来判断分析自己和对手的每一步来争取获胜。因此，智力游戏有利于思维能力的发展。

幼儿思维的发展与感性经验密切联系，是在感知基础上发展起来的，幼儿思维的发展又能促进幼儿深刻地感知周围世界，激发幼儿想象力和创造力的发展。智力游戏中幼儿思路比较开阔，有较强的创造性。例如，智力游戏"你来比划，我来猜"需要幼儿开动脑筋，尝试各种形式表现事物，这就是一个创造的过程。因此，智力游戏对培养和发展幼儿的创造力有着直接影响。

另外，智力游戏要求幼儿控制自己的行为，善于与他人合作，遵守游戏规则，坚持完成游戏任务，这对幼儿意志品质、社会性等方面的培养具有良好的作用。而且，当幼儿克服困难完成一定的游戏任务时，其自信心也在不断增强。

(三)智力游戏的设计原则

1. 教育性和趣味性相统一的原则

智力游戏的设计应目的明确，突出教育性，游戏内容、玩法、规则的制定既要符合幼儿智力发展的水平，又要照顾到幼儿智力发展的个体差异，以发展幼儿的智力为最终目的。因此，智力游戏内容的选择要与教学目标保持一致。

智力游戏的选择和设计应体现新颖性、趣味性，只有玩法和规则新奇多变，才能让幼儿乐此不疲。

2. 难度适宜、简明易行的原则

设计出难度适宜的游戏内容是最具挑战性的。难度太小，激发不起幼儿的兴趣；难度太大，又会给幼儿造成挫败感，让幼儿望而却步。因此，把握难易度，最主要的是应充分了解和考虑幼儿的年龄特点及身心发展水平，选择合适的游戏内容。要想激发幼儿足够的兴趣和调动幼儿参与的积极性，必须将游戏的难度控制在幼儿经过一定努力能达到的程度。

游戏任务明确，规则易行，玩法新颖，使幼儿能够在游戏中产生愉快的情绪，激起幼儿积极的心理活动，激发幼儿努力完成任务的坚持性以及思维的敏捷性和灵活性。

(四)智力游戏的设计要点

1. 确定游戏目标

由于智力游戏的针对性很强，因此确定智力游戏的任务和目的时，应充分考虑幼儿的生活经验与接受能力。要根据智育的任务和要求，顺应幼儿的智力发展水平，使每个智力游戏都有发展的侧重点，并力求具体、可操作。

2. 设计游戏玩法

玩法是根据游戏目标设计的，是对幼儿在游戏中的动作和活动的要求，也就是对整个游戏过程的描述。玩法是多种多样的，可以由与智力游戏有关的动作组成，如看看、听听、摆摆、放放、找找、猜猜、想想等。

3. 制定游戏规则

规则是对玩法的规定，起引导、组织、调整幼儿行为的作用，是游戏目标实现的保障。智力游戏的规则属于外在规则，可以由幼儿自己制定或教师与幼儿协商制定。恰当的游戏规则可以提高游戏的趣味性和刺激性。

4. 预料游戏结果

结果是游戏目标达成的水平，在智力游戏的设计中要考虑游戏是否能达到教学目标，是否能让幼儿获得快乐的体验。良好的游戏结果能使幼儿获得愉快的体验，还能激发幼儿继续游戏的愿望。

二、体育游戏的指导

(一)体育游戏的含义与特点

体育游戏是以发展幼儿的基本动作、提高幼儿的身体基本素质为主要目标的一种规则游戏。体育游戏按照幼儿发展的基本技能，可分为奔跑游戏、跳跃游戏、投掷游戏、平衡游戏等；按照增强的幼儿的身体素质，可分为速度游戏、力量游戏、耐力游戏和灵敏游戏等。

体育游戏不同于一般游戏，也不同于一般的体育教学与训练，它具有本身的特点。只有充分认识体育游戏的特点，才能发挥其在幼儿体育教育中的价值。

体育游戏的特点主要有以下几点。

1. 锻炼性

体育游戏有着明确的目的，即增强体质。幼儿在体育游戏中通过完成走、跑、跳、投掷、攀登、平衡等基本动作来达到锻炼身体的目的。因而体育游戏对于幼儿以体能发展为主的各方面发展具有独特的促进作用。体育游戏可以加快幼儿的新陈代谢，调整大脑神经系统，提高运动器官及内脏器官的功能，从而达到增强体质、锻炼能力的目的。

2. 趣味性

体育游戏是深受幼儿喜爱的趣味体育活动，体育游戏的趣味性主要体现在情节设计和规则设计这两个环节。大多数体育游戏都有一定的故事情节，这可以充分调动幼儿参与游戏的积极性。另外，体育游戏中的规则如果赋予一定的竞赛性，这对于活泼好动、争强好胜的幼儿来说会有很大的吸引力。体育游戏的竞赛规则不同于体育竞技，它不会使幼儿过度紧张，并使幼儿在竞赛中得到快乐和满足。

幼儿园教师资格证考试·真题再现

2012 年下半年《保教知识与能力》单选题

幼儿体育过程中最主要的环节是（　　）。

A. 激发幼儿活动兴趣阶段

B. 身体准备阶段

C. 掌握动作技能阶段

D. 结束阶段

（答案：C）

(二)体育游戏的价值

体育游戏是一项很有价值的活动，对于幼儿来说，它对于发展身体的基本动作，身体的协调性、灵活性有很大的作用。体育游戏还可以促进幼儿的生长发展，增强体质，增强机体对疾病的抵抗力和提高对自然环境的适应能力。

另外，体育游戏还能让幼儿清晰地认识自己各部分的身体结构，学习在体育活动中的自我保护和安全技能。例如，通过"躲闪球"游戏，幼儿学会了躲闪和保护自己。同时，体育游戏有一定的竞赛规则，这对培养幼儿的组织性、纪律性、意志品质等方面都有一定的积极作用。体育游戏以其丰富有趣的活动形式，使每个参与游戏的幼儿都有可能获得胜利或失败，这无疑对幼儿意志品质和心理素质的改善有很大的作用。通过体育游戏，锻炼幼儿"胜不骄，败不馁"的良好心理素质。

(三)体育游戏的设计原则

1. 发展性原则

幼儿正处在身心迅速生长发育的阶段，全面地进行锻炼，能使幼儿身体各个器官和系统的技能及活动能力得到均衡发展。有机体是一个统一的整体，任何部位出现问题，都会影响其他部位的发展，影响人体机能水平的提高。而任何局部器官功能的改善和提高，又必然促进其他器官功能的发展。因此，选择、设计体育游戏应重视幼儿身体的全面发展。因为体育游戏的内容不同、动作不同，每个游戏所起的作用也不一样，设计时要注意安排不同效果的游戏，使幼儿的身体得到全面的发展。

2. 循序渐进性原则

幼儿年龄越小，选择设计的体育游戏的内容、动作、规则应越简单，游戏时间应越短，运动量也应越小。随着幼儿年龄的增长，选择的内容、动作、规则应逐渐复杂，游戏时间和运动量也应随之增加。因此，体育游戏的设计应坚持由浅入深、由易到难、由简到繁的原则。

幼儿园教师资格证考试·真题再现

2014 年下半年《保教知识与能力》简答题

教师在户外体育活动中如何保障幼儿安全?

【参考答案】

首先教师要时刻怀有安全意识。因此，在开展活动之前，教师对活动范围、场地及玩具设施都要事先检查，清除不安全因素；检查幼儿仪表是否整齐，衣袋有无尖利物品，增强幼儿的自我保护意识，同时要注意幼儿的衣着，活动前减衣服、活动后加衣服。

在活动时，注意调整幼儿的运动负荷，幼儿出汗要及时擦干，教师要四处巡回走动，及时纠正幼儿的危险动作，聆听幼儿交谈、评价，发现问题及时给予指导和帮助。幼儿在户外活动时，关键在于教师怎样去组织、引导幼儿。因此，组织幼儿户外活动时，教师还要把游戏规则交代清楚，使幼儿既玩得自由又有规则可遵循。

2016 年上半年《保教知识与能力》简答题

从儿童发展角度，简述幼儿户外运动的价值。

【参考答案】

(1)促进幼儿身体的生长发育。

户外活动使幼儿的各种生理器官和系统都能得到活动，促进骨骼肌肉的成熟，加速机体的新陈代谢，有利于内脏和神经系统的发育。

(2)发展幼儿的基本动作和技能。

户外活动有助于培养幼儿对体育活动的爱好，养成经常地、自觉地到户外锻炼身体的好习惯，有利于扩大幼儿对体育活动技能的范围，丰富和活跃他们的生活，帮助幼儿巩固和提高体育课程中所获得的知识和动作技能。

(3)增强幼儿对外界环境变化的适应能力。

户外活动可以使幼儿接触充足的阳光、新鲜的空气等自然因素，促进幼儿的身体健康。

(4)有利于幼儿的身心健康。

户外活动具有很多特点：内容丰富，形式灵活，时间充足等，能够带给幼儿愉快和满足，有利于幼儿的身心健康。

(四)体育游戏的设计要点

1. 设定目标

体育游戏的目标以发展幼儿的身体基本动作和身体素质为主，兼顾幼儿的全面发展。同时，游戏目标的设计还要根据幼儿的年龄特点、运动能力发展水平和体育教学任务，使每个游戏都有锻炼的侧重点，并力求切实、具体。

体育游戏片段
（小班传球跑）

2. 激发参与的兴趣

兴趣是参与的原动力，没有兴趣的参与，往往得不到好的结果。激发幼儿参与体育游戏的兴趣亦是如此。激发幼儿参与体育游戏的兴趣常见的方法有：体育器材引导，器材的多样变化可以满足幼儿的好奇心和探索欲；体育场景布置，幼儿具有冒险的精神和勇于接受挑战的特性，喜欢追求刺激，教师布置新颖的体育游戏场地能使幼儿主动参与并融入游戏中，展现冒险和挑战的精神。

3. 热身活动

热身活动是正式开展体育游戏前的准备动作，它能迅速调动幼儿的兴趣，并使幼儿的身体由相对安静的状态过渡到活跃状态。尤其在冬季，可使发僵的关节、韧带、肌肉活动开来，以防发生扭伤等运动损伤。常见的热身操形式有：唱游，即给儿歌配上简单的动作；选择适合幼儿的时下流行歌曲，配合歌曲旋律再加上动作；体能器材，配合幼儿的肢体动作方式来进行热身操。

4. 开展游戏

对于新游戏的开展，教师可以以讲解示范的方式开始。讲解一般要结合动作示范，以便幼儿一边听，一边看，知道怎么做。讲解时，教师要用儿童化语言，要生动形象、简洁明了、富有感染力和鼓动性，让幼儿听得懂、感兴趣。对于某些比较复杂的动作，教师可以做慢动作示范或分解动作示范，并让幼儿加以一定的练习。讲解示范后，教师可以引导幼儿讨论练习。

在游戏过程中，教师应注意观察幼儿的身体姿势、动作的正确性及运动量的大小。例如，在快跑比赛中，幼儿为了取胜，往往不按要求摆臂，有的幼儿闭眼仰头跑，有的幼儿低头往前冲。教师应用语言提示正确的摆臂动作，并及时对错误的动作予以纠正，使幼儿加深对正确动作的印象。另外，教师若发现幼儿面红耳赤、气喘吁吁、汗流浃背等明显的生理变化，这说明本次体育游戏的运动量已达标，教师应及时调整游戏节奏或让幼儿休息。

5. 结束评价游戏

结束游戏的最佳时机是：幼儿虽未感到充分满足，但已有适度疲劳或虽未产生疲劳，但幼儿已感到满足。教师要善于发现以上两个结束游戏的时间，让幼儿在愉快的氛围中结束游戏。游戏结束后，教师还应做好总结评价工作：一是对幼儿游戏活动的表现进行总结评价；二是总结本次体育游戏的经验和教训。小班幼儿由教师点评，中、大班幼儿可以在教师引导下参与评议。

三、音乐游戏的指导

(一)音乐游戏的含义与特点

音乐游戏是以培养幼儿的音乐感受性和音乐表现力为目标的一种规则游戏。在音乐游戏中，音乐旋律和音乐节奏制约着游戏活动，而游戏动作又能帮助幼儿更形象、具体地感受和表现音乐，从而获得愉悦的情绪体验。

音乐游戏是最易让幼儿接受、喜爱、理解的一种综合性艺术形式，是培养幼儿乐感和美感的一条有效途径，也是融音乐与游戏为一体的艺术教育形式。因此，音乐游戏具有音乐性、动作性、规则性等特点。教师常常按照音乐的内容、节奏、旋律等特征组织游戏，让幼儿通过动作来表现自己对音乐的感受和理解。音乐游戏虽然有规则，但是也要给幼儿自由表现、创造的机会和空间，让幼儿自由感受音乐的美好。

(二)音乐游戏的价值

1. 促进幼儿音乐能力的发展

音乐是音乐游戏的灵魂，贯穿音乐游戏的始终。在音乐游戏中，幼儿会伴随着音乐旋律的起伏、节奏的跳跃、音色的异同感受音乐所表现的情绪与情感以及音乐风格。幼儿可以在教师的帮助和引导下，通过游戏的方式，结合乐器或自己的身体动作来表现和创造音乐。幼儿音乐创造力的发展是以音乐感知力为基础的，是音乐表现力的升华。因此，多样化的音乐游戏可以激发幼儿的音乐潜能。

2. 促进幼儿身心和谐发展

在音乐游戏中，对音乐的聆听可以发展幼儿的专注力；分辨不同类型的声音以及声音中包含的情感，可以培养幼儿的注意力。音乐游戏不仅能使幼儿在音乐活动中体验积极的情绪与情感，还能培养幼儿的审美感知。音乐游戏还可以多途径帮助幼儿形成独立的音乐个性，同时在游戏过程中对游戏规则的遵守等有利于幼儿集体意识和合作意识的形成，提高幼儿同伴交往的能力。

(三)音乐游戏的设计原则

1. 音乐性与游戏性相统一的原则

音乐游戏的内容应夸张、富有童趣，音乐材料应富有节奏、旋律优美、音乐形象鲜明，让幼儿能随音乐的变化表现游戏情节。例如，《小兔子乖乖》的音乐反映了小兔子智斗大灰狼的情景，音乐形象鲜明，节奏轻快、活泼，有利于幼儿对音乐的理解和表现。

2. 注重幼儿参与和创造的原则

在音乐游戏中，教师应尊重每个幼儿对音乐的感受和表达。音乐游戏注重的是参与和体验，让每一个幼儿都加入音乐的行列中，发挥自己对音乐的创造力，而不是仅仅教给幼儿音乐知识。

(四)音乐游戏的设计要点

1. 创设音乐情境

教师应根据幼儿的兴趣，选择幼儿熟悉或喜爱的音乐内容，营造音乐意境。同时配置与音乐形象、情节相关的道具和背景。

2. 启发幼儿感受音乐旋律及音乐形象的特点

只有自己感受和体验音乐内容及旋律，才能更准确地表达自己对音乐的理解。因此，教师应启发幼儿用角色扮演或动作的表现形式来内化音乐情感，而不是仅仅停留在音乐模仿或音乐技能的练习上。

3. 鼓励幼儿大胆表现

现实中幼儿听到音乐都会跃跃欲试，但有时会因为表现力的匮乏而退缩，教师应鼓励幼儿大胆自由表现。教师可以用音乐先点燃自己的热情，融入音乐情境中，从而感染幼儿加入，让幼儿大胆自由表达。

本章小结

1. 规则游戏是成人为发展幼儿的各种能力而编制的、有明确规则的游戏。规则游戏仍然具有游戏的基本特点，其中最突出的特点是规则性和竞争性。

2. 我国对规则游戏的分类：智力游戏、体育游戏、音乐游戏。智力游戏是指根据一定的智育任务而设计，以发展幼儿智力及智力品质为主要目标的规则游戏。体育游戏是指根据一定的体育任务而设计，以发展幼儿身体素质和基本动作为主要目标的规则游戏。音乐游戏是指根据一定的音乐教育任务而设计，以发展幼儿的音乐感受性和表现力为目标，在音乐伴奏或歌曲伴唱下进行的规则游戏。

3. 规则游戏的结构：一般包括游戏任务和目的、游戏玩法、游戏规则及游戏结果四部分。游戏的目的是成人通过游戏想要达到的某些教育方面的要求，直接指向游戏的结果。游戏玩法就是对游戏的计划和构思，包括游戏的全过程。游戏规则是活动中必须遵守的规定，以确保游戏的顺利进行。游戏结果是指参加游戏的幼儿经过努力，最后所达到的目标。

4. 规则游戏的指导：①做好游戏的准备工作；②引导幼儿按规则玩游戏；③组织幼儿积极参加各种游戏，有针对性地指导；④做好游戏的结束工作。

关键术语

规则游戏　智力游戏　音乐游戏　体育游戏

思考题

一、简答题

1. 简述规则游戏的结构。

2. 简述规则游戏的组织与指导。

二、论述题

结合体育游戏的意义，论述幼儿体育游戏的设计原则与要点。

实训练习

1. 结合下园见习，观察记录幼儿的某种规则游戏活动。

2. 向幼儿园教师请教如何参与并指导幼儿规则游戏活动。

拓展练习

以下为部分教师资格证考试笔试真题及面试真题，可扫描二维码观看。

笔试真题　　　　　面试真题

第七章 幼儿游戏环境的创设

学习目标 ▶

1. 理解幼儿游戏环境的内涵、分类，游戏环境创设的意义和教育价值，了解创设良好游戏环境的基本要求。

2. 了解创设适合幼儿户外游戏环境和室内游戏环境存在的现状问题、创设内容、原则及要求。

学习导图 ▶

导入案例 ▶

七彩小星星①

团团是一名新来的小朋友，对于户外区域体育游戏还很陌生，总是看到哪儿新鲜就到哪儿玩，而且玩了一半就跑了，只见她一会儿跑到平衡区，一会儿跑到跳跃区，去奔跑区跑了一半就停下来了，导致后面的小朋友差一点撞到她。她的眼神一

直很茫然地到处看，好像不知道该做些什么。老师走过去问她："团团，你想玩什么呀?"她回答："不知道。"于是老师将她带到一边，告诉她每个区域的游戏规则，并强调在一个区域的游戏活动完成后，才可以到另一个区域进行游戏。每个区域活动结束后，可以得到负责该区域的老师奖励的小星星贴纸，每个区域的小星星贴纸颜色都不一样，在每个区域都玩一遍，就会有许多不同颜色的小星星贴纸。她听了老师的话，点点头，再到每个区域游戏，都能坚持到最后。游戏结束后，还到老师身边展示了她的多彩小星星贴纸。

通过上面的案例我们不难发现良好有序的游戏环境为幼儿开辟了探索好奇、拓展能力的空间，在每个不同的区域游戏中，幼儿能够感受更多的是责任、自律，游戏环境可以培养幼儿的积极性、主动性，在活动中我们可以帮助幼儿建立取放玩具的常规，更换活动区域的常规，使幼儿在音乐的伴随下尽情地游戏，体验安全、自由且温馨的游戏环境。引导幼儿尽量可以兼顾每一个活动区，能在每个区域都得到锻炼，如采取贴小星星标志的方法，目的就是鼓励幼儿到每个区域游戏时进行锻炼。最后活动结束后，本班教师通过小星星贴纸的数量，就可以统计本班幼儿在活动区活动的情况，并建议和提醒部分幼儿今后的活动方向。

第一节　幼儿游戏环境概述

游戏是幼儿喜欢的活动方式，是幼儿生活中不可缺少的形式，更是他们体验快乐情感、发展各种能力的有效途径。孩子们在幼儿园的每一天需要不同的活动空间，通过特有的空间活动方式去建构他们自己心中的各种造型、各种事物形象，丰富个体体验，充实个人的生活经验。这一空间即特指幼儿园的游戏环境。那么，游戏环境的内涵指的是什么？它有何分类？它对于儿童发展具有怎样的意义呢？

一、幼儿游戏环境的内涵与分类

(一)幼儿游戏环境的内涵

环境是幼儿园教育过程中的重要资源。它在幼儿游戏中充当着基本的保障条件，对幼儿的身心全面发展起着十分重要的作用。幼儿园环境可以分为广义和狭义两种，广义的幼儿园环境是指幼儿园教育赖以进行的一切条件的总和。狭义的幼儿园环境是在幼儿园中对幼儿的身心发展能够产生影响的一切物质与精神要素的总和。

《幼儿园教育指导纲要（试行）》中指出："环境是重要的教育资源，应通过环境的创设和利用，有效地促进幼儿的发展。"良好的环境可以给幼儿带来适宜的刺激，能够引导幼儿健康和谐发展。在我们所熟悉的蒙台梭利教育理论中，环境成为反复强调的核心要素，她认为环境就像人类的头部，影响着幼儿的整体发展。作为教师不仅要了解幼儿心智的吸收性特质，还要为幼儿准备特定的环境，赋予他们适当的自由空间，从而让他们更好地在环境中体验所发现的一切未知。她还认为要让儿童在适宜的环境里从事愉快的活动，通过有趣的"工作"来塑造自己的精神，才能使儿童达到"正常化"。因此，为幼儿创设丰富、适宜的游戏环境至关重要。

幼儿游戏环境主要是指能够为幼儿的游戏活动提供的各种条件。幼儿需要的这种游戏环境具有教育性和可控性。幼儿园是为幼儿所特有的教育机构，幼儿园中各种游戏环境一方面要考虑实际的教育目标、幼儿自身的年龄特点；另一方面要考虑它自身的计划性、目的性，需要精心去创设，即幼儿园中幼儿生活的每一个空间，包括幼儿园的园舍、空间设备等都要为幼儿的健康发展提供基本的保证。这是它教育性的体现。同时它又具有可控性。这种可控性主要需要教师有效地调控幼儿游戏环境中的各个要素，在环境中促进幼儿的全面发展，使幼儿真正拥有有规律和有秩序的环境，有利于引发和支持幼儿的游戏，增强与环境之间积极的相互作用，从而促进幼儿身体、心理方面的发展。在环境中通过教师与幼儿、幼儿与幼儿的积极互动的和谐关系，促进幼儿在宽松、被尊重、被接纳、自由和谐的环境中快乐成长。

（二）幼儿游戏环境的分类

1. 从游戏环境的范围角度分

从游戏环境的范围角度分，我们所指的幼儿游戏环境主要包含大环境和小环境。大环境主要针对幼儿园和幼儿园以外的家庭、社区、自然中与幼儿游戏的发展有一定影响的各种条件的总和。小环境主要围绕幼儿园内部能够对幼儿自身产生影响的游戏环境，包括幼儿园室内外各种游戏环境。

2. 从游戏环境的材料选择角度分

从游戏环境的材料选择角度分，幼儿游戏环境可以分为自然游戏环境和人工游戏环境。自然游戏环境是运用自然环境中具有原生态特征、天然游戏材料展开的促进幼儿发展的游戏环境。新鲜的空气、自然的温度有助于提高幼儿对环境的适应能力和免疫力。自然游戏环境可以使幼儿在与大自然亲密接触的过程中认识和了解大自然。人工游戏环境则是充分利用现有的人工游戏资源，如塑料积木、积塑、人工塑胶场地等多种人工游戏投放材料展开的幼儿游戏环境。

3. 从游戏创设、有效利用和促进幼儿身心发展角度分

从游戏创设、有效利用和促进幼儿身心发展角度分，幼儿游戏环境可以分为整合性游戏环境、动态性游戏环境、开放性游戏环境、互动性游戏环境。整合性游戏

环境就是借助游戏环境与课程之间、幼儿园特色之间、班级之间的整合，教师根据教学内容、办园特色、班级主题来合理创设游戏环境，抓住时机进行渗透教育。动态性游戏环境主要是指对于幼儿游戏环境，教师可以根据游戏内容的变化进行适时的调整和变化，同时给予幼儿自主性的体现。开放性游戏环境主要是教师可以根据自己制定的教育方案进行不断创新和尝试。开放性游戏环境能够真正使幼儿积极参与游戏，并选择多种多样的游戏材料满足各种游戏内容的需要。互动性游戏环境主要是要求教师和家长都参与到游戏环境的创设中来，一起收集游戏材料并参与到游戏中来，与孩子共同游戏，使游戏环境更加充实丰富。

4. 从游戏环境的构成要素角度分

从游戏环境的构成要素角度分，幼儿游戏环境主要包括物质环境和心理环境两个方面。物质环境主要是指在幼儿园中各种人工或非人工的各种游戏空间场地、游戏设施、游戏活动材料、游戏时间等。心理环境主要是指幼儿园游戏环境中人际关系及心理氛围，包括游戏氛围、同伴关系、师幼关系等，其核心与人际关系紧密，也叫精神环境。

针对物质环境来说，幼儿游戏环境可以根据游戏实际空间大小的不同具体分为户外游戏环境和室内游戏环境。户外游戏活动是幼儿在幼儿园生活中不可缺少的重要内容。户外活动的空间相对更宽阔、自由，对幼儿的发展起着十分重要的作用。对于幼儿园室内游戏环境来说，室内是幼儿每天的主要活动场所，要充分考虑材料的准备、投放、环境的实际设计与应用，适宜的室内环境不仅能够起到美化装饰的作用，同时利于幼儿每天各种游戏活动的实际开展。因此可以说，良好的物质环境是幼儿进行游戏的前提。

针对心理环境来说，心理环境是幼儿进行游戏的根本。心理环境与环境中的人际关系及心理氛围紧密相连，它的影响潜在而又深刻。安全、温馨、平等、自由的游戏环境不仅可以调动幼儿参与游戏的积极性，而且可以使他们在游戏中主动探索、创新，体验愉悦，获得最佳的发展。游戏的心理环境对幼儿的影响具有广泛性、潜移默化性和持久性的特点。创设适宜的心理环境，建立平等和谐的师幼关系、友好合作的师师关系，支持、鼓励幼儿大胆探索与表达，帮助幼儿建立同伴之间的交往关系，营造宽松、合作的氛围，幼儿园利用各种形式带动和引导家长为幼儿创设良好的心理氛围空间环境，从而促进幼儿共同创设快乐游戏的心理环境。

良好物质环境的创设能够为幼儿快乐游戏奠定基础，温馨、平等、适宜的心理环境是幼儿与环境作用的保证，两者相辅相成，缺一不可，它可以使幼儿在各种游戏中玩得轻松、玩得有价值，并且能够真正有效地促进幼儿的身心健康成长。

二、幼儿游戏环境创设的意义与教育价值

教育家陈鹤琴曾说过，怎样的环境，就得到怎样的刺激，怎样的印象。游戏可

以给孩子快乐、经验、学识、思想和健康。幼儿游戏环境充满童趣，拥有童话般的感觉，既可以满足幼儿自身对于各种游戏活动的需要，又可以使幼儿享受各种游戏的乐趣。《幼儿园教育指导纲要（试行）》指出："幼儿园应为幼儿提供健康、丰富的生活和活动环境，满足他们多方面发展的需要，使他们在快乐的童年生活中获得有益于身心发展的经验。"幼儿游戏环境作为一种隐性的教育内容，对幼儿的发展有着重要的意义和价值。

（一）幼儿游戏环境创设的意义

1. 有利于幼儿园教育目标的达成

幼儿园的教育目标围绕促进幼儿的全面发展展开。幼儿游戏环境的创设，可以与教育目标达成一致。为了达到幼儿园的教育目标，需要有怎样的游戏环境与之配合，在现有的环境因素中，哪些因素对教育目标的实现是有用的，哪些可以利用，哪些在现有的游戏环境中需要教师、幼儿、家长做哪些不同的分工，这些都可以在幼儿园教育目标的基础上，对游戏环境设置做出系统的规划。游戏环境在幼儿游戏过程中往往起着潜移默化的教育效果。在幼儿园各种游戏活动中渗透教育内容，以便达成教育目标。良好的游戏环境可以为游戏的有效开展做基础的保障，能够激发幼儿参与游戏活动的积极性。例如，某大班教师为了锻炼幼儿的口头语言表达能力和表演能力，就在室内活动区为幼儿开设了专门的故事表演情境区，准备了多种道具和服装。

2. 有利于促进幼儿与环境之间的良好互动关系

幼儿天生就喜欢游戏。为幼儿的游戏提供能够进行操作、改造、调节并能纳入个人经验体系的环境，不仅有利于激发幼儿游戏的愿望与兴趣，而且有利于他们在玩的过程中开动脑筋、活动双手，积极地思考，丰富幼儿的感性经验，增进他们的相互交往，促进游戏的进一步发展。通过游戏环境中的各种因素传递积极的信息、启发和引导幼儿，在游戏环境中充分创设交往互动的机会，促进幼儿与环境之间良好的互动关系。例如，在教幼儿诗歌的时候，活动室的游戏环境布置可以以诗歌教学为主题，根据幼儿的发展水平提供诗歌材料，运用图片、汉字与幼儿共同制作挂件，一方面能够起到装饰环境的效果；另一方面又能够在游戏中加深幼儿对诗歌的理解。这样幼儿会感到有一定的满足感，从而也就培养了幼儿的操作能力和创造能力。

3. 有利于促进幼儿身心和谐发展，使幼儿真正成为游戏的主人

幼儿游戏环境中宽敞的空间、齐全的设备、丰富的游戏材料可以使幼儿的身体和心理都得到充分的锻炼；优美、整洁的游戏环境可以给幼儿带来美的享受；富有探索性的游戏环境可以满足幼儿好奇的欲望，促进幼儿的探究激情，培养幼儿的探索思考能力；规则有序的游戏环境有利于培养幼儿的适应能力；和谐融洽的人际关系、心理氛围可以使幼儿感受到被尊重和被接纳，从而使幼儿真正成为游戏的主人，

变得更加自信、乐观、积极向上，赋予的是正能量。

(二)幼儿游戏环境创设的教育价值

2012年教育部颁布的《3—6岁儿童学习与发展指南》文件在"说明"中明确指出："幼儿的学习是以直接经验为基础，在游戏和日常生活中进行的。要珍视游戏和生活的独特价值，创设丰富的教育环境，合理安排一日生活，最大限度地支持和满足幼儿通过直接感知、实际操作和亲身体验获取经验的需要……"这充分说明幼儿的学习特点不同，创设良好的教育环境是幼儿学习与发展必需的条件。

1. 提高幼儿游戏活动的实际活动质量

在明确幼儿园各领域的幼儿发展目标的基础上，创设丰富多样的游戏环境，投入各种质地不同、层次不同、结构不同的游戏材料，根据各年龄段幼儿的实际需要，努力创设能够让幼儿主动投入、积极学习的教育环境。例如，有的幼儿园把游戏环境具体分为花满园、绿满园、瓜满园、趣满园，包括运动、挑战区、大型建构区、沙水区、涂鸦区、亲子阅读区、各班室内、走廊游戏区。各种区域相互联系，如又分为表现性活动区、探索性活动区、运动性活动区、欣赏性活动区，同时游戏活动进行时融入各种领域的目标。游戏环境的丰富提高了幼儿实际参与的机会，提高了参与游戏活动的实际活动质量，从而为自身的发展提供了有效的保障。

2. 帮助幼儿更好地提高动作、语言、社会交往、情感等多方面的能力

通过游戏环境的创设，给予幼儿环境的刺激；借助丰富的游戏材料、充足的游戏时间、各具特色的游戏区以及环境的合理安排，能够更好地促进幼儿各方面能力的发展。例如，围绕中班主题游戏"我爱我的幼儿园"，教师通过系列游戏活动从"我—我的老师—我的伙伴—我的班—我的幼儿园"进行展开。通过幼儿间角色游戏的充分扮演，通过手指操中各手指的相互运动，通过教师为幼儿提供的与角色游戏相关的字词，幼儿在游戏中自然地接触文字，感受文字带来的魅力，体验初步的社会交往关系，加深了对幼儿园、对教师、对同伴之间的情感，同时也促进了语言能力的发展。

3. 激发幼儿积极性、主动性和创造性的发展

创设幼儿游戏环境，尊重幼儿的兴趣和自主自愿，尊重幼儿的生理特点、心理特点，尊重幼儿的认知与情感的发展水平，充分考虑幼儿的年龄特点，引导幼儿主动学习、主动探索，使主体与客体发生作用，充分发挥游戏环境创设的教育价值。如在"我们的地球娃娃"游戏环境布置中，在互动墙上布置了被污染的湖泊、枯萎的树木……在活动间隙时带动幼儿围绕"地球娃娃"边议论边思考，分组进行交流，教师就可以顺势生成新的主题活动"我们爱地球"，在游戏互动中调动幼儿的积极性、主动性和创造性，使幼儿自发产生绘画创作的欲望。

幼儿园教师资格证考试·真题再现

2017 年下半年《保教知识与能力》论述题

什么是幼儿园环境？为什么幼儿园教育中要创设良好的幼儿园环境？请结合实际说明。

【参考答案】

广义的幼儿园环境指幼儿园教育赖以进行的一切条件的总和。包括幼儿园内部环境，又包括园外的家庭、社会、自然、文化等大环境。狭义的幼儿园环境指幼儿园内影响幼儿身心发展的一切外部条件，它包括物质环境和精神环境。

幼儿园教育中，强调创设良好的幼儿园环境有利于为幼儿提供发展保障，促进幼儿的身心健康，激发幼儿的创新潜能。

举例说明：教师创设干净、整洁、有序的物质环境，可以使幼儿身心舒畅，情绪良好。同时，教师营造一个充满爱、宽容、民主的心理环境，可以促进良好师幼关系的形成，使幼儿的潜力得到发挥。

三、幼儿游戏环境创设的基本要求

良好的游戏环境可以吸引和带动幼儿积极主动、愉快、自由地参与到游戏活动中，幼儿在游戏中变被动为主动，变"要我玩"为"我要玩"，从而使幼儿积极地投入游戏活动中。在幼儿实际的生活中，地域之间的差异和时代背景、幼儿园规模的大小、教师的观念与操作技能等多方面的因素都影响着游戏环境的创设。

通过创设丰富多样、积极有效的游戏环境来支持和引导幼儿的学习活动，是符合幼儿身心发展特点的教学方式。为了更好地发挥幼儿游戏环境的实际作用，游戏环境需要考虑一定的基本要求，主要体现在以下几点。

(一)考虑幼儿的安全要求

在游戏环境创设中能够首先注意到安全问题，尽可能地把幼儿游戏过程中可能受到的伤害降到最低点，从而保证幼儿游戏的安全性，吸引幼儿参与游戏活动。幼儿的年龄还很小，基于他们活泼好动，动作发育还不完善，危险意识比较欠缺，很容易导致各种意外事故的发生，使幼儿受到伤害。例如，可以尽可能地扩大游戏活动的范围和空间，避免幼儿之间肢体上的碰撞和冲突，定期检修幼儿园的各种游戏器械设备，对游戏材料或玩具定期消毒，对幼儿园日常活动区域较集中的地面进行软化处理等。

(二)符合年龄适宜性特点，富有童趣

在游戏环境创设中，充分考虑幼儿的年龄特点、身心发展水平、知识经验和实际认识水平，体现一定的适宜性，使幼儿的兴趣、需要、知识经验、能力和意

愿能够对客观环境做出选择性反应，并主动地与这些环境进行交互作用。在舒适的环境里，幼儿活动的积极性和活动的效果才会达到较理想的状态。如果幼儿长期处于杂乱、肮脏的环境中，会产生强烈的厌烦感，影响他们对于活动的积极性。保证游戏环境干净、整齐，让幼儿体会到舒适，使幼儿心情愉悦，充满童心童趣。例如，在数学区的幼儿以操作活动为主，常采用坐姿，因而要为他们提供高度合适的座位；在建构区，幼儿有站有坐、有趴有跪，因而可以准备较为宽敞的活动区域。

(三)体现形式丰富、内容多样的要求

在游戏环境创设中，充分结合幼儿园课程发展的需要、幼儿实际的活动需要，创设不同的结构环境。在游戏活动中及时把握幼儿的兴趣，生成相应的游戏环境。善于发现生活中的资源，能够根据幼儿身心发展的需要形成相应的游戏活动。游戏环境无论是户外还是室内都应该尽可能形式丰富、富有变化，既有利于集体游戏活动，又有利于小组和个别游戏活动；内容多样、富有层次，可以有效促进教师组织各种教育活动和游戏活动，促进幼儿自发地开展各种游戏活动、探索体验活动。游戏环境可以体现为开放性游戏空间，也可以体现为半开放和相对封闭的游戏空间，满足幼儿的自身需要。

(四)力求符合游戏环境的空间密度要求

空间密度是保证游戏环境中每个幼儿使用的空间大小。游戏环境的创设必须充分考虑空间的密度要求，因为游戏环境的空间密度过小就意味着拥挤度较大，相应地会减少幼儿的大动作活动，如奔跑追逐类的嬉戏活动，也有可能会增加幼儿在活动中相互间的冲突，增加幼儿的攻击性行为。相反，如果幼儿游戏环境的空间密度大，有较为开阔的活动范围，如有了充足的户外运动场地，那么幼儿的大动作游戏自然就会增加。根据我国的幼儿园空间标准，室内活动空间人均通常不少于 2 平方米，而户外活动空间人均不少于 4 平方米。幼儿在室内游戏活动如果空间紧密，过于不足，通常可以改变布置、以分组活动等方式来调整；当户外活动空间不足时，可以通过班级轮流的方式开展户外活动进行补偿。

(五)增强游戏材料和玩具的可变性及实际的吸引力

在游戏环境创设方面，不管是户外还是室内，游戏环境都应该尽可能提供充足丰富的游戏材料和玩具，并伴随幼儿的发展不断地进行调整和补充，体现一定的可变性。保证游戏材料和玩具的多样性，适度地更换或添加，可以使幼儿在游戏活动中始终保持新鲜感，激发游戏的兴趣，而且容易使幼儿产生新的游戏主题，并发挥幼儿的主体性。由于幼儿的年龄不同，因此对于游戏材料和玩具的要求也不一样，投放时考虑针对性，鼓励幼儿积极参与制作游戏材料和玩具，体现一物多玩，将废旧物品游戏积极利用起来，从而满足幼儿实际的发展需要。对于幼儿来说，游戏材料和玩具在游戏活动中总是充满诱惑，因为这些东西能满足幼儿好奇、爱玩、探索

的心理需求。尽可能使感性材料和操作材料对幼儿保持吸引力，可以使幼儿在游戏中充满想象与创造。

第二节 幼儿游戏物质环境的创设

幼儿游戏物质环境即硬环境，主要指在幼儿园中各种人工或非人工的游戏空间场地、游戏设施、游戏材料、游戏时间等。本节主要从户外和室内两个角度阐述幼儿游戏物质环境的创设。

一、幼儿户外游戏环境的创设

户外游戏环境是幼儿亲近大自然的活动场所和空间，是幼儿体验探索、体验挑战的适宜空间，好的户外游戏材料带给幼儿更多的是趣味和欢乐。幼儿园户外游戏环境的创设只有满足幼儿运动和游戏的需要，激发幼儿的探索与想象，才能真正做到促进幼儿身心的全面发展。因此，幼儿户外游戏环境的创设要因地制宜，综合考虑各方面需要。

(一)目前幼儿户外游戏环境创设存在的问题

1. 幼儿户外游戏环境的周边过于杂乱

由于周边环境条件较差，良好的自然景观条件不充足，加上现有经济条件所限，给幼儿户外游戏环境的创设带来了不利影响。例如，有的幼儿园紧靠街道马路，没有外墙，仅以铁栏杆作为隔断，白天车多噪声大，对幼儿游戏的无关干扰因素过多，甚至有的幼儿园绿色植被太少，在组织幼儿户外活动时经常尘土飞扬、空气质量较差，这些情况既影响了游戏的质量，又降低了游戏本身带给幼儿的快乐。

2. 幼儿户外游戏环境的安全性考虑过于极端

目前主要呈现两个极端趋向：一种情况集中在极端保护，降低了户外游戏环境对幼儿的刺激作用；另一种情况集中在过于放任，造成幼儿户外游戏环境出现较多的不安全因素。例如，有的幼儿园在户外游戏场所实际组织幼儿游戏时，限制幼儿在较危险的区域玩耍，始终固定在较小区域内，造成幼儿在小区域游戏发生碰撞。

有的幼儿园游戏器械生锈、老化,对游戏材料检修有限,加上教师的安全防范意识不强,在很多方面存在较多安全隐患。很多学者都认为具有一定冒险性的户外游戏环境反而能降低幼儿日常的伤害概率,因为在游戏中幼儿经历了一定量的伤害后,他们就能学会自我保护。如果幼儿一直生活在一个安全的、平和的环境中,则会降低他们对外界环境的防御能力,而且当旺盛的精力无处发泄时,他们就会去寻找更大的刺激,这样反而会带来更大的伤害。

3. 幼儿户外游戏环境的整体性有所缺失

幼儿户外游戏环境经常处于分散式,没有形成一个统一的整体。例如,玩沙区就是单一的玩沙区,不能与玩具、游戏器械、材料等形成关联,在其他游戏区域也都只是呈现出各自的特点。这样的户外游戏环境表面上看似乎为幼儿提供了更多的选择,但是它却使游戏环境的教育价值与游戏的价值有所降低。由于缺乏整体性,幼儿实际游戏活动的场地范围也就缩小了,教师组织的活动形式也就变得更单一化,缺乏多样性、趣味性和科学性。

4. 幼儿户外游戏资源没有被充分利用

目前很多幼儿园拥有最多的户外游戏资源是塑胶地和大型游戏器械,其次是移动式器具、草坪、植物角、玩沙区、水池。虽然拥有草坪和植物角的幼儿园的比例相对较高,但很多仅停留在表面的景观功能,实际选择可接触的花草树木的幼儿园很有限,而且户外游戏环境开放性不高,多数游戏还是多选择在室内进行,教师只有在每天的特定时间段才会将幼儿带到户外游戏环境中进行游戏。

(二)幼儿户外游戏环境创设的内容

1. 幼儿户外游戏环境创设的内容要求

户外游戏环境是构成幼儿园课程发展体系的重要组成部分之一,更是令幼儿身心轻松、体验愉悦和快乐的空间。2016 年新修订的《规程》规定:"在正常情况下,幼儿户外活动时间(包括户外体育活动时间)每天不得少于 2 小时,寄宿制幼儿园不得少于 3 小时;高寒、高温地区可酌情增减。"为了使幼儿健康成长,在游戏中呼吸新鲜空气,我们要创设安全适宜的户外游戏运动场地,为幼儿创设一个科学健康的环境。

《托儿所、幼儿园建筑设计规范》(2019 年修订)明确规定托儿所、幼儿园应设活动场地,并符合下列规定:"幼儿园每班应设专用室外活动场地,人均面积不应小于 2 m²。各班活动场地之间应采取分隔措施。""幼儿园应设全园共用活动场地,""共用活动场地应设置游戏器具、沙坑、30 m 跑道、洗手池等,宜设戏水池,储水深度不应超过 0.30 m。游戏器具下地面及周围应设软质铺装。"

拓展阅读 🕰

表7-1　2014年浙江省幼儿园等级评估指标——户外活动场地(C2)

一级幼儿园	二级幼儿园	三级幼儿园
有专用的户外活动场地,生均面积不少于4平方米(1.5分);有30米跑道、运动场、沙池、戏水池、种植园地等户外活动区域(1分);绿化面积生均不少于1平方米(垂直绿化面积按1/2计算)(0.5分)	有专用的户外活动场地,生均面积不少于3平方米(1.5分);有运动场、沙池、戏水池、种植园地等户外活动区域(1分);绿化面积生均不少于1平方米(垂直绿化面积按1/2计算)(0.5分)	有专用的户外活动场地,生均面积不少于2平方米(1.5分);绿化面积生均不少于0.5平方米(垂直绿化面积按1/2计算)(0.5分)

2. 幼儿户外游戏环境创设的内容构成

幼儿户外游戏环境的创设主要包括运动器械区、运动综合游戏区、种植养殖区、玩沙玩水区、运动休闲区、车道或跑道、自然区、涂画区等主要区域。

(1)运动器械区

运动器械区主要是指有攀登架、滑梯这样的大型器械区域和秋千、跷跷板、转椅这样的中型器械区域。若户外空间场地较大,动态游戏活动场地可以设立在任一空间,可以考虑运动器械之间要设有一定距离,幼儿进出口处要铺设安全软垫。如果户外空间不足,对于大型和中型器械可以考虑相互交叉,或集中几种玩具器械,既节约成本,又方便幼儿选择,便于教师观察指导幼儿。通过这些运动器械的辅助运动,可以增强幼儿上臂及腿部肌肉的力量,使手的抓握与腿的运动协调,而且还能促进幼儿感觉综合能力的发展。

(2)运动综合游戏区

运动综合游戏区主要包括以平衡、钻爬、跳跃、投掷、走跑为主的幼儿户外运动综合游戏区,同时也包括使用小型游戏运动器械开展的户外游戏活动区,如球类区、绳类区、圈类区等。这一空间相对较大也集中,能够保证全班幼儿集体游戏、分组游戏等。为保证幼儿的安全性,通常在这个区域中采用的是有弹性的运动场地,如塑胶运动场地、绿色草坪场地、沙土泥土场地或铺设软垫的运动场地等。运动综合游戏区既能满足幼儿跑跳大活动量的游戏活动,也能满足平衡、小肌肉群、身体协调等方面的活动量较小的游戏活动,同时还能测试运动体能,练习有关身体综合素质的项目。

运动综合游戏区的利用率较高,四周最好栽种高大的乔木,保证夏季提供绿荫,方便避暑。

(3)种植养殖区

幼儿园可以以班为单位为幼儿选择适于种植和养殖的一块区域,种植区可以有计划地由每个班的幼儿固定或轮流管理，幼儿通过播种、栽培、施肥、浇水等过程可以了解植物的生长过程，在养殖区通过喂养、照顾小动物了解小动物的生活习性，同时增加对小动物、小生命的热爱。如果幼儿园的场地受限，可以使用废弃的瓶、罐、桶、盆、缸等器皿进行种植活动。种植和养殖活动是幼儿喜欢的自然探索活动，通过这一生活游戏的开展，能够调动幼儿的好奇心、探索的欲望，提高幼儿的观察能力，更能让幼儿通过自己动手操作，通过自己的工作和照料增强责任感和充满自信。

（4）玩沙玩水区

沙和水都属于常见的自然材料，也是幼儿喜爱的游戏材料。沙和水不仅可以给幼儿带来快乐，而且能使幼儿获得有益的学习经验。

在玩沙区，幼儿通过玩沙可以练习铲、挖、堆、叠、装等多种动作技能，同时能够感受沙子的特性，对沙子的质地、重量、黏度等拥有基本的认识，同时可以拥有创造性表达与表现的机会，还可以进一步感受对测量的认知。幼儿园可以提供不同规格的沙池，同时提供多种多样的工具和器皿，如铲子、小桶、筛子、耙子等各种模型，方便幼儿取用玩耍。沙池可以设在墙边或树荫下，处于幼儿园活动的边缘地带，可以在周围用轮胎进行软化处理，并种植一些树木，这样更接近自然。

玩水区根据空间需要可以考虑设计喷泉、鱼池、瀑布，让幼儿观察水的流动和状态；也可以设计水桌、水车工作系统等操作性游戏，给幼儿感受水的速度和流量大小的变化状况的机会。考虑玩水区要注意安全和健康的因素，可以设计用手和脚去感知，有的幼儿园把戏水池变成"小河""池塘"等，水里可以养小鱼、蝌蚪或荷花等不同季节的动植物，既可供幼儿玩耍，又可起到观赏作用。

（5）运动休闲区

幼儿园户外运动游戏场地作为动态游戏活动场地，可以安排一些闲置的空间，如长廊、操场、树荫、花棚等，在这个运动休闲区中，可以放置一些自然装饰而成的桌子、凳子等，它们必不可少。例如，在长廊中可以设计一些长椅供幼儿游戏，可以坐，可以躺，可以休闲看书，可以玩过家家游戏，可以独处等。还可以设计一些吊挂物，既美观又符合幼儿的审美要求。另外，长廊的两侧或单侧也可以用来开展幼儿的作品展，既节约空间，又能够保存。在长廊中幼儿可以玩翻绳、抖空竹、寻找小脚印、扔飞镖等，使幼儿的休息环境具有趣味性、娱乐性、参与性。有的幼儿园能够考虑到不同幼儿的发展水平，还增设通往小河的道路，分别是拱形桥、梅花桩和吊桥，由易到难，使幼儿可以在寻找小河的过程中体验到成功的喜悦。

幼儿园可用农作物秸秆、小木板、大纸箱等材料制作一个属于幼儿自己游戏的城堡或小屋。游戏小屋可以有敞开的门和窗，既保证采光条件好、空气流通，又方便教师观察幼儿进行角色游戏、捉迷藏、说悄悄话等活动。

总之，幼儿在运动休闲区的设置可以促进幼儿的社会交往能力，同时允许幼儿以独处的方式来表现自己。独处对于幼儿的心理健康、学习、与人相处有积极意义。

（6）车道或跑道

车道主要为幼儿骑车和推车等各种有轮子的游戏设施提供。车道的地面设计不宜太软，可以根据幼儿园实际增加一些坡度，使活动更有挑战性和趣味性，从而吸引幼儿玩耍和探索。幼儿园一般以骑三轮车为主，也有两轮滑板车、四轮登山车等。

跑道可以是平坦的，也可以是有一定坡度的，供幼儿在户外游玩时奔跑，练习腿部的力量，感知不同道路需要的速度、力度的不同等。

车道和跑道也可以合二为一，目的在于通过骑车或奔跑，协调自己的身体动作，控制自己的方向和速度，锻炼勇气和胆量。此外在车道或跑道上可以投放一些轮胎，如让幼儿沿着路滚动轮胎，比一比看谁的速度快，增加趣味性特点。

（7）自然区

幼儿园如果空间规模有限，可以把小树林和小山坡、小山洞设计在一起，既符合自然的要求，又节约空间。小树林里可以种植各种树木，包括果树和花木，可以在小树林里增设秋千、摇椅等玩具器械。幼儿喜欢爬上爬下，爬山坡、钻山洞能够帮助幼儿更加接近大自然，享受从坡上滑下来、在山洞躲藏、在坡下挖地道的乐趣，享受神秘的氛围，提高对幼儿的吸引力。

（8）涂画区

户外的涂画区的优点主要体现在拥有观察自然的机会和条件，有利于幼儿在真切的感受中作画。幼儿园可以为幼儿在户外创设专用涂鸦墙，可以为幼儿准备相关的绘画工具和材料，如笔、颜料、水、抹布、刷子、调色盘等供幼儿进行创作；墙面能够反复使用，为此墙面可以铺设易于擦洗的瓷砖、一次性画布等；开展定期的设计主题活动，真正发挥幼儿的主动性。

拓展阅读

Francis Wardle（1988—1997）最佳室外游戏环境标准①

一、地面

游戏场地应该有不同的游戏地面以提高安全防范，促进不同的游戏类型。

1. 平坦的草地或泥土地

平坦的草地或泥土地最适合迅速移动身体的活动。例如，跑、追逐及跟着带头人的游戏，都需要有一块开阔的空间及一个相对较软的地面以防摔倒挫伤。大块开阔的草地是最理想的地面，开阔的泥土地也可以开展这些身体游戏，但较容易发生伤害。如果没有草地，可以把体操毯铺在一些区域供孩子们跑跳滚爬。

---

① ［美］约翰逊等：《游戏与儿童早期发展（第二版）》，华爱华、郭力平译，290～298页，上海，华东师范大学出版社，2006。

2. 硬地面

混凝土和沥青地面最适合自行车、四轮车在上面行驶。硬地面也可以作为通向不同游戏区的走道、艺术活动和球类活动的地面。

3. 跌落区

在所有设施下面及四周 1.5～2 米范围内铺一层柔软的地面，一般由沙子、砾石、木屑、橡胶垫、轮胎及连续灌注的橡胶构成。

二、室外游戏环境的构成和设计

游戏场地应该包括各种设施和游戏区，以促进各种游戏行为。

1. 身体游戏

(1)攀爬器材，如绳索、轮胎网、梯子、台阶、爬杆，以及水平轮胎秋千。

(2)平衡能力游戏区，如平衡木、立在地上的短杆子或汽车轮胎。

(3)抓握器材，如秋千链、扶栏、梯子横栏、用于沙地游戏的工具。

(4)爬行区域，如隧洞或公路涵管。

(5)推拉器材，如秋千、三轮车、四轮车、大卡车，以及有轮的沙地玩具。

(6)挖掘区域，如沙箱。

(7)跳跃器材，如四周铺着沙子的平衡木、下面铺着软物的低平台或台阶。

2. 社会性游戏

(1)要求或鼓励两个以上儿童参与的器材，如三轮车、四轮车、球类运动、跳绳、大木板条箱、沙箱、旋转秋千，以及传统秋千。

(2)鼓励幼儿聚在一起进行交谈的空阔的平板和隔离区。

3. 建构性游戏

(1)沙箱和玩沙器材，如铲子和耙子。

(2)木工工作台、木块、工具，以及紧固器和螺杆、螺母及钉子。

(3)散件，如轮胎、橄榄绳、木质或塑料板条箱、大块木块和塑料积木，以及不同长度的木制板。

(4)艺术活动材料，包括颜料、黏土，以及涂人行道用的大彩色粉笔等。

(5)花园布局，如种植工具及种子。

4. 戏剧性游戏

(1)可以当作房子、城堡、船只、飞机、学校及医生办公室的建筑物和封闭物。

(2)可以从教室带来的戏剧性游戏道具，以及最好能存放在外面的材料(如木工工具等)。

5. 规则游戏

(1)球、跳绳，以及其他游戏设施。

(2)进行规则性游戏的硬地面。

(3)画出边界和外形的粉笔。

三、游戏场地的设计要求及其材料投放

现代游戏场地的建造材料一般是经过压力处理的松木、红木、胶合板、聚乙烯材料、涂漆金属、再生塑料、玻璃纤维或这些材料的综合。表7-2列出了这些材料的优缺点。

表7-2　各类材料的优缺点

材料	优点	缺点
木材（CCA 松木，红木）	(1)易使用； (2)十分适合志愿者的施工； (3)外观十分贴近自然； (4)易于修补； (5)易于附着其他元件（如滑梯、把手、攀爬器）； (6)相对而言较便宜； (7)可以满足各种创造型设计； (8)经常可获得捐赠的材料	(1)易破裂出现裂痕； (2)易燃； (3)易老化； (4)需要大量维护费用； (5)不能像其他材料一样持久； (6)看上去品味不太高
胶合板（涂了油漆）	(1)丰富的油漆色彩选择； (2)适合平坦地面； (3)较易用作婴幼儿的设施； (4)可以修补； (5)一种耐用的自然材料	(1)与塑料和金属相比边缘更易破碎和变坏； (2)只限于平面设计； (3)价格昂贵； (4)只有绚丽的颜色可供选择
聚乙烯材料	(1)不会发烫； (2)不易破碎； (3)最初非常亮丽； (4)形状安全（如一台弯曲的滑梯）； (5)如果与金属一起使用，结构上就十分强硬； (6)光滑，适合用手抓； (7)使用时间长	(1)颜色会逐渐褪掉； (2)过度使用会使游戏场看上去像一个新车展览厅； (3)使用用途有限； (4)价格昂贵； (5)统一的生产方式限制了它的多样性和挑战性
钢材或铝材（涂漆的或未经处理的）	(1)坚硬； (2)使用时间长； (3)可使用多种油漆颜色； (4)可提供各种选择性； (5)不易被摧毁	(1)钢或铝制的滑梯易变热； (2)杆子和栏杆易变热； (3)无弹性，孩子们摔倒在金属上易受伤； (4)不易修复或添加； (5)价格昂贵

四、安全

在设计和维修室外游戏场地的时候，安全问题需要放在首位。以下列出的游戏

场安全指南，摘自 CPSC(美国 CPSC，1991)和 ASTM(1995)文件，适用于为 18 个月至 12 岁儿童设计的游戏场地。

(1)所有设施下铺设有引力的地面。

(2)避免使用会挤压手指的部件。

(3)避免有大小在 3.5～9 厘米的开口，以免幼儿的头部被卡住。

(4)所有"S"形钩子必须予以封闭。

(5)避免重金属、木质或硬塑料秋千。

(6)任何秋千器材中的秋千不能超过两台。

(7)所有滑梯的各边都必须有 4 厘米宽，有一个出口平行于地面。

(8)不能有漏出来的螺钉、钉子、螺杆、金属块，或突出的管子，特别是在滑梯入口不能有这些外漏物体。

(9)所有混泥土基脚必须低于地面。

(10)除进口与出口外，所有比地面高出 20 厘米之上的地面都必须有扶栏。

(11)避免设施之间使用电缆、电丝和绳子，或用电缆、电丝和绳子支撑树木，如果使用了绳索，两端都必须系紧，以免缠住儿童的脖子造成窒息。

(12)避免在炎热的天气使用金属滑梯。

(13)儿童光顾的交通区域要设有足够大的安全区。

(14)秋千不要与其他设施如平台连在一起。

(15)游戏场地只能为与其设计对象大小相当的儿童所使用。儿童年龄太小，会在玩耍中发生严重事故，而儿童年龄太大，有可能会不恰当地使用设备，导致受伤。

(16)经常维修和护理。

另外，游戏场地的遮阳问题也很重要。建议游戏场内应该安装遮阳篷，种植一些树木以减少阳光的直接暴晒，降低患皮肤癌的风险。

(三)幼儿户外游戏环境创设的原则

1. 安全卫生原则

在进行幼儿户外游戏环境创设的时候要考虑安全要求，如场地安全、设施安全、制度安全，包括时间安排是否合理、设施使用是否符合要求、活动规则是否有序；在卫生要求方面注重考虑场地卫生、设施及材料卫生、个人卫生，包括教师和幼儿实际的着装、个人清洁情况。尽可能将伤害降到最低点，保证幼儿的安全。例如，活动前教师应该检查孩子的着装情况：鞋带有没有系好，有没有鞋子穿反的现象，衣服是否穿得过厚过紧，纽扣是否扣上等。忽视这些很小的问题，会给孩子的安全带来很大的威胁。因为奔跑中的孩子一旦踩到散开的鞋带就容易摔倒；衣服穿得过厚会让幼儿感到笨重、不灵活，活动过后出汗太多导致感冒；衣服太紧，活动不开会拉伤肌肉等。

2. 自然性原则

在游戏环境创设中要根据幼儿园实际情况，合理利用当地自然景观、气候特点和地质特点，创设人与自然和谐、具有原生态的户外游戏环境，可以使幼儿增强亲近大自然的感受，提高游戏的乐趣。

3. 挑战性原则

科学创设户外游戏环境把空间最大限度地用于游戏与探索，如滑滑梯有爬高并从高处顺势而下的刺激，荡秋千有上上下下眩晕的刺激，爬山坡、钻山洞等有挑战自我的刺激，在这些活动中能够发展幼儿的肢体动作，有利于幼儿多种身体素质的锻炼和发展，有利于激发幼儿的好奇心和探索的兴趣，培养幼儿的意志力、坚持性等。

4. 整体性原则

要考虑户外游戏环境的布置是否有利于幼儿身体、认知、社会性和审美能力的全面发展。在创设中要充分保持其整体性，内容要全面、系统。既要考虑活动的多样性，又要考虑符合幼儿的身体发展、符合幼儿的认知与社会性；既要注意各领域间的横向联系，又要注意由易到难、从简到繁；既要考虑幼儿的年龄、能力，又要注意个体兴趣的差异。尽可能满足不同幼儿的需要，使幼儿各方面的能力都得到发展。

(四)幼儿户外游戏环境创设的要求

皮亚杰的认知发展理论认为，幼儿的发展是主动的过程，儿童通过主动活动来探索和认识世界。环境在幼儿的发展中起着重要的作用，幼儿的发展是在主体同环境相互作用的过程中实现的。幼儿户外游戏环境的创设要在保证安全的前提下，既要充满童趣，又要满足幼儿发展的需要。幼儿园要充分利用自身的空间条件，考虑结构合理、因地制宜、多样性、趣味性等多种因素，让幼儿在户外游戏环境中获得成长的快乐。

1. 综合考虑绿化、美化、自然化、幼儿化、教育化

绿化、美化、自然化是幼儿园户外游戏环境设计的基本要求。幼儿园要尽量扩大绿化面积，栽种高大的乔木和低矮的灌木，有四季常青的植物，也有根据季节变化生长的植物。幼儿园在设计绿化的同时，要尽可能保证四季都有花卉，让幼儿园有花有草，时时能看到和感触到绿色、自然物的存在。围墙可以附有攀爬的植物，长廊有垂吊的植物等，便于幼儿在自然环境中快乐游戏。

幼儿化、教育化是幼儿园户外游戏环境最突出的特征。因此，户外游戏环境的创设要符合幼儿阶段特点的发展需要，为幼儿设置能够促进身体发展、充满童趣的活动设施，让幼儿在自然、快乐的氛围中感受户外活动的乐趣，满足幼儿基本的游戏活动需要，促进幼儿全面发展。

2. 合理设置区域，体现多样性与有序性

合理设置户外游戏区域，要保证既有集体活动的大空间，又有幼儿分散活动的中小空间甚至私密空间。户外活动多样性表现在要有利于幼儿在不同的区域选择不同的游戏，得到不同的发展，增加幼儿的选择机会，激发幼儿对游戏的兴趣，丰富幼儿的学习经验，促进幼儿的身心全面和谐发展，使各阶段幼儿都能选择自己喜爱的活动项目。

有序性主要表现在区域既相对独立又相互连通，既有利于幼儿交往又有利于教师指导监护。在开放性空间中既有封闭或半封闭的空间，如游戏小屋、小迷宫、城堡等，又有具有挑战性的活动区域，满足幼儿探索的需求；还可以选择传统活动，使幼儿不会因为活动太难而产生畏难情绪，降低游戏兴趣。

3. 体现因地制宜，选择适合四季游戏活动的空间设计

户外游戏环境要体现与自然环境的和谐统一，即体现因地制宜的特点。为幼儿提供一个具有创造性的游戏场地，最经济的做法在于保留其最原始自然的特点。还可以根据本地特色创设具有特色的幼儿园环境。

可以根据需要考虑季节的变化利用空间。例如，夏季阳光充足，温度太高会降低幼儿游戏的兴趣，栽种高大茂密的乔木，形成大片树荫，既能避暑，又能为幼儿户外活动提供必要保障。

4. 事先考虑空间密度和下水道、地面表层及场地相互关系等问题

幼儿园的招生通常要根据幼儿园规模的大小确定，避免人均空间密度不够，出现拥挤现象，难以开展户外游戏活动。如果幼儿游戏空间密度过小，可以在楼顶铺设材料开辟活动场地，或通过班级间轮换活动时间来解决拥挤问题。

室内游戏场地和户外游戏场地可将长廊与之相接，方便幼儿出入和交替活动。户外活动的各个游戏区域间要有通道，避免安全隐患和活动间的干扰。例如，在活动设施的安排上，各类活动设施之间要留出一定空间，保证各类游戏互不影响。

在游戏场地建设之前，应事先考虑幼儿园不可改变的地下管道等因素，如绿化场地要避开下水道等管道，戏水池、游泳池、喷泉、鱼池等要方便连接水龙头。

二、幼儿室内游戏环境的创设

幼儿每天活动中大部分时间是在室内度过的，因此室内游戏环境的创设显得十分重要。良好的室内游戏环境，既有利于幼儿在认知、情感、语言和社会性交往技能方面的发展，又有利于教师与幼儿之间、幼儿与幼儿之间的互动和交往。

(一)幼儿室内游戏环境存在的问题

1. 室内游戏环境的色彩和图案与游戏内容不协调

在我国的许多幼儿园中，幼儿室内游戏环境更新频率慢，游戏内容早已更新，但游戏环境中的色彩与图案并没有变更，不能与新内容对应起来。例如，两个幼儿

在阅读区进行新绘本阅读，可是阅读区的游戏环境仍停在学期开始时的形象设计，这样会造成幼儿在阅读时总是不自觉地去看原有过去经验中的形象，对新绘本的专注程度降低，不能很好地进行理解。

2. 室内游戏环境空间密度过高

当前我国幼儿园的室内游戏环境空间密度普遍偏高，班级人数多，室内面积小，拥挤现象突出。按照《规程》的要求，每班幼儿人数应该控制在合理数量内，小班人数一般为 25 人，中班一般为 30 人，大班一般为 35 人。然而现阶段很多幼儿园师幼比例不当。师幼比例失调这种情况不仅容易导致教师负担加重、保教质量下降，幼儿活动空间受限，同时还会带来许多安全隐患问题。

幼儿室内游戏环境创设

3. 室内游戏环境中有关游戏活动区的相关问题

①游戏活动区材料投放不足，缺乏层次性。

②游戏活动区环境缺乏及时的变化，不能根据需要发挥其主要的教育功能。

③游戏活动区环境设置较多依赖教师。目前在幼儿园内的游戏活动区环境设置往往融入的都是教师的想法，没有真正结合和倾听幼儿的建议和意见。

④游戏活动区环境缺乏真实性，生活性较低。给幼儿提供太多与真实情况不符的游戏材料会降低幼儿游戏的兴趣。

(二)幼儿室内游戏环境创设的内容

以班级室内游戏环境创设的内容构成为例，主要包括空间利用、区域与材料安排、墙面与顶面(天花板)设计、走廊设计、地面设计。

1. 空间利用

幼儿日常生活和游戏活动的空间主要包括班级活动空间、辅助活动空间。班级活动空间主要由活动室、卧室、盥洗室、衣帽间等组成。活动室一直作为幼儿游戏活动的主要空间。辅助空间主要包括幼儿园内建筑门厅、走廊、楼梯等。这些空间可以作为幼儿园室内游戏创设的主要区域，教师要结合本园实际情况，根据幼儿发展目标、学期教育目标与教育内容，因地制宜规划各阶段室内游戏空间环境创设的内容，围绕基本游戏活动空间，同时包括各建筑元素如墙、门、窗、柱、台等，创设适合幼儿游戏活动的环境。

2. 区域与材料安排

幼儿室内游戏活动区域可以具体分为若干不同类别的区域，并提供不同的游戏活动材料。游戏空间的设计可大可小、可开放可封闭或半封闭、可个人化也可整体化，主要依据游戏活动的特性来安排。室内活动室是幼儿每日活动的主空间，卧室、盥洗室、衣帽间等是次空间。室内活动室可以分为安静游戏区、复杂游戏区、活跃游戏区。例如，安静游戏区可以创设阅读区、结构区、益智区、科学区，复杂游戏区可以创设美工区、玩水玩沙区，活跃游戏区可以创设表演区、音乐区。

3. 墙面与顶面(天花板)设计

墙面的美观和教育功能很重要。墙面是幼儿交流的展示空间，需要考虑互动或各种材料的实际运用，应该注重多样性、灵活性。可以与主题教育相结合，充分发挥幼儿个体与环境之间的交互作用。墙壁图案的高度要依据幼儿的尺度来做，图案和作品要依据幼儿追求感官变化的频率，定期轮换作品保持幼儿的兴趣。墙面可以具体分为幼儿的作品展示区、感统训练区、主题探索区等。顶面的形状可以为下面的活动区域创造"中心"和"边缘感"，多体现为吊饰作品。

4. 走廊设计

走廊是幼儿每日活动的通道，一般空间有限可以集中考虑利用走廊的地面及两侧的墙面进行环境创设内容。可以围绕幼儿的主题活动设计，与科学探索、角色扮演等幼儿相互交流互动的空间相联系。如果走廊相对宽敞，走廊游戏区的创设以美观、简单、和谐为原则，游戏区整体色彩与走廊墙壁、地板颜色协调，主体色彩以两三种为宜。小班走廊可设"娃娃家"，中班走廊可设结构区，同时添置纸板箱等废旧材料，大班走廊可同时设置两三种内容，设置表演区、"娃娃家"、结构区等促进游戏的发生发展。走廊游戏区在划分界限时，可选用地毯、泡沫板、开放架、积木或其他物体隔离，使幼儿能清楚地选择游戏区，便于幼儿自主地选择游戏。同时可利用窗台、鞋箱等固定放置幼儿的作品或观察的材料。

5. 地面设计

地面的创设内容可以围绕有关规则、认知、逻辑思维、社会性等游戏进行创设，可粘贴交通导向标志、画迷宫，涂写颜色小脚丫、数字、几何图形、字母等。例如，在地面画上中国地图，通过游戏形式，认识祖国辽阔的疆土区域的划分和分布，培养幼儿的爱国情感。又如"跳蜗牛"在蜗牛背的螺旋形上分格涂上鲜艳的颜色并写上数字，帮助幼儿做辨色训练和巩固对数字的认识。

拓展阅读

室内游戏环境评价的标准①

1. 幼儿喜欢，对幼儿有吸引力，让幼儿感到安全和舒适。

2. 各活动区的名称易于幼儿理解。活动区的结构方便幼儿寻找和取放材料。

3. 空间安排和分割合理，有利于幼儿的活动和行走。当幼儿在活动区全神贯注地游戏时，不会受到其他人的干扰。

4. 材料丰富多样，能够支持幼儿各种类型的游戏活动，激发幼儿探究的兴趣，支持幼儿积极主动地学习，使幼儿实现自己的想法和计划，获得多样性的学习经验。

5. 玩具和材料反映人类社会和文化的多样性。

6. 幼儿有独处的空间。

(三)幼儿室内游戏环境创设的原则

1. 发展适宜性原则

幼儿正处在身体、智力迅速发展和个性形成的重要时期，有多方面的发展需要。在室内游戏环境创设时，一方面考虑面向全体，符合幼儿的年龄发展特点和水平；另一方面考虑幼儿个体的差异，要提供符合幼儿的认知经验和操作能力的材料和工具，激发幼儿操作的兴趣，在活动中获得成就感。

2. 丰富性原则

提供数量充足及形式、功能多样的游戏材料，增强幼儿对游戏材料感知的刺激性，保持对游戏材料使用的新鲜感。针对小班，游戏材料能够在活动中保证人手一份，针对中大班可以更多体现小组和团队合作，一起分享，自由分工，共同完成游戏。

3. 参与性原则

教育家陈鹤琴说过，用儿童的双手和思想布置的环境，会使他们更加深刻地理解环境中的事物，也会使他们更加爱护环境。幼儿与教师共同参与合作的过程，需要教师发现与引导幼儿参与创设的意识，将教育性蕴含于环境中和创设活动中。通过参与，能够进一步体现教师对幼儿意见的尊重，体现教师对幼儿自主规划游戏空间的鼓励，体现幼儿及家长参与收集准备游戏材料和幼儿参与游戏环境的管理等方面的内容。

4. 经济性原则

幼儿园室内游戏环境的创设必须因地制宜，从实际出发，就地取材，废物利用。以物质条件对幼儿发展的功能大小和经济实用性为依据，充分利用原有环境与现有材料，及时发现和挖掘游戏材料。能够根据幼儿各种游戏需要创设、扩展、延伸相

---

① 刘焱：《儿童游戏通论》，616页，北京，北京师范大学出版社，2004。

应的环境。

(四)幼儿室内游戏环境创设的要求

第一，以各类游戏活动的教育功能与特点为基础创设室内游戏环境，注意挖掘游戏空间的实用价值。

第二，将结合幼儿自身表现出的探索兴趣、对事物形象的认知经验及个人表达表现的作品作为环境创设内容的基本点。

第三，考虑动态与静态的游戏区分配的合理性，尽量依据游戏区的特性安排位置，避免相互干扰。

第四，依据班级幼儿人数提供活动区。如果一个班30人，一个区域可以容纳3～6人，那么设5～8个区域比较适宜。如果一个班级设8个区域，一般常规区域、特色区域和主题区域的比例可参考5∶1∶2或6∶1∶1设计。

第五，既要有固定的常设区域，又要根据实际需要调整变换区域。

幼儿园教师资格证考试·真题再现

2012年下半年《保教知识与能力》单选题

关于幼儿游戏活动区的布置，正确的说法是（ ）。

A. 以阅读为主的图书区可与娃娃家放在一起

B. 自选游戏环境的创设是由教师进行的

C. 可在积木区提供一些人偶、小动物、交通工具模型等辅助材料

D. 娃娃家应该是完全敞开式，让每个人都能看到里面有什么

（答案：C）

拓展阅读

表7-3　室内游戏活动区角规划参考表[1]

设置条件 游戏区	场地要求	必要设备	注意事项
角色区	宽敞，最好便于取水	角色区移动材料、仿真儿童家具、移动存储箱、陈列柜、挂物架	置于静与动的过渡带
结构区	宽敞，可考虑与娃娃家邻近，最好有地垫以降低噪声强度	分类玩具架、移动存储箱、便于取放材料的小篮、小桌、托盘、展示台	相对独立、安静

---

[1]　翟理红：《学前儿童游戏教程(第二版)》，31页，上海，复旦大学出版社，2013。

续表

设置条件 游戏区	场地要求	必要设备	注意事项
表演区	宽敞，与音乐区靠近，并远离安静区	幼儿表演舞台、操作表演台（木偶表演架、桌面表演）道具架或柜、镜子、简易灯光装置	儿童有充分的表演空间
语言区	光线较好且安静，与其他活动区隔离，接近电源插座	录音机、桌子、书架、舒适的椅子、席地而坐的地台、地垫、各类经典图画书	独立设置。同类图书3册左右
美工区	宜设于安静区，且离水源较近处	材料架、桌子、展示板或台、画架、泥工板及工具、绘画工具、手工工具、艺术作品图鉴	有充分的展示预留区
科学区	安静区域，最好置于窗前，有较充足的阳光及流通空气，且为自然光线，便于幼儿观察	观察台、操作台、分类科学柜及材料、托盘、科普图书、科学挂图、实验结果展示墙	独立设置，最好每个人的活动也相对独立；操作材料充足
益智区	安静区域，独立设置	分类材料架、操作台、托盘、知识故事、操作材料	独立设置
音乐区	与表演区邻近，远离安静区	琴、CD机或录音机、磁带光碟、打击乐器、服装、面具等道具	建立减噪常规
休闲区	安静、温馨	休闲椅桌或小房子	独立设置2～3人活动
公共储物角	不影响儿童活动，便于拿取的角落	归类储物箱、低结构半成品、自然物、废旧材料	注意清洁、整理和消毒

第三节 幼儿游戏心理环境的创设

《纲要》指出："幼儿园应为幼儿提供健康、丰富的生活和活动环境，满足他们多方面发展的需要，使他们在快乐的童年生活中获得有益于身心发展的经验。"幼儿园的心理环境是一种无形的环境，它对幼儿的发展，特别是幼儿的情绪、社会性、个性品质的形成、发展都具有十分重要的作用。

为幼儿提供一个能使他们感到安全、温暖、平等、自由、能鼓励他们探索与创造的心理环境，幼儿能够活泼愉快、积极主动、充满自信地学习和生活，从而获得最佳的发展。本节主要从幼儿游戏心理环境对幼儿发展的影响,其创设的意义、原则和要求几个方面分析如何创设优良的、适合幼儿游戏的心理环境。

一、游戏心理环境对幼儿发展的影响

"心理环境"最早是由美国心理学家勒温提出的,是指影响个体现实心理活动的各种因素,包括现实作用于个体的刺激或信息及其系统和一个人自己的心理状态、意识倾向。心理环境一般是由人际关系、文化观念等因素结合在一起形成的氛围。这种氛围的形成决定着人的"自我"能否被挖掘、发展和完善,决定着人的潜能能否被最大化地实现,决定着人的创造能力、应变能力、操作能力等多方面能力的有效形成。幼儿园中游戏活动氛围、教师与幼儿之间的关系、幼儿同伴之间的关系都是幼儿游戏心理环境的重要内容,很大程度上决定着幼儿在身心方面能否健康成长。

良好的游戏心理环境能够使幼儿在游戏活动中产生积极愉悦的情绪,有助于幼儿形成活泼、开朗、信任和自信的性格特征;有助于满足幼儿的安全需要、爱与尊重的需要;有助于培养幼儿的自主、自立精神;有助于幼儿思维的活跃和智力的开发;有助于培养幼儿的规范意识和责任意识;有助于幼儿形成正向的审美取向和积极乐观的态度;此外还有助于幼儿整个机体的化学物质、免疫系统处于平衡状态,处于正常的吸收、消化和代谢状态,提高对疾病的抵抗能力。相反,不良的游戏心理环境会造成幼儿情绪不佳,带有紧张恐惧的气氛,容易导致幼儿自身生理功能上的障碍及紊乱,影响幼儿的身体健康,特别容易使幼儿形成胆小、孤僻、不信任、抑郁等不良的性格特征,抹杀幼儿的天性和童真,使幼儿丧失想象力和创造力,乃至影响幼儿一生的健康和幸福。

二、幼儿游戏心理环境创设的意义

幼儿游戏心理环境是指幼儿游戏活动对幼儿发展产生影响的一切因素的总和,它主要包括幼儿园游戏环境中人际关系及心理氛围,即幼儿的同伴关系、师幼关系、宽松自如的游戏氛围等。幼儿在和谐、民主、平等、合作的良好心理环境中,拥有温和、安全、信任的心理体验,享受集体的友爱、互助,以及合作的快乐和满足,这是幼儿游戏对心理活动的要求。因此,为幼儿游戏创设良好的心理环境具有重要意义。

(一)能够帮助幼儿适应幼儿园生活

从家庭的小范围步入幼儿园的小社会,对于每个幼儿来说都是一个重要的转折。教师在这个过程中为幼儿做好各种心理上的准备是至关重要的。游戏活动是幼儿在幼儿园每日的基本活动形式,在有准备的游戏环境下,特别是让每个幼儿在集体游戏活动、小组和个体游戏活动中积极参与、不断尝试,能够使幼儿顺利适应并喜欢幼儿园的生活，帮助幼儿克服离开家庭的焦虑、紧张和不安情绪，从而形成稳定的安全感、信任感，获得幼儿园集体生活的快乐。

(二)能够促进教师专业素质与能力的提升

在幼儿园中，教师的首要任务就是用自己的爱心、耐心和宽容接纳每一个幼儿，稳定幼儿的情绪。通过在游戏活动中心理环境的准备，教师可以充分发挥个人的能力，集思广益，运用各种创新的理念与方法为幼儿创设良好的心理环境，积极评价与反思，调整与完善教育实践。在这样的过程中，教师个人的专业素质和专业能力都会有不同程度的提升与进步。

(三)能够促进幼儿园课程的完善

游戏作为幼儿园课程中的主要活动形式，有针对性地进行幼儿游戏心理环境的创设，对幼儿园课程的实施效果起着不可忽视的作用。游戏心理环境的创设影响着课程的好坏。幼儿园可以具体根据课程实施的需要，适时、动态地对幼儿的游戏活动心理环境进行改造、调整，从室内环境到户外环境，从显性环境到隐性环境，营造课程的游戏物化情境。

(四)能够促进幼儿形成良好的个性品质

良好的幼儿游戏心理环境的创设不仅能为幼儿提供同伴之间相互游戏、学习的机会，还能促进幼儿主体性的发挥，改善幼儿与同伴、教师等不同群体的相互关系。在教师为幼儿营造的各种人际关系中，幼儿可以通过各种游戏活动的机会，体验温馨、和睦的游戏心理环境，形成良好的社会行为规范和初步的规则意识，同时促进创造力的发展，帮助幼儿克服孤独、自私的不良性格特征。

三、幼儿游戏心理环境创设的原则

幼儿游戏心理环境的创设要遵循儿童本位原则、差异性原则、发展性原则、开放性原则。

(一)儿童本位原则

游戏心理环境创设要"以人为本"，遵循儿童本位原则。

幼儿游戏心理环境的创设首先要学会遵循幼儿自我发展的规律，尊重幼儿的心理特质。在幼儿的世界里，从一粒沙中可以观赏世界，从一朵花中可以看见天堂；幼儿可以使一无所有变得无所不有，借一寸光阴把握永恒；幼儿的撒谎可能是在表达愿望，幼儿的错误可能是由于认知水平的限制；当幼儿需要被爱时，他会靠近你，向你撒娇；当幼儿需要经验时，他会尝试用各种态度和方法来应付不同的环境。这就是发展中的幼儿，这就是成长的需要。幼儿的游戏世界只能是幼儿自己创造的世界。

(二)差异性原则

不同的幼儿在生理上、心理上的成长存在差异，因此同一年龄段的幼儿经常会对游戏中的教师十分关注，教师的一句话、一个动作、一种表情、一个眼神都会对幼儿产生暗示作用，或积极的或消极的。幼儿的心理尚未成熟，缺乏自主意识，行为是他自己控制的，情感也脆弱，因此需要成人的保护和关爱。这就要求成人在为幼儿游戏创设心理环境时充分考虑到这种差异性。例如，教师在组织幼儿开展集体表演游戏时，可以有意识地注意观察不同幼儿对自己在游戏中角色的反应，并对角色做出及时调整，这同时要求教师在游戏的过程中对不同幼儿可能出现的反应做好思想和应对策略上的准备。

(三)发展性原则

幼儿期是人生中的一个特殊时期，是幼儿生长发育最迅速的时期，也是心理发展最迅速的时期，其游戏活动处于一个动态变化的状态。我们在进行幼儿游戏心理环境创设时，必须把幼儿游戏中的教师与幼儿、幼儿与幼儿的关系、心理环境氛围看作交互作用的动态系统，能够认识到幼儿对于不同的游戏活动心理上也有一定的差异，要学会用发展性的方法去适应幼儿的成长，为其创设一个符合其发展特点的游戏心理环境。心理环境能够贴近幼儿实际，能够照顾到不同个体，能够帮助幼儿建立自信、积极、乐观的良好品质。

(四)开放性原则

教师在游戏过程中应该秉承开放性原则为儿童创设一个开放、自由的心理环境，尽量保护儿童发散的思维方式，以促进儿童的思维成长。创设良好的游戏心理环境，教师要考虑到幼儿的成长受到多方面的影响，面对外界环境的复杂影响，教师可以积极主动地调动与家庭、社区之间的联系，带动他们参与到幼儿园的游戏中来，展开亲子互动，帮助家长一同学习教育知识与技能，提高教育观念和行为，协同一致地对幼儿施加影响，将心理环境的各个要素有机结合，从而促进幼儿身心的发展。

幼儿园教师资格证考试·真题再现

2019 年上半年《保教知识与能力》单选题

教师通常在班级设置许多活动区，提供多层次的活动材料让幼儿自选，这遵循的心理发展原则是(　　)。

A. 阶段性原则

B. 社会性原则

C. 操作性原则

D. 差异性原则

(答案：D)

四、幼儿游戏心理环境创设的要求

(一)建立民主、平等、和谐的师幼关系

教师心中要有一颗关爱每一个幼儿的心，要成为幼儿心中的亲密朋友。学会尊重、理解幼儿的需求，尊重幼儿的兴趣、爱好，使幼儿与教师在一起时感受的是亲切、自然和温馨，没有压抑感。教师要学会适合、适当、适度地参与到幼儿的游戏中，鼓励幼儿自主思考，协助他们操作与创作，不做过多的干预和压力。游戏中要明确自己的身份，教师充当的是幼儿的引导者、参与者和支持者。在这种安全、平等的环境中，幼儿会自然、真实地表现自己。

(二)建立互助、友爱的同伴关系

幼儿与幼儿之间的同伴关系是幼儿心理成长与发展的一个重要社会性因素。在游戏中同伴之间可以体验互助、协商、交换，可以相互学习、相互交流，这些都可以为游戏的继续深入增加可能性。良好的同伴关系可以促进幼儿游戏中的主动性、积极性，可以使幼儿在一个轻松、愉快的游戏环境中，获得全面的发展。

(三)建立友好、真诚的师师关系

教师的形象总是会潜移默化地影响幼儿在游戏活动中情绪和行为的表现。如果教师与教师之间经常真诚合作、相互尊重，他们也会成为幼儿建立个人友好同伴关系的榜样。这些也是为幼儿创设宽松、愉快的心理环境的有力准备。教师要有良好的同事关系和行为规范，具体表现在举止端庄、语言文明、态度自然、动作轻柔、着装大方等方面，会促进幼儿在游戏中良好文明用语和行为的表现，使幼儿玩得轻松、愉快，玩得有价值，从而健康成长。

(四)保证游戏材料的充分选择、使用，并给予幼儿心理的支持

考虑游戏材料的多样性特点，为幼儿提供丰富充足的材料，并启发幼儿探索游戏材料的多种功能。游戏活动是幼儿的自主性活动，教师要让幼儿根据自己的兴趣与愿望来决定游戏的内容，为幼儿提供自主选择材料的机会，并鼓励幼儿在游戏中积极、主动，给予幼儿充分发挥想象力、创造力的空间。

要包容和尊重幼儿认识事物的方式和特点，给予幼儿宽容和支持。在游戏中幼儿常因为年龄和认知经验的局限，表现出任性、不守规则、顽皮，甚至幼儿会在游戏中

拆损玩具和材料。教师要时刻注意个人的态度和角色，能换位思考，肯定幼儿的好奇心、探索与尝试的欲望，给予幼儿宽容和理解，并有效激发幼儿游戏的自信与勇气。

(五)创设良好的游戏心理环境，培养幼儿的创新意识

要为幼儿创设安全、自由、宽松的游戏心理环境。淡化教师的权威意识，减少对幼儿的直接评价，多创造机会去引导幼儿，并启发幼儿参与游戏的讨论，鼓励幼儿自主判断与思考，逐渐形成自我评价能力。同时教师要参与幼儿的讨论、交流，鼓励幼儿敢想、敢说、敢探究、敢创造。当幼儿在游戏中有创新意识的尝试时，即使是错误的，尝试是失败的，也应理解幼儿，给予幼儿继续探究的信心和机会。游戏结束时教师对幼儿的评价要客观公正、正面激励，避免给幼儿造成心理压力。

要为幼儿创设鼓励支持性的游戏心理环境。幼儿的行为是他律的，容易受到教师言行的暗示。例如，看到幼儿在建构游戏中搭积木块，积木块一次一次从搭建的小城堡上掉下来，可他继续坚持，最终稳稳地把小积木块搭在顶部，教师没有指责幼儿，而是给幼儿一个微笑，同时对幼儿伸出大拇指说你真棒，表示鼓励。这样看似简单的行为却能消除幼儿的自卑感，激发他再次创造构建的兴趣。因此教师在日常游戏中及时、有针对性地给予幼儿鼓励，确实能有效地激发幼儿创新探究的兴趣和信心。

幼儿园教师资格证考试·真题再现

2015 年下半年《保教知识与能力》论述题

论述积极的师幼关系的意义，并联系实际谈谈教师应如何建立积极的师幼关系。

【参考答案】

(1)积极的师幼关系指的是民主、平等的师幼关系，是幼儿在幼儿园中的主要人际关系之一。积极的师幼关系对幼儿及教师发展的意义主要体现在以下几个方面。

①良好的师幼关系有助于幼儿获得关爱。

②良好的师幼关系有助于幼儿获得安全感。

③良好的师幼关系有助于幼儿之间建立同伴关系。

④良好的师幼关系有助于教师的专业成长和发展。

(2)建构良好师幼关系的策略。

①幼儿园教师要树立正确的教育观和儿童观。

②教师对幼儿要持支持、尊重、接受的情感态度和行为。

③教师对待幼儿应善于疏导而不是压制。

④教师对幼儿要尽量使用多种适宜的身体语言动作。

2017 年上半年《保教知识与能力》论述题

作为幼儿教师，如何在保教活动中营造良好的心理氛围？

参考"幼儿游戏心理环境创设的要求"作答。

本章小结

1. 幼儿游戏环境主要是指能够为幼儿的游戏活动提供的各种条件。幼儿游戏环境的分类：从游戏环境的范围角度入手，我们所指的幼儿游戏环境主要包含大环境和小环境；从游戏环境的材料选择角度入手，幼儿游戏环境可以分为自然游戏环境和人工游戏环境；从游戏创设、有效利用和促进幼儿身心发展的角度入手，幼儿游戏环境可以分为整合性游戏环境、动态性游戏环境、开放性游戏环境、互动性游戏环境；从游戏环境的构成要素角度入手，幼儿游戏环境主要包括物质环境和心理环境两个方面。

2. 幼儿游戏环境创设的基本要求：考虑幼儿的安全要求；符合年龄适宜性特点；富有童趣；体现形式丰富、内容多样的要求；力求符合游戏环境的空间密度要求；增强游戏材料和玩具的可变性及实际的吸引力。

3. 幼儿游戏物质环境即硬环境，主要指在幼儿园中各种人工或非人工的游戏空间场地、游戏设施、游戏材料、游戏时间等。目前，幼儿户外游戏环境创设存在的问题：幼儿户外游戏环境的周边过于杂乱；幼儿户外游戏环境的安全性考虑过于极端；幼儿户外游戏环境的整体性有所缺失；幼儿户外游戏资源没有被充分利用。

4. 幼儿户外游戏环境的创设的内容主要包括运动器械区、运动综合游戏区、种植养殖区、玩沙玩水区、运动休闲区、车道或跑道、自然区、涂画区。幼儿户外游戏环境创设的原则：安全卫生原则、自然性原则、挑战性原则、整体性原则。幼儿户外游戏环境创设的要求：综合考虑绿化、美化、自然化、幼儿化、教育化；合理设置区域，体现多样性与有序性；体现因地制宜，选择适合四季游戏活动的空间设计；事先考虑空间密度和下水道、地面表层及场地相互关系等问题。

5. 幼儿室内游戏环境创设的要求：以各类游戏活动的教育功能与特点为基础创设室内游戏环境，注意挖掘游戏空间的实用价值；将结合幼儿自身表现出的探索兴趣、对事物形象的认知经验及个人表达表现的作品作为环境创设内容的基本点；考虑动态与静态的游戏区分配的合理性，尽量依据游戏区的特性安排位置，避免相互干扰；依据班级幼儿人数提供活动区；既要有固定的常设区域，又要根据实际需要调整变换区域。

6. 游戏心理环境对幼儿的发展有着重要的影响。幼儿游戏心理环境创设的要求：建立民主、平等、和谐的师幼关系；建立互助、友爱的同伴关系；建立友好、真诚的师师关系；保证游戏材料的充分选择、使用，并给予幼儿心理的支持；创设良好的游戏心理环境，培养幼儿的创新意识。

关键术语

幼儿游戏环境　物质环境　心理环境

思考题

一、简述题

1. 幼儿游戏环境创设的意义主要体现在哪些方面？

2. 幼儿户外游戏环境创设的内容和要求是什么？

3. 幼儿室内游戏环境创设的基本要求是什么？

4. 幼儿游戏心理环境创设的原则有哪些？

二、论述题

1. 结合案例论述幼儿游戏环境创设的教育价值与要求。

2. 请结合现有的游戏活动案例，试着分析与评价其幼儿游戏的心理环境。

实训练习

参观一所幼儿园，对其户外游戏环境进行分析和评价，并提出改进建议。

拓展练习

以下为部分教师资格证考试笔试真题，可扫描二维码观看。

笔试真题

第八章 幼儿游戏观察与评价

学习目标▶

　　1. 理解幼儿游戏观察的含义和意义，掌握常用的幼儿游戏观察方法和工具量表。

　　2. 理解幼儿游戏评价的含义和意义，能够对幼儿游戏进行恰当的分析评价。

学习导图▶

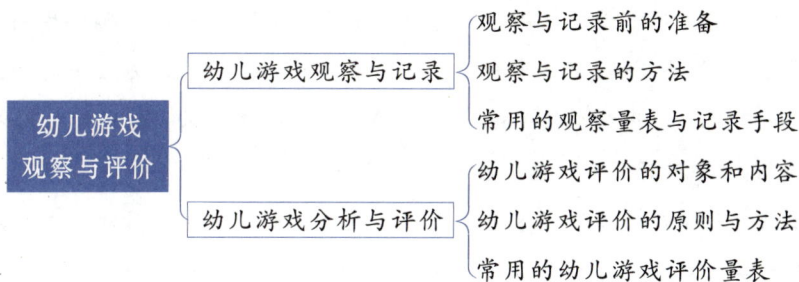

导入案例▶

案例一：现场版的《植物大战僵尸》

　　早上，随着孩子们陆陆续续入园，大一班活动室里逐渐热闹起来。两个小男孩先是聚在一起热烈讨论着什么，后来他们开始行动起来。明明说："我是豌豆射手，我有足够的光能子弹，我要击毙你！"说完，双手交叉向华华做出射击的动作。华华也不示弱，双手指向明明，嘴里大喊："哈哈，我是铁桶僵尸，豌豆射手的子弹是打不过我的！"明明立刻坐在地上，双手抱在胸前说："现在，我是闪电芦苇，我的闪电能够射穿你的铁桶。"华华立刻做出应变，说："我是路障僵尸，我会把你们这些植物全部铲除。"面对华华强大的进攻，明明立刻站起来，对华华说："我要变成冰冻射手。"这时，站在一边看热闹的达达也迫不及待地加入"战斗"，达达说："我要当铲子射手。"达达说完，就和明明商量着用什么样的姿势来攻击僵尸。华华说："既然你们种了这么多植物，那我的僵尸就要升级了，我要变成巨人僵尸，巨人僵尸可厉害了，它一下子就能把你们全部吃掉……"正玩着，早餐的音乐响起，现实版《植物大战僵尸》游戏被迫终止。

瞧！这就是自然状态下幼儿自发的游戏。没有成人的建议与指导，三个小男孩自觉地玩起现场版的《植物大战僵尸》。尽管游戏持续的时间并不长，但整个过程中幼儿按照自己的想法无拘无束地畅玩，他们不在乎游戏有没有严密的计划，也不需要成人的认可与帮助，更不会相互评判演得是否到位、形象，他们需要的只是相互快乐、相互默契。

案例二：老师的游戏和我们的游戏[①]

幼儿园的活动室内，老师正在组织儿童开展角色游戏。

活动室被分为不同的角色游戏区，有娃娃家、医院、饭店、糖果厂、饭店、商店、公共汽车等。儿童按照自愿报名的原则去了不同的游戏区。老师在做巡视指导，当他发现"医生"闲着无事可干时，就赶快跑到娃娃家，提醒"妈妈"："宝宝生病了。"在老师的启发下，"爸爸""妈妈"赶紧抱上孩子，坐上"公共汽车"，去医院找"医生"看病。糖果厂的"小工人"用糖纸包完糖果（橡皮泥）以后坐着发呆。老师不失时机地跑来，启发他们："今天是周六，该大扫除了吧?"……

在整个游戏过程中，老师忙得不亦乐乎，从这个区到那个区，对幼儿进行启发诱导。通过他的穿针引线，各游戏组之间发生了横向联系，成为一个整体。游戏场面显得热闹而壮观。这就是大家在幼儿园经常可以见到的创造性游戏。

但是，让我们来看看儿童的反应，听听他们怎么看这种游戏。

当老师宣布"今天的游戏玩到这里，小朋友们可以自由活动了"时，两个男孩走到一起："现在好了，老师的游戏玩完了，我们到外面去玩我们自己的游戏吧。"

在这个案例中，老师在安排和设计游戏时是考虑到儿童特点的，如角色区域的设计都是孩子熟悉的，老师在干预游戏的过程中也注意启发儿童。然而即便如此，却仍然得到了"老师的游戏玩完了，我们到外面去玩我们自己的游戏吧"这样的评价。可见，在孩子的心目中，这样的活动仍然是"任务"，而非"玩耍"，老师的干预并没有起到应有的效果，并没有让孩子"领情"。那么，教师在学前儿童的

---

① 刘焱：《儿童游戏通论》，174页，北京，北京师范大学出版社，2004。

游戏中究竟应该扮演什么角色，应该如何观察记录，分析评价，如何干预指导儿童的游戏呢？

第一节　幼儿游戏观察与记录

观察是指"对人或事物仔细查看"。我们这里所说的游戏观察不仅包括用眼睛去看，也包括综合运用多种感官获取对事物整体性的认识，还包括根据观察目的综合运用必要的记录工具或仪器来辅助观察，客观、及时记录。

一、观察与记录前的准备

幼儿游戏观察与记录是一项细致烦琐的工作，需要专业的训练和专门的准备。在进行观察与记录之前，应该做好充分的准备工作。

(一)认识并理解游戏观察的重要性

教师是幼儿游戏过程的观察者、记录者和引导者，要有效地干预和指导幼儿的游戏，就必须了解幼儿，了解幼儿的游戏，而观察正是了解幼儿及其游戏的主要途径之一，是教师分析评价和干预指导幼儿游戏的前提。

1. 观察有利于教师更好地理解幼儿游戏，进行有效指导

教师通过观察幼儿的游戏，可以更好地理解幼儿游戏的意义、幼儿游戏发展的水平和幼儿游戏的类型。通过观察游戏中的幼儿，教师可以发现幼儿所偏好的游戏方式、偏爱的玩具、偏好参与的游戏主题、常选择的游戏区域、玩伴及他们与玩伴间的相互关系等。对游戏的仔细观察，有助于确定幼儿是否需要帮助。

《规程》指出："幼儿园应当根据幼儿的年龄特点指导游戏，鼓励和支持幼儿根据自身兴趣、需要和经验水平，自主选择游戏内容、游戏材料和伙伴，使幼儿在游戏过程中获得积极的情绪情感，促进幼儿能力和个性的全面发展。"游戏观察是有效指导幼儿游戏的基本前提，经常留心观察幼儿游戏的教师不会轻易去打扰幼儿的游戏，他们会在恰当的时机选择合适的方式介入、指导幼儿的游戏。

2. 观察有利于教师提高自身素质，对游戏进行客观评价

观察幼儿游戏是评价幼儿身体、智力和社会性等进步程度的一个重要方法。教师通过观察可以掌握大量第一手资料，从而为评价游戏提供翔实可靠的依据。教师可以通过观察对幼儿游戏进行有效评价，教师观察得越仔细，获得的信息越全面，教师对幼儿游戏的评价也就越客观、准确。

游戏中的真正主人是幼儿，教师是游戏环境的创设者、观察者和引导者。会观察游戏、分析观察结果是教师必须掌握的基本技能。观察对教育教学的重要性是不

言而喻的，教师通过观察可以掌握大量真实生动的第一手资料，这些资料为教师日后进行自我反思、改进游戏计划、组织和引导游戏提供了重要依据。教师只有在实际工作中不断反复观察实践，才能不断提高自身素质。

3. 观察为教师设计游戏和创设游戏环境提供了依据

教师通过分析观察结果可以更准确地了解幼儿的社会交往能力、认知发展水平和生活经验，从而为制订日后的游戏计划提供基础依据。教师在制订游戏计划时只有考虑到幼儿已有的生活经验和兴趣需要、以儿童为中心设计游戏，并将预设游戏的目标设定在幼儿的最近发展区内，才会取得良好的游戏效果，使幼儿获得最佳发展。

另外，通过对观察结果的分析，教师还能够了解幼儿游戏所需的最佳游戏条件，如时间、空间及游戏材料等。时间是开展游戏活动的重要保证，游戏时间的长短会影响幼儿游戏的质量；空间是开展游戏所必需的基本条件，空间的大小、边界、标注等因素同样影响幼儿游戏的水平；材料和设备是游戏的重要支柱，材料的种类、性质、多少等都影响幼儿的游戏行为。因此，观察为教师创设游戏环境提供了依据。

幼儿园教师资格证考试·真题再现

2017 年上半年《保教知识与能力》简答题

简述教师观察幼儿行为的意义。

【参考答案】

观察法，是指通过有目的、有计划地观察学前儿童在日常生活游戏学习和劳动中的表现，借此分析儿童心理发展的基本特征和规律。

教师可以通过观察幼儿的外部行为，比如其游戏中的表现，了解他们的心理活动，幼儿的心理活动具有突出的外显性。

同时，观察法在自然状态下进行，可以比较真实地得到幼儿心理活动的相关信息，通过对幼儿行为的细心观察，了解他们的发展水平兴趣和他们的需要，能够根据幼儿的发展情况，进行最适宜的教育和引导，成为幼儿学习和活动的支持者、合作者、引导者。

(二)做好计划，选择好工具和方法

在进入观察情境、开始正式观察之前，观察者应该首先确定观察的目标，根据观察目标和客观条件做好观察计划，提前选择观察的方法和工具，保障有效观察和客观、及时记录。

1. 确定观察的目的，避免盲目观察

观察并非漫无目的地"看"幼儿游戏。在进行观察之前，应该首先确定要观察的

对象，明确观察其游戏行为的主要内容，选择合适的观察方法。尽量在幼儿对游戏环境和游戏伙伴熟悉以后再开始观察，避免因陌生环境等因素对幼儿的游戏造成干扰。如果没有明确的研究目的或主题，则尽可能在室内和室外两种环境下观察幼儿，确保观察的全面性。为保证观察到的是幼儿的典型行为，应该多次、持续地进行观察，不能仅通过一次或一天的观察就妄下结论。

2. 选择观察方法，准备好观察工具

游戏观察的方法有很多，如扫描观察法、定点观察法、追踪观察法等，教师应该根据研究的目的和客观情况选择合适的研究方法和记录方式。假如要观察的是幼儿玩物游戏的发展，则需要观察和记录幼儿手部小肌肉的发展情况和幼儿的动手操作能力，这时如果在文字记录之外，能配上相应的图片或影音记录资料则更好。

工欲善其事，必先利其器。在观察前做好完善的工具准备，可以避免在实际观察过程中因临时需要某些器材而造成观察和记录的中断。观察前应该准备好适当的记录纸或观察表格，方便有效率地记录和归纳；在一些观察中还应该准备好时钟、手表或秒表，以及影音记录工具，如录音笔、照相机、摄像机等。

二、观察与记录的方法

常用的幼儿游戏观察与记录的方法有三种，分别是扫描观察法、定点观察法和追踪观察法。教师可以根据观察的目的、客观情况和幼儿的年龄特点等灵活选择观察的方法。

(一)扫描观察法

扫描观察即时段定人法，是观察者在相同的时间段里对观察对象依次轮流进行观察的一种方法。教师通过扫描观察法可以从总体上对全班幼儿的游戏情况有所了解。例如，幼儿在游戏中使用了哪些材料，开展了什么样的主题游戏，扮演了哪些角色等。

扫描观察法一般在游戏开始和结束时运用得较多。其游戏观察流程如下。

①观察者在观察前根据要观察的内容设计好观察表格。

②观察者要确定好观察对象和顺序。

③实施观察活动。以5分钟或10分钟为一个观察时间单位，对观察对象进行有序观察，并采用统一的方式进行记录。

指导案例

拼图游戏观察[①]

拼图游戏观察记录（一）

观察时间：2009 年 3 月 18 日。

开始时间：下午 4 点。

结束时间：下午 4 点 30 分。

观察地点：大班活动室。

观察对象：大班全体幼儿。

观察记录：大班幼儿每人一份由 20 块小图组成的拼图和一份完整的对照图。幼儿很快把小图拆开摆在了桌子上，可是一时又不知道从哪里下手，都瞪大了眼睛看了又看。过了两分钟，有的幼儿开始说："老师，我不会拼啊！这个怎么拼呀?"于是我提示幼儿仔细观察，参看对照图来拼。又过了 5 分钟，几个幼儿失去了兴趣，开始收拾拼图不想拼了。陆陆续续地其他幼儿也不拼了。只有远远、山宝两个幼儿对拼图产生了兴趣，丝毫没有收起的意思。10 分钟后，山宝第一个成功地完成了拼图，远远只拼了一半。

拼图游戏观察记录（二）

观察时间：2009 年 3 月 19 日。

开始时间：上午 10 点。

结束时间：上午 10 点 30 分。

观察地点：大班活动室。

观察对象：大班全体幼儿。

观察记录：幼儿发现拼图拆开后混在一起，很难辨别出哪块是你的、哪块是我的。薇薇第一个想出了在拼图背后做记号的方法。于是在游戏刚开始时，幼儿都在给拼图做记号。游戏开始后，幼儿比昨天专注了很多，都认真地先观察对照图，再仔细拿起拼图一块块对照。大约 5 分钟后，还是山宝第一个拼好。又过去了大约 5 分钟，磊磊和鹏鹏也拼好了。游戏开始 20 分钟后，大多数幼儿都完成了拼图任务，仅有个别幼儿拼起来很吃力，需要教师多次指导。

幼儿的观察能力、动手能力处于不同水平，有的幼儿水平相对较高，有的幼儿水平则相对较低。当幼儿遇到问题时，教师应该先让他们自己想办法，多在一旁鼓励。案例中的幼儿能积极主动地想办法解决问题，是非常可贵的。当幼儿不明白游戏规则时，教师应给予正确的引导，帮助他们顺利开展游戏。

---

① 范明丽：《学前儿童游戏与指导》，182～183 页，成都，西南财经大学出版社，2014。

(二)定点观察法

所谓定点观察法即定点不定人法,指教师固定在一个游戏区域对游戏中的幼儿进行观察,凡是在此区域游戏的幼儿都是观察的对象。这种方法适用于了解某个主题或区域的幼儿游戏的情况,了解幼儿现有的经验和他们的兴趣点、同伴之间的交往、游戏情节的发展等动态信息。定点观察法通常在游戏过程中使用,并采用实况描述法进行记录。其游戏观察流程如下。

①选好观察点。观察者应在观察前确定好所要观察的游戏区域。

②确定观察内容。主要包括幼儿的游戏行为、语言和表情、使用的材料、对游戏的专注度及与同伴的关系等。

③撰写观察记录。教师可以用实况描述或事件抽样的方式记录。为了避免观察时间不充足或不能进行详尽的描述,观察时可以利用照相机、摄像机等辅助记录。

指导案例

经营不善的理发店①

理发店游戏区域中只有一男一女两个孩子,女孩是老板娘,男孩是店员。理发店很冷清,只有老板娘在擦她的吹风机,还时不时地朝娃娃家观望,一副无所事事的样子。老师见状走进理发店,男孩对老师说:"老师,我们的理发店快开不下去了,已经有好几天没来顾客了。"老师听完后去面包房买面包,并邀请面包房的面包师和她一起去理发。看到老师带来的顾客,老板娘很是高兴,要面包师先洗头。此时,老师退出了游戏,但不久面包师就跑出了理发店,老板娘一脸无奈的样子。老师看到后就问:"她为什么走了?"老板娘回答:"我也不知道。"

该游戏区域的游戏开展得不尽如人意,且这种状况已有几天,这就需要教师的指导和帮助。但是,教师的帮助缺乏启发性,使得该区域的幼儿被动接受帮助,而不是自己想办法解决问题。

(三)追踪观察法

追踪观察法即定人法,教师根据需要确定1~2名幼儿作为观察对象,观察他们在游戏中的情况。在观察时,幼儿走到哪里,教师就追踪到哪里,即固定观察对象而不固定观察地点。通过这样的观察,教师可以对特定幼儿有更加全面深入的了解。追踪观察法在使用时可伴随图示法和实况描述法进行记录。其游戏观察流程如下。

①确定观察对象,确保其是在自由游戏状态下被观察的。

---

① 范明丽:《学前儿童游戏与指导》,183页,成都,西南财经大学出版社,2014。

②观察幼儿在自由游戏中的全游戏状态，幼儿走到哪里，教师就追踪到哪里。

③观察时可采用图示法将幼儿游戏的轨迹记录下来，同时伴随实况描述的方式将幼儿的游戏过程记录得更加具体，其中可以包括教师对幼儿游戏的分析。

指导案例 ✍

对小吉的观察分析[①]

观察时间：2008 年 6 月 25 日。

观察对象：小吉。

观察地点：建构区。

观察教师：小林老师。

观察记录：这几天，我很认真地观察小吉在建构区的活动，每一次他都看小朋友玩几分钟，特别是小朋友搭建的复杂图案的积木。然后，没有任何征兆，他走过去推倒他们搭建的积木。

经过几天的观察和记录，我开始认识到小吉缺乏交往技巧，无法融入小朋友的游戏。因此，我问他是否愿意和我玩，他立刻使劲点头说愿意。这是我帮助他用恰当的方法融入游戏的开始。

当我和他玩时，别的小朋友过来加入我们的游戏。我向他示范怎样用恰当的语言和身体动作与别的小朋友玩。几天以后，我可以不用带着他一起与小朋友玩了，而是坐在旁边看，偶尔提醒他一下。几星期后，小吉就可以不用我的帮助自己跟小朋友玩了。一个月后，小吉总能做到问小朋友自己是否可以加入游戏。

小吉的老师给他提供了他所需要的社会交往技能的帮助。如果教师刚开始就断定小吉有问题行为，处理方式便完全不同了。只有在多次观察、解读幼儿表现的意义后，提供解决问题的建议或者策略，才能帮助幼儿成功地获得新技能和自信。

指导案例 ✍

追踪观察之图示法[②]

观察时间：2008 年 4 月 19 日。

观察地点：中班活动教室。

观察对象：小勇（A）、天赐（B）。

---

① 范明丽：《学前儿童游戏与指导》，184 页，成都，西南财经大学出版社，2014。

② 范明丽：《学前儿童游戏与指导》，184～185 页，成都，西南财经大学出版社，2014。

观察教师：夏××。

观察记录：详见下图。图中 A、B 在游戏中的途径可以直接被观察到(箭头代表行走的方向)。图示法要求将游戏区域的布置画在纸上，使得观察记录的结果在平面上一目了然地显现出来。采用这种方法，教师不仅可以观察到幼儿在游戏时的兴趣点和与同伴交往的情况、场地布置和游戏材料的提供情况，还可以及时发现幼儿在游戏中出现的问题，并全方位地考虑解决对策。

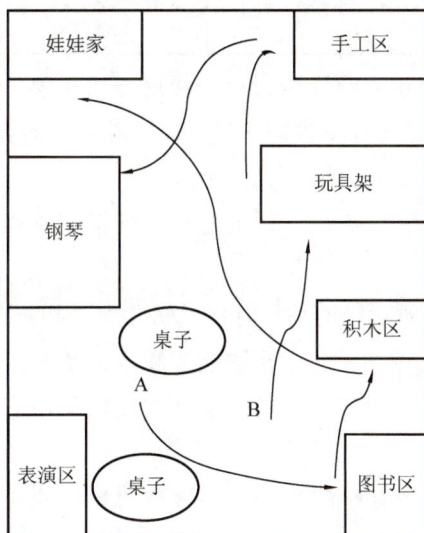

三、常用的观察量表与记录手段

俗话说："好记性不如烂笔头。"认真细致的观察很重要，观察中或观察结束后的及时记录也同样重要。这里我们主要介绍行为核对表、等级量表、描述记录和多媒体记录四种在游戏观察时经常使用的观察量表和记录手段。

(一)行为核对表

行为核对表是用来核对幼儿在游戏中重要行为是否呈现的。观察者事先将观察的项目列出，当幼儿表现出某一项目行为时，就在该项目上打"√"。运用行为核对表进行的游戏观察比较系统，记录信息更快捷。以下主要介绍三种行为核对表，即同伴游戏观察量表、社会性主题角色游戏量表和社会/认知评定量表。

1. 同伴游戏观察量表

豪伊斯(Carollee Howes)同伴游戏观察量表吸收了帕顿的独自游戏和非游戏行为条目，并增加了教师参与、游戏地点和材料三项，按照幼儿之间的接触程度把幼儿社会性游戏分成了 6 种水平，如表 8-1 所示。

表 8-1 豪伊斯同伴游戏观察量表①

姓名：_____ 观察日期：_____

次数	种类									
	水平 0	水平 1	水平 2	水平 3	水平 4	水平 5	非游戏活动	非游戏行为	教师参与	游戏地点或材料使用

　　豪伊斯同伴游戏观察量表与维联列量表使用方法相似，也是一张表格只记录一个幼儿，每次观察 15 秒、间隔 5 秒。豪伊斯同伴游戏观察量表的操作性定义如下。

　　①水平 0——独自游戏。幼儿自己游戏。

　　②水平 1——简单的平行游戏。幼儿之间进行相同或相近的游戏，但没有目光接触或任何社会行为。

　　③水平 2——具有成熟意识的平行游戏。幼儿参与相近的游戏，并有目光接触，但没有出现社会性交往。例如，几个在一起搭积木的幼儿，会偶尔看一眼别人搭建的东西。这些幼儿虽未进行更进一步的社会性交往，但却意识到了他人的存在及其活动。

　　④水平 3——简单的社会性游戏。幼儿参与同类型的活动，相互间有社会性交流，但没有进行社会性游戏。例如，微笑、触碰、发出声音、攻击行为等。

　　⑤水平 4——具有成熟意识的互补游戏。幼儿参与到社会性游戏或互助性游戏中来。"躲猫猫"和追逐的游戏都属于这一类型。

　　⑥水平 5——互补互惠的社会性游戏。幼儿在游戏中表现出了分工合作等实质性的交流。

　　除了以上介绍的 6 种水平，表格中的另外 4 项也对观察幼儿游戏有重要的帮助。综合在表格各项中的表现，可以帮助观察者更加全面地了解幼儿的兴趣、喜爱的游戏材料、与同伴的交往状况等。教师了解这些有助于自己采取更适合幼儿游戏的指导方法，并提高幼儿的游戏水平。

2. 社会性主题角色游戏量表

　　斯米兰斯基(Smilansky)社会性主题角色游戏发生在两个或两个以上的幼儿充当角色演出一个故事或是剧情的时候。虽然表面看起来非常简单，但却对幼儿复杂的认知、语言和社会性都提出了较高的要求。因此，年龄较小的幼儿往往不能胜任这样的游戏。斯米兰斯基社会性角色游戏量表如表 8-2 所示。

---

　　① 翟理红：《学前儿童游戏教程》，80 页，上海，复旦大学出版社，2006。

表 8-2　斯米兰斯基社会性主题角色游戏量表①

姓名	角色扮演	假扮的转换			社会互动	语言交流		坚持性
		物体	行动	情境		元交流	角色交流	

　　斯米兰斯基社会性主题角色游戏量表与帕顿/皮亚杰社会性/认知二维联列量表、豪伊斯同伴游戏观察量表的不同之处有两点。一是观察对象的数量不同。斯米兰斯基社会性主题角色游戏量表可以同时观察多名幼儿，而帕顿/皮亚杰社会性/认知二维联列量表、豪伊斯同伴游戏观察量表一次只能观察一名幼儿。二是取样的方法不同。在帕顿/皮亚杰社会性/认知二维联列量表、豪伊斯同伴游戏观察量表中都采取以 15 秒为间隔时间取样的方法；而斯米兰斯基社会性主题角色游戏量表采用事件取样的方法，需要较长的观察时间，根据幼儿年龄的不同，观察时间为 5～10 分钟。

　　斯米兰斯基社会性主题角色游戏量表的操作性定义如下。

　　①角色扮演。幼儿在游戏中扮演某一角色，并会用口头宣布的方式进行交流，并表现出与角色相应的行为。

　　②假装的转换。

　　a. 用玩具等物体代替现实中的实物。例如，用积木代替汽车或采用口头陈述的方式来创造一些假想的物体。

　　b. 幼儿会用简单的行为代替真实的行为或用口头的方式创造一种行为。

　　c. 用口头陈述创造一种想象中的情境。

　　③社会互动。至少有两名幼儿在游戏中根据游戏的主题、角色、情节、动作等进行直接的互动或交流。

　　④语言交流。幼儿用语言对游戏的情节、角色等进行交流。幼儿在游戏中经常在自身真实的角色和假扮的角色间相互转换。例如，"我们来玩娃娃家吧，我当妈妈，你当宝宝……"（真实的角色）"你饿了，我来给你做好吃的吧。"（假扮的角色）幼儿在计划游戏或制定游戏时所说的话是真实的，而在角色扮演游戏中扮演某种角色，并说出该角色相应的话是假装的。

　　⑤坚持性。坚持性是指幼儿游戏时间持续的长短。不同年龄段的幼儿持续游戏的时间是不同的。有关研究指出，小、中班幼儿的游戏可持续 5 分钟左右，大班幼儿的游戏至少可维持 10 分钟。②

3. 社会/认知评定量表

　　20 世纪 70 年代中期，鲁宾及其同事将帕顿的社会参与评定量表和斯米兰斯基

---

　　① 董旭花：《幼儿园游戏》，138 页，北京，科学出版社，2009。
　　② 刘焱：《儿童游戏通论》，304 页，北京，北京师范大学出版社，2004。

改进的皮亚杰的认知游戏分类结合起来，使得两个游戏发展的维度可以同时进行评估，从而形成了帕顿/皮亚杰社会性/认知二维联列量表。[①]

帕顿/皮亚杰社会性/认知二维联列量表是一种整体评价幼儿游戏发展水平的实用性工具(见表 8-3)。

表 8-3　帕顿/皮亚杰社会性/认知二维联列量表[②]

游戏	独自的	平行的	集体的
基础游戏	独自－基础游戏	平行－基础游戏	集体－基础游戏
建构游戏	独自－建构游戏	平行－建构游戏	集体－建构游戏
角色游戏	独自－角色游戏	平行－角色游戏	集体－角色游戏
规则游戏	独自－规则游戏	平行－规则游戏	集体－规则游戏
两项非游戏行为：无所事事，旁观			

使用帕顿/皮亚杰社会性/认知二维联列量表的具体方法和注意事项如下。

①在实际使用该表之前，要熟悉表内各项行为的操作性定义。只有这样，才能在现场观察时比较准确地判断幼儿游戏行为的性质，并对它们进行分类。

②每名幼儿都要有一个单独的量表与之相对。如果同时观察多名幼儿，必须为每名幼儿提供一张观察表。

③确定观察的顺序。在观察前，可以混合全部的观察记录表，然后再随机抽取观察记录表，这样可以保证观察的顺序性和公平性。

④采取多次扫描一时间取样的方法，依次对每名幼儿进行观察，每名幼儿的观察时间均为 15 秒。以 15 秒作为观察周期的好处在于：一方面，该时间长度已够观察者判断幼儿行为的性质；另一方面，它也正好短到在一个观察间隔时间内幼儿不太可能改变它的游戏性质。以 15 秒作为观察周期，一分钟内可以完成对三名幼儿的观察，那么，在大约 20 分钟的时间内，可以每隔 4 分钟对小组中的幼儿观察一次，大约可观察 5 次。在获得了一名幼儿的 20～30 次观察记录后，对收集的数据进行分析，便可以得出这名幼儿的游戏模式了。

⑤在观察结束后，应根据表单上的记录分析幼儿游戏表现出这些成分的原因。如果一名幼儿在某个游戏类型中没有记录，那么过几天再继续观察这名幼儿，仅仅通过一次观察就得出结论是不成熟的。如果遇到幼儿缺失一种或多种成分，教师应该给予该名幼儿适当帮助。此外，在分析角色扮演的观察记录时，应该考虑到幼儿的年龄特点及其生活环境，如 2 岁左右的幼儿大多数参与的是群体性角色扮演，在3 岁以后才会出现较为复杂的角色扮演游戏。

---

①　[美]约翰逊等：《游戏与儿童早期发展(第二版)》，华爱华、郭力平译，221 页，上海，华东师范大学出版社，2006。

②　柳阳辉、张兰英：《学前儿童游戏》，150 页，郑州，郑州大学出版社，2006。

帕顿/皮亚杰社会性/认知二维联列量表的操作性定义如下。

①认知水平，具体包括以下三个方面。

a. 基础游戏：借助或不借助实物进行反复的肌肉训练。例如，跑和跳、操作玩具或材料。

b. 建构游戏：使用材料或实物（如小桶、沙子、颜料等）来构造东西。

c. 角色游戏：幼儿扮演现实生活中的某一角色或者把身边的某种东西假想成另一种东西。例如，通过转动一个看不见的方向盘来假装自己在驾驶一辆车。

d. 规则游戏：幼儿自身能够再认、接受并遵守既定的规则。例如，棋类游戏、踢球。

②社会性水平，具体包括以下三个方面。

a. 独自游戏：独自玩，玩的材料和其他小朋友不一样，虽然在与幼儿可交谈的范围内，但彼此之间没有任何对话。

b. 平行游戏：幼儿玩的玩具或游戏与邻近的幼儿相同或相似，但彼此没有要在一起玩的意向。

c. 集体游戏：与其他幼儿一起做游戏，角色被指定或未被指定。

d. 非游戏行为：表现为无所事事、旁观或者在不同的游戏活动间来回变换。

e. 非游戏活动：由教师或幼儿自己选定的人物或学习活动。例如，看图画书、涂色、使用教育性玩具等。

社会性水平可以通过帕顿/皮亚杰游戏记录单（见表 8-4）反映出来。

表 8-4　帕顿/皮亚杰游戏记录单①

姓名：＿＿＿＿＿＿＿　　　　　观察日期：＿＿＿＿＿＿＿

		认知水平			
		基础	结构	角色	规则
社会性水平	独自				
	平行				
	集体				
非游戏活动		行为			活动
		无所事事	旁观	频繁换场	

（二）等级量表②

等级量表与行为核对表相似，都是把注意集中在特定的行为上并提供适当的信息记录形式。但是，两者也存在区别。等级量表与行为核对表相比，其优势在于它

---

① 柳阳辉、张兰英：《学前儿童游戏》，161 页，郑州，郑州大学出版社，2006。

② ［美］约翰逊等：《游戏与儿童早期发展（第二版）》，华爱华、郭力平译，251 页，上海，华东师范大学出版社，2006。

不局限于表明某一行为的出现或缺失，还允许观察者对出现行为达到的水平进行评定，而且可以判断行为质量的高低。其劣势在于它所做的判断容易出错。观察者更容易基于最近的行为，而不是那些最具代表性的行为做出判断。同时也容易受其他因素的干扰。例如，晕轮效应，不相干的信息影响判断的倾向；趋中错误，避免过高或过低评价的倾向；仁慈错误，对自己熟悉的幼儿的评价高于他应得评价的倾向。表 8-5 所示的巴内特游戏等级量表是一种典型的等级量表，供大家参考。

表 8-5　巴内特游戏等级量表[①]

	项目与幼儿相符合的程度				
	完全不符合	有点符合	不清楚	比较符合	完全符合
	1	2	3	4	5
身体的自发性					
幼儿的运动能很好地协调	1	2	3	4	5
幼儿在游戏中行为很活跃	1	2	3	4	5
幼儿好动不好静	1	2	3	4	5
幼儿有许多的跑、跳、滑	1	2	3	4	5
社会自发性					
幼儿对别人的接近表现出友好	1	2	3	4	5
幼儿能与别人一起发起游戏	1	2	3	4	5
在游戏中幼儿能与其他人合作	1	2	3	4	5
幼儿愿意与别人分享玩物	1	2	3	4	5
幼儿在游戏中担任领导者的角色	1	2	3	4	5
认知自发性					
幼儿创造自己的游戏	1	2	3	4	5
幼儿在游戏中使用非传统性的物品	1	2	3	4	5
幼儿担任不同特征的角色	1	2	3	4	5
幼儿在游戏中变换活动	1	2	3	4	5
明显的愉悦性					
幼儿在游戏中表现得很兴奋	1	2	3	4	5
幼儿在游戏中表现得精力充沛	1	2	3	4	5
幼儿在游戏中表现积极	1	2	3	4	5
幼儿在游戏中表达情绪	1	2	3	4	5
幼儿在游戏时又说又唱	1	2	3	4	5

---

① 董旭花：《幼儿园游戏》，140 页，北京，科学出版社，2009。

续表

	项目与儿童相符合的程度				
	完全不符合	有点符合	不清楚	比较符合	完全符合
	1	2	3	4	5
幽默感					
幼儿喜欢与他人开玩笑	1	2	3	4	5
幼儿善意地逗惹他人	1	2	3	4	5
幼儿讲滑稽故事	1	2	3	4	5
幼儿听到滑稽故事时发笑	1	2	3	4	5
幼儿喜欢和周围人讲滑稽笑话	1	2	3	4	5

(三)描述记录

描述记录是指教师采用叙述性的语言将幼儿在游戏中的表现记录下来。描述记录可以选取集中反映幼儿认知水平、社会性行为、身体发展状况等的时间进行记录。记录时应该注意以下几点。

①记录时间、地点、人物和基本活动。

②记录关键人物的对话和动作。

③按照时间发展的顺序进行记录。

④记录应该客观、准确，不能以主观臆断来代替幼儿的实际行为。

指导案例

"抢轮胎"观察分析[①]

观察时间：2008 年 6 月 25 日。

观察对象：小博、小山。

观察地点：室外。

观察教师：杨××。

观察记录：在今天的室外活动中，小博在玩滚轮胎，这时小山跑过来就抢，小博急得大哭起来，委屈地说："你为什么抢我的轮胎?"小山回答道："老师说了，好玩的玩具，大家要轮着玩。"小博不服气地说："我还没玩够呢! 你为什么抢?"小山说："光你想玩，我也想玩一会儿!"两人你一言我一语，争辩不止。我看他俩争执不下，走到他们面前，心平气和地说："小山，你为什么抢小博的玩具?"小山见先让他解释理由，就得意地说："老师，你看小博玩得头上都出汗了，他还不让我玩。"我接

---

① 王烨芳：《学前儿童行为观察与分析》，253 页，南京，江苏教育出版社，2012。

着问："你和他商量了吗?"小山低下头，声音很小地说："没有。"我顺势问小博："如果小山和你商量，你能和他一起玩吗?"小博点了点头。就这样，两个孩子都消了气，一起玩了起来。

从这次的观察可以了解到，小山认为自己抢小博的轮胎是对的，因为他的理由是"老师说了，好玩的玩具，大家要轮着玩"。实际上，小山对"轮流玩"的意义没有完全理解，而且他只站在自己的角度考虑问题，缺乏与他人商量的意识和技巧。这是此次冲突发生的主要原因。

(四)多媒体记录①

随着社会的发展、时代的进步，摄像机、数码相机等多媒体设备日益普及。这些设备也可以用作幼儿游戏观察的手段。观察者可以利用这些多媒体设备将有代表性的游戏记录下来，供日后反复观察、研究。多媒体记录的优势主要体现在以下几个方面。

①不受时间的限制。教师可以将摄像机置于教室的各个地方连续对幼儿游戏进行记录。

②更加真实。人为记录可能受观察者主观因素的影响，也可能遗漏一些细节；而摄像记录是最真实客观的，它能将幼儿游戏时的表情、对话和动作等各种细节都记录下来。这样在日后回放时，教师可以用其补充自己的记录。

③便于反复观察和分析。幼儿在游戏中的表现往往具有不稳定性，有些行为是一次性偶然发生的，如果观察者没有观测到，在以后的游戏中可能永远观察不到了。而摄像的内容，教师可以反复观察，并且可以利用这种记录方式练习观察技巧并熟练使用各种观察量表。

第二节　幼儿游戏分析与评价

游戏是幼儿的基本活动，判断游戏的成功与否要看它是否满足了幼儿的游戏性体验，是否达到预期的教育目标，是否利于幼儿身心的健康发展，而这些皆离不开对游戏的评价。幼儿游戏评价是学前教育评价的一部分，是按照一定的教育目标和游戏观对游戏的效果及游戏的质量和发展水平进行价值判断的过程。

拓展阅读

评价游戏成功的五个标准②

1. 游戏的内容是健康的，有益于儿童身心的发展。

---

① 董旭花：《幼儿园游戏》，141 页，北京，科学出版社，2009。
② 丁海东：《学前游戏论》，174~175 页，济南，山东人民出版社，2001。

2. 儿童按自己的意愿选择游戏材料做游戏，并在游戏过程中表现出积极主动的精神，在游戏中感到轻松、愉快，有一定的创造性。

3. 儿童能专注地游戏并遵守游戏规则，能克服困难，有不依赖他人独立进行游戏的能力。

4. 游戏中的儿童愿意帮助别人，不妨碍别人，对同伴谦让、友爱，能够与同伴合作游戏。

5. 儿童会正确使用并爱护玩具，会收拾玩具。

这五项标准是评价游戏成功的基本标准，适用于各年龄班。但由于各年龄班幼儿的游戏水平有差异，各类游戏特点不同，因此，在具体评价某班某种游戏时应结合幼儿的游戏水平和特点，以及不同种类游戏的教育功能特点进行评价。

一、幼儿游戏评价的对象和内容

幼儿游戏评价就是在科学的幼儿观和教育理念的指导下，运用可操作的科学手段，在系统的观察和记录基础上，分析整理资料并对幼儿的游戏进行价值判断的过程。幼儿游戏评价与对幼儿的游戏主体、内容，以及游戏过程、结果等要素的分析密切联系。

(一)幼儿游戏评价的对象

通过对幼儿游戏过程中的要素进行分析，本书认为幼儿游戏评价的对象主要包括幼儿、教师或成人以及游戏环境三大方面。

1. 幼儿

幼儿是游戏活动中的主体，教师对幼儿的游戏活动进行评价，是提高游戏质量的重要一环。通过游戏评价能够了解幼儿的游戏准备状态、整体发展水平，以及每个幼儿的游戏特点和能力偏好。因此，幼儿在游戏活动中的表现是游戏评价的重要方面。

2. 教师或成人

教师作为游戏活动的组织者和指导者，在一定程度上影响着幼儿游戏活动的开展。在幼儿游戏评价中，应有针对性地对教师的组织指导和干预情况进行评价，如游戏材料的准备与投放、时间的安排，以及游戏过程中指导的时机和方法的运用是否适宜等。

3. 游戏环境

游戏环境的创设在游戏活动中发挥着重要作用。幼儿的游戏活动总是在一定的环境中开展，它对幼儿具有直接或间接的影响，能够激发幼儿游戏的兴趣并提高其游戏的主动性。因此，游戏环境也是游戏评价的重要内容。

(二)幼儿游戏评价的内容①

幼儿游戏评价的对象规定了游戏评价的内容或范围。根据游戏评价的对象，游戏评价的内容可以划分为对幼儿游戏行为的评价、对教师行为的评价，以及对游戏环境的评价等。

1. 对幼儿游戏行为的评价

对幼儿游戏行为的评价应着眼于幼儿的全面发展，为促进他们全面、主动的发展服务。这包括评价幼儿参与游戏活动的兴致和投入程度、在活动中与同伴及教师相处的技巧、对游戏规则的遵守情况，以及在具体游戏技能方面的成就等。而在对幼儿游戏行为进行评价时，也可以从以下几个方面入手。

①游戏的兴趣和偏好评价。

②操作评价，主要考查幼儿动作的准确性、协调性及空间知觉等。

③认知评价，主要了解幼儿的好奇心、学习兴趣、已有的知识经验、思维推理能力和解决问题的能力等。

④想象－创造性评价，主要了解幼儿想象的独特性、新颖性等方面的特征。

⑤审美－表现力评价，主要考查幼儿在游戏中的动作、作品等方面的审美特征。

⑥社会性评价，主要考查幼儿在游戏中与同伴的关系。

⑦情绪情感评价，主要考查幼儿在游戏中的需要满足程度、自我控制、与成人的关系等的特征。

⑧注意力、坚持性评价。

⑨独立性、自主性评价。

通过上述九个方面的评价可以考查幼儿发展的一般水平，以及幼儿在某一种具体游戏类型中的表现。

拓展阅读

表 8-6　儿童游戏一般性发展评价表②

项目	评价标准	评分
1. 自选情况	(1)不能自选 (2)自选游戏玩具 (3)自选活动及玩具	
2. 主题目的性	(1)无意识行为 (2)主题不确定，易受他人影响而变化 (3)自定主题，能很快进入游戏情境 (4)共商确定主题，主题稳定	

---

① 郑名：《学前游戏论》，385～388 页，兰州，甘肃人民出版社，2006。
② 丁海东：《学前游戏论》，177 页，济南，山东人民出版社，2001。

续表

项目	评价标准	评分
3. 材料使用	(1)不会用或简单重复 (2)正确熟练常规玩法 (3)材料运用充分，玩法多样化	
4. 常规	(1)行为有序/基本遵守规则/行为混乱，不守规则 (2)轻拿轻放，爱护玩具/基本爱护/不爱护，乱丢玩具 (3)及时收放，认真整理/部分做到/不能整理	
5. 社会参与性	(1)独自玩 (2)平行活动 (3)联合游戏 (4)协作游戏	
6. 伙伴交往	(1)积极交往：互助谦让、轮流合作、协商解决问题 (2)一般友好交往：交谈逗趣、请求询问、追随模仿 (3)消极交往：独占排斥、干扰破坏、攻击对抗	
7. 持续情况	(1)交换频繁(记录次数) (2)有一定坚持性，完成一项活动后再变换 (3)始终持续一项活动	
8. 其他	是否参与环境创设、与教师交往情况及能否正确评价游戏	
总体印象		

2. 对教师行为的评价

对教师行为的评价主要关注教师在游戏中的干预和指导行为。对教师行为进行科学的评价可以促使教师树立科学的游戏观，增强对游戏指导的针对性和目的性。评价教师在游戏过程中的指导，既要注重教师作为教育者的主导作用的发挥程度，又要强调教师对幼儿游戏主体地位的尊重。另外，应注重对教师工作的激励，调动和保护教师科学合理地指导游戏的积极性和创造性。

评价教师在游戏过程中的干预和指导行为时可以参考以下几个方面。

(1)引导幼儿游戏的进程

首先，教师在引导幼儿选择游戏活动时，可以先介绍材料，建议活动方式(个人、小组)，提出行为要求，从而启发、引导幼儿自己选择游戏活动。其次，教师要参与幼儿的游戏过程。在游戏中，教师可以启发幼儿操作游戏材料的方式，鼓励幼儿与同伴交往，促进幼儿与周围环境的相互作用，同时应根据幼儿的不同需要给予适当的帮助。最后，在游戏结束时，教师可引导幼儿对其进行的游戏进行简单评价。

(2)教师自身对幼儿的影响

教师在游戏中与幼儿交往时，应多采用积极肯定的态度，注意以积极饱满的情绪参与到游戏中来影响和感染幼儿的情绪。例如,教师可运用鼓励、赞许、肯定等态度来表现对游戏活动的兴趣,以及对幼儿良好行为的表扬;还可以运用眼神、表情等身体语言来做出赞许的表示,尽量不要使用禁止、批评等语言。教师的积极态度会在很大程度上促进幼儿的努力和进步,同时也会激励幼儿积极地去创造和发现。

(3)教师指导的对象与范围

教师在指导幼儿游戏时应注意重点与一般结合,在照顾全体幼儿的基础上注重对幼儿个体的指导,针对幼儿的不同特点给予具体帮助。同时,注意逐渐增加对幼儿游戏活动小组的指导,从而促进小组内幼儿之间积极的相互作用和影响,应避免单一性的集体指导和整齐划一的要求。

(4)教师游戏指导的方法

教师应注意在游戏中探索多样化的指导方法。例如,及时呈现适宜材料,提供范例,教授或指导具体技能,利用幼儿之间的相互影响、互教互学,促进游戏的不断深入。教师要根据具体情况采用合适的指导方法,并综合运用多种方法指导游戏,使其发挥良好的效果。

(5)激励式指导的方式

教师应在尊重幼儿的基础上运用激励式指导的方式,创造一种民主、平等的心理环境和氛围,以激励幼儿积极活动、探索创造。教师在具体指导游戏的过程中,可以发挥常规的作用,使幼儿通过执行游戏中的常规逐渐形成行为自律和自我管理能力。此外,教师还应注意全面指导幼儿行为,从而促进幼儿在游戏中身心和谐发展。

对教师行为的评价关乎整个游戏水平的提高,同时,也关乎教师游戏指导能力的提升和教师专业发展的实现。从以上五个方面对教师的行为进行评价是对教师评价的一部分。在游戏过程中,教师无时无刻不在影响着游戏的进程和幼儿的发展,因此,做好对教师行为的评价是十分必要的。

拓展阅读

表 8-7 教师对游戏过程指导情况的评价表[1]

项目	内容	评分
1. 引导游戏过程	依据游戏计划引导游戏的整个过程(开始、中间、结束),使游戏顺利开展	
2. 教师与幼儿相互作用	教师积极参与游戏,增加与幼儿的接触交往,多运用肯定互动,减少否定性接触	
3. 指导的对象与范围	重点与一般结合,游戏过程中以面向个人的指导为主,逐渐增加对小组的指导;班级教师均参与指导	

---

① 丁海东:《学前游戏论》,181 页,济南,山东人民出版社,2001。

续表

项目	内容	评分
4. 指导方法的运用	能结合幼儿年龄和各类游戏的特点选择适宜的指导方式，并注意综合；能运用多样化的指导方法（如及时提供材料/建议、提问/启发、提供范例/共同参与/行为示范/指导技能/利用幼儿之间的相互影响等）	
5. 指导类型或方式	指导方式为激励式（非旁观或被动反应式，又非控制导演式），注意引导幼儿发现和学习，促进幼儿游戏的深入和活动质量的提高	
6. 游戏常规的建立	依据幼儿的不同年龄引导幼儿在活动中建立必要的游戏常规，结合环境中的自治因素引导和督促幼儿执行常规，逐渐培养幼儿在行为方面自律、自治	

3. 对游戏环境的评价

对游戏环境的评价是游戏评价的重要组成部分。对游戏环境的评价包括对物理环境的评价和对心理环境的评价两部分。前者主要是对游戏场地、空间、材料等的评价。而后者则主要是针对游戏中的氛围、人际关系等的评价。只有具备良好的游戏环境，幼儿才能更积极主动地参与到各项游戏活动中，从而使游戏的教育作用得到充分的发挥。为了更好地对游戏环境进行全面评价，应结合幼儿游戏环境创设的内容开展游戏评价。

幼儿园教师资格证考试·真题再现

2015 年上半年《保教知识与能力》简答题

简述角色游戏活动中教师的观察要点及其目的。

【参考答案】

角色游戏是幼儿期最典型、最有特色的一种游戏。教师对于角色游戏的观察是多维度的，不同年龄班，角色游戏观察的观察要点和目的也不一样，具体表现为：

（1）大班观察要点：游戏主题能否主动反映生活经验和人际关系，合理地按照自己的意愿计划游戏，解决问题的能力是否提高。

目的：培养儿童的独立性，鼓励儿童在游戏中的创造性，通过讲评让儿童相互学习，拓展思路，不断提高角色游戏水平。这也是角色游戏的高级水平。

（2）中班观察要点：游戏主题是否稳定，有没有与别人交往的愿望，是否具备交往的技能，发生纠纷的情节和原因。

目的：指导儿童学会并掌握交往技能和规范，促进儿童与同伴的交往，在游戏中解决简单的问题，引导幼儿分享游戏经验。这是角色游戏的中级水平。

（3）小班观察要点：游戏内容是否重复操作、摆弄玩具、主题单一、情节简单。

目的：注意规则意识的培养，让儿童在游戏中学会独立。这是角色游戏的初级水平。

拓展阅读

表 8-8　幼儿游戏环境评价表①

项目	名称	指标内容	等级	举例
1	柔和性和冷硬性	环境各因素所引起人的生理或心理的感应性	A. 以柔和性为主	如地毯、草坪
			B. 柔和性和冷硬性平衡	
			C. 以冷硬性为主	如铁制器械
2	开放性和封闭性	游戏材料的存放和教师行为对幼儿所做的限制程度	A. 开放性较强	如幼儿自由选择
			B. 开放性和封闭性平衡	
			C. 封闭性较强	如不开放玩具架
3	复杂性和简单性	游戏材料在使用方式方法上的变化程度	A. 超级材料组合	如三种材料结合
			B. 复杂材料组合	如两种材料结合
			C. 简单材料组合	如一种材料
4	干预性和隐蔽性	环境因素所暗示的人与人、人与物的互动量	A. 过多介入	如新异刺激太多
			B. 适当介入	
			C. 较少介入	如新异刺激太少
5	高活动性和低活动性	环境中所能提供或暗示的大小肌肉活动的程度	A. 以大肌肉活动为主	如走平衡木
			B. 大小肌肉活动均衡	
			C. 以小肌肉活动为主	如绘画、绣花

注：教师在评价游戏环境时，如果在五项指标上，除第三项选"A"以外，其余各项均选"B"，则说明现有的游戏环境较好，适合幼儿的发展。

二、幼儿游戏评价的原则与方法

幼儿游戏评价应该遵循目的性原则、全面性原则、形成性评价与总结性评价相结合的原则、教师评价与幼儿互评、幼儿自评相结合的原则，以及游戏评价与指导

---

① 李生兰：《学前教育学（修订版）》，178 页，上海，华东师范大学出版社，2006。

相结合的原则。在游戏评价中,比较常见的方法有提问法、讨论法、作品展示法。

(一)幼儿游戏评价的原则

游戏评价是游戏活动顺利开展的一种必要支持。通过对游戏进行评价,可以有效地提升游戏水平,促进幼儿的全面发展。为了更好地发挥游戏评价的作用,在游戏评价中应遵循一定的原则。

1. 目的性原则

任何一次评价都要有明确而具体的目的,不能为了评价而评价。所谓目的性原则,指的是在进行幼儿游戏的评价时必须要有明确的目的,游戏评价的根本目的在于促进幼儿的发展。在对游戏进行评价时,要有明确的目的,进而决定采用何种方式及具体实施过程来评价等。例如,评价的目的是促进幼儿的社会性发展,可以围绕幼儿在自由游戏活动中的合作表现进行有目的的评价。在游戏结束后,教师利用提问的方式向幼儿询问在游戏区玩了什么;是一个人玩的,还是和小朋友一起玩的;和其他小朋友是如何配合做游戏的。最后,教师根据幼儿的回答,给予相应的启发和指导,帮助幼儿认识合作的重要性。

2. 全面性原则

全面性原则是指评价的项目、搜集的信息要全面,不能片面强调评价指标中的某一项目,不能偏听偏信。例如,在游戏中,不能以某一个方面对教师做出片面的评价。在建构游戏中,如果教师提供给幼儿的游戏时间较短,幼儿的城堡还未搭建好,游戏就结束了,会使幼儿丧失对游戏的兴趣,这是在评价中应该注意的。但是,在幼儿建构城堡的过程中,教师给予了幼儿恰当的指导,启发了幼儿对建构材料的运用,在评价教师时也是不可忽视的。

另外,教师在对游戏中的幼儿进行评价时不能仅凭一次观察或主观印象对幼儿做出判断。由于幼儿在游戏中的表现是有差别的,因此,需要多次观察、全面了解。在评价之前,应注意收集大量的第一手资料,从多个维度记录、描述幼儿的表现,从而评价才能更加符合每个幼儿的实际情况。[①] 例如,在娃娃家游戏区角中,亮亮一个人抱着娃娃在玩,没有加入旁边的家庭小组中,作为教师,不能因为这一次的现象就断定亮亮是一个不合群、社会性发展较差的男孩,而应在了解幼儿情况的基础上通过多次观察获得有关亮亮的真实情况。

3. 形成性评价与总结性评价相结合的原则

形成性评价与总结性评价的结合即过程评价与结果评价相结合。形成性评价是伴随幼儿游戏活动的过程而进行的评价,总结性评价是在游戏活动结束后进行的概括性评价。在游戏评价中,不仅要关注游戏的结果是否达到教育目标、教师的指导是否合适,更要注意幼儿在游戏过程中所表现出来的能力和倾向。将两种评价方式有效结合,既有利于教师反思自己的行为、发现和把握幼儿的个别差异,又有利于

---

① 沈梅丽:《幼儿游戏遵循的原则及评价》,载《新课程(教师)》,2010(10)。

教师掌握本班幼儿的整体游戏能力，从而更好地提高游戏水平。例如，在建构游戏中，教师可结合幼儿在游戏过程中的表现和搭建的成果进行评价。

4. 教师评价与幼儿互评、幼儿自评相结合的原则

教师、幼儿都可以作为游戏评价的主体。一方面，教师作为实施教育的一方，在游戏评价中掌握着更多的主动权。教师通过观察幼儿在游戏中的表现了解幼儿游戏发展的程度，提供相应支持，并在游戏中发现问题，进行自我反思，在一定程度上促进了自身专业素质的发展。另一方面，幼儿是游戏的主体，是最具权威的评价者。让幼儿学会在游戏活动中尝试分析同伴和自己的优点、进步与不足，有利于幼儿自我评价能力的养成，同时有利于幼儿之间的共同进步。将教师评价与幼儿互评、幼儿自评相结合，既能够发挥教师的主导作用、实现游戏的教育功能，又可以突出幼儿的主体地位，从而进一步提高幼儿的游戏水平。例如，教师通过为幼儿设计"我的兴趣评价表"（见表 8-9）让幼儿记录自己玩过的游戏区，使幼儿知道自己的兴趣所在，喜欢的游戏是多还是少。[1]

表 8-9　我的兴趣评价表

姓名：　　　　性别：　　　　　班级：　　　　　评价日期：

游戏区名称	星期一	星期二	星期三	星期四	星期五	备注
阅读区						
角色区						
积木区						
美工区						
沙水区						
体育区						

5. 游戏评价与指导相结合的原则

《纲要》指出："明确评价的目的是了解幼儿的发展需要，以便提供更加适宜的帮助和指导。"游戏评价本身不是目的，应切实发挥评价结果的作用，为游戏指导提供一定的依据，从而更好地促进游戏活动的开展。将游戏评价与指导相结合，使评价具有指导意义，可达到游戏评价的真正目的，发挥游戏的教育作用。例如，在角色扮演游戏中，扮演服务员的幼儿在没有"客人"时，就离开自己的岗位到处转，教师通过观察和询问了解情况，有针对性地启发幼儿没有客人来的时候可以做些其他事情，如制作糕点。

此外，在评价时还应该注意遵循发展性原则和差异性原则。发展性原则指明了评价的目的是促进发展。通过评价应促进教师和幼儿的发展，如提高教师在游戏中的指导水平、幼儿的社会性发展等。差异性原则体现在幼儿的个别差异和性别差异方面。例如，有的幼儿喜欢想象的、虚构的游戏，有的幼儿则喜欢对实物进行探究

---

[1]　李生兰：《学前教育学（修订版）》，183 页，上海，华东师范大学出版社，2006。

和分析，还有的幼儿喜欢假装游戏，等等。而性别方面表现在对玩具、游戏类型和游戏主题等方面的偏爱，这些在评价中均应予以相应程度的考虑。

(二)幼儿游戏评价的方法

《纲要》指出："幼儿的行为表现和发展变化具有重要的评价意义，教师应视之为重要的评价信息和改进工作的依据。"在对游戏进行评价时，更多的是关注游戏对幼儿发展的意义。幼儿是游戏的主人，而教师作为游戏活动的组织者和引导者，对幼儿进行游戏评价是十分重要的。有效的游戏评价能推动幼儿在认知、情感、社会性等方面的发展，也能推动游戏内容与情节的发展。对游戏进行评价的方法这里主要围绕教师常用的三种评价方法进行介绍。

1. 提问法

提问法是教师在游戏活动中经常采取的一种评价方法，即教师针对游戏中的具体情况提问，让幼儿凭借自己的感性经验进行回答。在提问时，教师要注意问题的性质，结合幼儿的实际水平进行；要注意提问的开放性、启发性，以及提问的语气、语调和神态等。教师提问的水平直接关系到幼儿回答的逻辑性、正确性，以及对幼儿的评价。例如，在游戏"火锅店开张"中，幼儿需要自己用面泥做出火锅店，需要食材和自己购置一些火锅用具。当幼儿在"超市"买了锅、碗、勺，用面泥做出了许多"羊肉片""青菜""鱼丸""蟹棒"时，教师问道："除这些外，我们还能用面泥做些什么？是不是每位顾客都喜欢吃羊肉片？"这一启发式提问使幼儿拓宽了思路，联想到自己吃火锅时的情况，想出还能做"豆腐""粉丝""生姜""葱""火锅调料"，以及"鱼肉片""牛肉片"等。

2. 讨论法

教师可引导幼儿对他们共同感兴趣的、有争议的问题进行讨论，这既可以促进师幼、幼幼互动，又可以促进游戏的发展。例如，在表演游戏"小马过河"中，教师让幼儿来讨论需要哪些角色，怎样使每名幼儿加入表演游戏中。教师留给了幼儿思考问题的时间，让他们发散思维，其中两名幼儿自告奋勇演一棵树，风吹来时可以晃动身体。在幼儿积极思考和回答问题的过程中，教师应积极倾听，适时适度地肯定他们的想法；同时，也需要巧妙地暗示和引导，从而有效地进行游戏评价。

3. 作品展示法

作品展示法在游戏评价中是十分有效的一种方法。在游戏评价时，教师可以展示幼儿成功的游戏作品，通过展示能让全体幼儿对游戏过程中材料的使用、制作等产生感性的认识。例如，庆祝端午节游戏"包粽子"结束后，教师请参与游戏的幼儿展示自制的"粽子"，这既从侧面评价了幼儿的游戏，又让幼儿再次体验了成功与快乐。

三、常用的幼儿游戏评价量表

游戏评价量表是测查、评定幼儿游戏特点、水平的重要工具。借助游戏评价量表，教师可以了解幼儿游戏的兴趣和需要，理解和把握他们的游戏行为，从而更好地为组织、指导游戏提供依据，提高游戏活动的教育价值。常用的游戏评价量表主要有以下几种。

(一)游戏兴趣量表①

利伯曼(Lieberman)是第一个设计游戏评价量表的调查研究者。他设计的游戏兴趣量表包括以下七个主要项目。

①A. 儿童在游戏中自发进行身体运动和活动的次数有多少?

B. 在身体活动中，儿童的运动协调性怎样?

②A. 在儿童的游戏活动中，显示出来高兴的次数有多少?

B. 儿童以什么样的表达形式来表现高兴?

③A. 在游戏中，儿童表现出幽默感的次数有多少?

B. 幽默所表现出来的持续程度怎样?

④A. 儿童游戏时，在与周围的群体相互作用中表现出来的灵活性的次数有多少?

B. 儿童活动时的自如程度如何?

⑤A. 在做表演和戏剧性的游戏时，儿童表现自发动作的次数有多少?

B. 在做上述游戏时，儿童表现出来的想象程度如何?

⑥儿童的聪明程度如何?

⑦游戏对儿童具有多大的吸引力?

每一项目都按五分制记分。

在这个游戏评价量表中，一些游戏特征已经被操作化了，如运动、游戏乐趣、灵活性、表达能力和想象程度。

(二)游戏发展进度量表

游戏发展进度量表由高尔登(Golden)和库特勒尔(Kutner)于1980年提出。该量表提供儿童在四大游戏领域(玩物游戏、表征游戏、社会游戏和体能游戏)的发展顺序，对幼教工作者把握儿童游戏的发展状况和趋势有重要作用。游戏发展进度量表如表8-10所示。

表8-10 游戏发展进度量表②

摆弄/建筑 (玩物游戏)	(1)玩自己的身体部位(如手指、脚趾) (2)用手臂挥打玩物并获得愉快 (3)玩别人的身体部位，如摸别人的脸或头发 (4)玩水 (5)在游戏中去拿玩物(或自己拿或从别人处获得) (6)在玩中放开玩物 (7)用双手去敲打玩物或拍手

---

① 柳阳辉、张兰英:《学前儿童游戏》，156页，郑州，郑州大学出版社，2006。

② 柳阳辉、张兰英:《学前儿童游戏》，157～159页，郑州，郑州大学出版社，2006。

续表

摆弄/建筑 (玩物游戏)	(8)做影响环境的重复性动作(如敲打玩具产生"砰砰"的响声) (9)堆放玩物 (10)自发性地涂鸦 (11)拉玩具 (12)将容器(篮)中的玩具倒出来 (13)可以横向排列玩具并有组织性 (14)玩沙(过滤、拍、抹平、倒或挂) (15)玩拼图 　　a.3件式的形状拼图(三角形、四边形、圆形) 　　b.4件式个别成形的拼图 　　c.4件组成一个形体的拼图 　　d.7件组成一个形体的拼图 　　e.12件组成一个形体的拼图 (16)将玩具放入容器或篮子内 (17)会将盖子盖在有盖的容器上 (18)玩黏土 　　a.会用手去压、挤、滚及做造型 　　b.利用工具如棒子及形状加上黏土做造型 　　c.利用黏土或沙做表征的玩物,如做所熟识的物品,并能说出其名称) (19)玩积木 　　a.没有表征意义的建构游戏 　　b.具有表征意义的建构游戏 (20)用剪刀 　　a.用剪刀剪东西 　　b.将纸或布剪成碎片 　　c.沿线剪成不同的形状 　　d.剪成不同的形状 　　e.剪图案(除太细小部分外) (21)用画图来表征事物(大部分画他所知道的故事并能说出故事中图画的名字) (22)建构游戏的结果成为重要的部分 (23)组织工艺技巧 (24)使用颜色笔将图案着色 (25)拓印或盖印画或用笔做描绘
表征游戏	(1)在游戏中模仿 　　a.模仿声音 　　b.模仿别人的手势 　　c.模仿别人的脸部表情 　　d.将以前所听过或看过的声音或动作模仿出来 (2)在游戏中制造声音 (3)在游戏中用语言交谈或叫喊 (4)使用玩具来假装、虚构,如假装积木为车,使玩物具有意义 (5)功能性使用表征玩具,如电话、车子、娃娃或茶具组合等

表征游戏	(6)使用成人衣物或装扮游戏 (7)表现单一的假装情境游戏,如喝茶、抽烟或开车 (8)表现虚构情境,事件之间有连接或单一角色持续在 5 分钟以下,如用茶具组合在一起喝茶、吃饼干,好像开茶会,或者开车去逛街或加油等 (9)表现虚构情境,单一角色的游戏可以持续 5 分钟以上 (10)表现虚构情节,有情节、主题但较不具组织性 (11)表现有组织、情节的假装游戏 (12)可以与其他幼儿做假装游戏,如社会扮演游戏
社会游戏	(1)模仿镜中的形象 (2)对镜中的形象微笑 (3)在游戏中嬉笑 (4)玩社会游戏,如躲猫猫、玩拍手游戏 (5)单独地玩,如幼儿自己玩玩具,即使与别的幼儿一起玩,彼此处在很近的距离,也不想与其他幼儿在一起玩 (6)可以独立自己玩游戏,持续 15～30 分钟 (7)平行游戏 (8)联合游戏 (9)两人的合作游戏 (10)团体的合作游戏(两个以上的幼儿能达到的目标) (11)游戏中分享行为 (12)玩时可以等待 (13)能为他人做事以达到目标的活动 (14)要求同伴与他一起玩 (15)能叫出同伴的名字并炫耀(自夸其所做的事情) (16)可与特定的玩伴一起玩,并可将他当作最好的朋友 (17)能对有规则的游戏或比赛遵守规则,并能轮流共享玩具
身体/动作游戏 (体能游戏)	(1)可以不用支撑而坐着玩 (2)玩时可以独立站得很好 (3)爬或匍匐前进 (4)可以边走边玩 (5)可以双手将球从头上丢出 (6)可以用大人椅子爬上爬下 (7)踢球 (8)听音乐、做些律动 (9)踩(骑)三轮车 (10)用双脚做跳远状的动作(脚离地) (11)可以从 25 厘米高处跳下来 (12)接大球 (13)跑得很好(不曾跌倒) (14)可以在矮的玩具和梯上爬上爬下 (15)跳绳(至少连续两次以上) (16)会翻筋斗、跳跃、荡秋千、用轮子溜冰、走平衡木等

(三)游戏活动评估量表

游戏活动评估量表是评价指标体系的进一步具体化、明确化。评价指标体系侧重于考察、鉴定管理者和教师的管理、组织、指导状况。游戏评估量表更进一步把幼儿的表现列入了评估的范围，评估量表会对具体的评价方法做出明确的规定，对评价标准给予更明晰的解释、说明。因此，与评价指标体系相比，评估量表显得更明晰、全面，操作性更强。在此我们通过林菁的幼儿园游戏活动评估量表(见表 8-11)举例予以说明。

表 8-11 幼儿园游戏活动评估量表①

一级指标	二级指标	三级指标	等级量表		评价			
					一等	二等	三等	四等
A－1教师指导游戏(50分)	B－1游戏条件的创设(18分)	C－1游戏时间(6分)	6	每日2.5小时以上				
			5	每日2小时				
			4	每日1.5小时				
			2	每日1小时				
		C－2游戏场地(6分)	6	符合教育部要求，场地布局合理、安全				
			5	基本上符合教育部要求，场地布局合理、安全				
			4	场地较小，但能合理安排				
			2	有游戏场地，布局不合理				
		C－3游戏材料(6分)	6	丰富实用(成品和半成品)，常更换或增添材料				
			5	丰富不实用				
			4	有一定的数量				
			2	仅提供现成玩具				
		B－2游戏计划的制订(6分)	6	能制订阶段游戏计划和逐日游戏计划。游戏计划中包括游戏的内容、游戏材料的提供、游戏常规要求、个别幼儿教育等方面				
			5	计划较完整、具体				
			4	计划简单				
			2	计划制订不定时				
		B－3幼儿生活经验的丰富(6分)	6	通过有计划、有目的地观察、参观等多种形式丰富幼儿的生活经验				
			5	能通过观察、参观等多种形式丰富幼儿的生活经验，但缺乏计划性、经常性				
			4	注意丰富幼儿的生活经验，但形式单一				
			2	仅启发幼儿已有的生活经验				

① 柳阳辉、张兰英:《学前儿童游戏》，136～140页，郑州，郑州大学出版社，2006。

续表

一级指标	二级指标	三级指标	等级量表		评价			
					一等	二等	三等	四等
A－1 教师指导游戏（50分）		B－4 游戏种类（6分）	6	能引导幼儿开展各类游戏				
			5	基本上能开展各类游戏				
			4	能开展游戏，但种类较少（2～3种）				
			2	游戏种类单一，内容陈旧				
		B－5 启发诱导（8分）	8	尊重幼儿的意愿去选择游戏内容、玩具和角色，启发诱导适时、适当				
			6	基本尊重幼儿的意愿，启发诱导不够适时、适当				
			4	以指挥者身份参与，干涉过多				
			2	仅注意游戏开始与结束部分的组织				
		B－6 游戏的观察记录（6分）	6	细致观察幼儿的游戏，具体记录游戏开展的情况，会分析问题、提出建议				
			5	能观察了解幼儿的游戏，具体记录游戏开展的情况，会分析问题、提出建议				
			4	有时能观察幼儿的游戏，记录简单				
			2	了解幼儿游戏开展情况，但没有观察记录				
A－2 幼儿游戏水平（50分）		B－7 游戏的内容（5分）	5	内容丰富，能较好发展游戏的情节				
			4	内容较丰富，能发展游戏的情节				
			3	内容简单，情节一般				
			1	主题单一，情节零星、片段				
		B－8 游戏的主动性（5分）	5	主动积极参与，能想办法出主意				
			4	主动参加自己喜爱的游戏				
			3	在别人带领或分配下游戏				
			1	不参加游戏				

一级指标	二级指标	三级指标	等级量表		评价			
					一等	二等	三等	四等
A—2幼儿游戏水平（50分）	B—9游戏的组织能力（5分）		5	能带领别人玩或教别人玩				
			4	能出主意使游戏玩下去				
			3	会商量分配角色				
			1	无组织能力				
	B—10游戏的目的性（5分）		5	能明确目的并坚持下去				
			4	事先有目的，但有改变				
			3	目的不明确，受环境与材料的影响常更换主题				
			1	没有目的				
	B—11遵守规则（5分）		5	能认真遵守游戏规则				
			4	基本遵守游戏规则				
			3	有时遵守游戏规则				
			1	常不遵守游戏规则				
	B—12社会交往（5分）		5	明确角色关系，与同伴配合行动，友好玩耍				
			4	在启发下与别人联系				
			3	与别人有零星联系				
			1	平行游戏				
	B—13幼儿的情绪表现（5分）		5	喜爱游戏，兴趣浓厚				
			4	参加游戏，兴趣一般				
			3	有时情绪较低落				
			1	经常表现低落的情绪				
	B—14游戏持续的时间（5分）		5	50分钟以上				
			4	30分钟以上				
			3	20分钟以上				
			1	10分钟以上				
	B—15游戏表现方式（5分）	C—4角色扮演	5	能创造性地扮演角色				
			4	按角色要求行动，表演一致				
			3	担任角色，但角色不稳定				
			1	操作摆弄实物				

续表

一级指标	二级指标	三级指标	等级量表		评价			
					一等	二等	三等	四等
A－2 幼儿游戏水平（50分）	B－15 游戏表现方式（5分）	C－5 建构材料	5	能充分利用建构材料创造性地拼搭				
			4	能按图、实物拼搭较复杂的物体，形象较逼真				
			3	能拼搭较复杂的物体，但形象不够逼真				
			1	运用建构材料堆叠、平铺或排列				
	B－16 玩具的使用和整理（5分）		5	爱护玩具，会根据游戏需要自制玩具，会归类收拾、整理玩具				
			4	有创造性地使用玩具，会收拾整理玩具				
			3	按角色需要使用玩具，在教师提醒下收拾玩具				
			1	凭兴趣使用玩具，不会收拾玩具				
合计								
等级								

说明：

（1）A－1部分在评定等级分值内画"√"，将画"√"的分数统计即可得到教师指导游戏活动的分数，据此评定教师所达到的等级。两者之间的对应关系为：一等（优秀），40～50分；二等（良好），30～39分；三等（一般），15～29分；四等（差），0～14分。

（2）A－2部分评定方法与A－1相同，不分年龄班，根据幼儿在游戏中的实际表现做出评价，以此为依据评定幼儿的游戏水平。具体按表8-12操作。

表8-12　幼儿游戏水平等级评定表

	优秀	良好	一般	差
大班	45～50分	40～44分	35～39分	34分以下
中班	35～40分	30～34分	25～29分	24分以下
小班	25～30分	20～24分	15～19分	14分以下

本章小结

1. 游戏观察不仅包括用眼睛去看，也包括综合运用多种感官获取对事物整体性的认识，还包括根据观察目的综合运用必要的记录工具或仪器来辅助观察，客观、及时记录。游戏观察有利于教师更好地理解幼儿游戏，进行有效指导；有利于教师提高自身素质，对游戏进行客观评价；为教师设计游戏和创设游戏环境提供了依据。

2. 在开始正式观察之前，观察者应该首先确定观察的目标，并根据观察目标和客观条件做好观察计划，提前选择观察的方法和工具，保障有效观察和客观、及时记录。常用的幼儿游戏观察与记录的方法有三种，分别是扫描观察法、定点观察法和追踪观察法。教师可以根据观察的目的、客观情况和幼儿的年龄特点等灵活选择观察的方法。此外，教师在游戏观察时还经常使用一些观察量表和记录手段，如行为核对表、等级量表、描述记录和多媒体记录等。

3. 幼儿游戏评价的对象主要包括幼儿、教师或成人以及游戏环境三大方面。幼儿游戏评价的对象规定了游戏评价的内容或范围。根据游戏评价的对象确定的游戏评价的内容为对幼儿游戏行为的评价、对教师行为的评价，以及对游戏环境的评价。

4. 幼儿游戏评价应该遵循目的性原则、全面性原则、形成性评价与总结性评价相结合的原则、教师评价与幼儿互评、幼儿自评相结合的原则，以及游戏评价与指导相结合的原则。在游戏评价中，比较常见的方法有提问法、讨论法、作品展示法等方法。

5. 游戏评价量表是测查、评定幼儿游戏特点、水平的重要工具。借助游戏评价量表，教师可以了解幼儿游戏的兴趣和需要，理解和把握他们的游戏行为，从而更好地为组织、指导游戏提供依据，提高游戏活动的教育价值。常用的游戏评价量表主要有游戏兴趣量表、游戏发展进度量表、游戏活动评估量表等。

关键术语

幼儿游戏观察　幼儿游戏评价

思考题

一、简答题

1. 什么是扫描观察法、定点观察法和追踪观察法？

2. 幼儿游戏评价的原则是什么？方法有哪些？

二、论述题

如何评价教师干预幼儿游戏的效果？

实训练习

1. 分析扫描观察法、定点观察法和追踪观察法的特点，并运用其中一种观察方法对幼儿在"娃娃家"游戏中的行为进行观察。

2. 选取某一类型的游戏活动做观察记录，并对观察结果进行针对性的评价。

拓展练习

以下为部分教师资格证考试笔试真题，可扫描二维码观看。

笔试真题

第九章　幼儿园玩教具的开发与制作

学习目标 ▶

1. 掌握幼儿园玩教具的概念及基本分类。
2. 理解自制玩教具的意义及原则，能够因地制宜地开发和制作玩教具。
3. 能够将自制玩教具与幼儿园游戏有机整合，为幼儿游戏提供支持。

学习导图 ▶

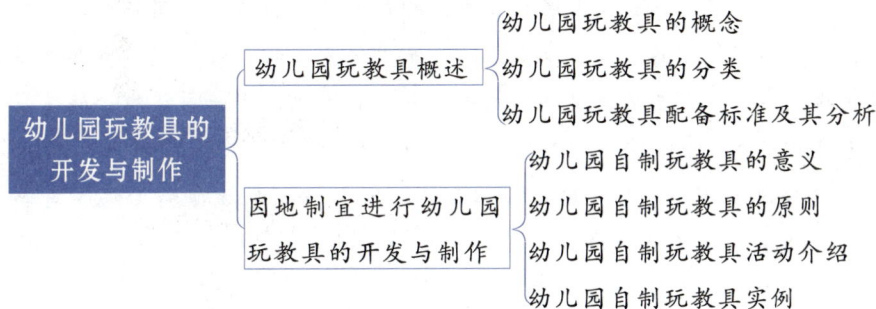

导入案例 ▶

一串粽子引发的主题墙[①]

端午节就快到了，江老师拿来一串粽子并将它挂在墙上。孩子们注意到了，纷纷围着去看、去摸、去闻，并议论了起来：

"我知道，这是粽子，我妈妈买来吃过。"

"我也吃过，里面有肉。"

"为什么老师要把粽子挂在这里？"

"可能是老师给乖的小朋友吃的。"

---

① Susan：《浅析幼儿园墙饰的创设》，http://data.06abc.com/20110922/85262.html，2020-04-21。

"是老师要教我们画粽子。"

"我觉得是为了让我们的教室更好看。"

……

老师注意到了孩子的交谈，并告诉孩子：

"我带来粽子是因为过两天就是中国的传统节日——端午节了，端午节吃粽子，你们知道为什么吗？有关端午节的秘密和故事，你们知道些什么？"

"我听我爸爸说过，粽子是为了纪念屈原，我再去问问爸爸。"

"我家有电脑，可以上网查到很多资料。"

"我家有一本书。"

……

教师听了连连点头："哇，你们知道得还真不少。老师相信这粽子的旁边会有越来越多你们收集来的相关资料和物品。"

短短几天中，孩子们陆续收集了许多关于端午节的资料：有赛龙舟，有菖蒲、艾叶，有屈原的故事，有各种香袋。墙面变得越来越丰富了，孩子们一起观看着他们带来的资料。每当有人不小心碰到墙面上的物品，孩子们就很心疼。

从这个案例我们可以看到，整个端午节主题墙的设计和布置起源于教师带来的一串粽子。在这次幼儿园的主题墙布置中，融入了幼儿的情感，同时也蕴含着教师与幼儿、幼儿与幼儿之间真切的情感。同时幼儿以主人的身份参与了整个环境的改变，他们中的每一个人都将会在墙面上寄托自己的心愿，宣泄自己内心的情感，相信是自己使环境发生改变了，从而体验到成功的喜悦。

虽然主题墙不算是某个特定的"玩教具"，但它确实是教师和儿童共同专门制作的，为了促进学前儿童的游戏和发展的成型成系列的"东西"，其中的设计、制作无不包含了玩教具制作的基本要素。在此主题活动中，教师和幼儿可以持续探索。例如，进一步把墙饰从墙上拿下来，开发并设计一系列可以持续促进儿童游戏的玩教具和儿童游戏，如粽子风铃、香袋娃娃、艾叶盆景，以及端午节的故事表演等。

第一节　幼儿园玩教具概述

对幼儿来说，"玩"和"学"是不矛盾的。玩教具是幼儿学习和游戏的专用工具，分析幼儿的游戏不能不关注幼儿园的玩教具。

一、幼儿园玩教具的概念

游戏是幼儿园的基本活动，而玩教具则是游戏的工具，是游戏的物质支柱。作为幼儿最基本的学习工具，玩教具是幼儿的"第一本书"。幼儿的思维是具体形象的，凭借玩教具可以引起幼儿对所体验过的事物的直接联想和想象，并引起相应的行动和活动，为各种游戏的开展提供条件。皮亚杰关于幼儿智力发展的理论强调让幼儿通过手的动作和操作来认识事物、发展智力，同时通过动作和语言来表现他们的思想感情。玩教具以其形象、色彩和声响吸引幼儿，能激发幼儿动手、动脑及身体各部位活动的积极性。幼儿通过摆弄和操作玩教具进行学习、探究和实验，不仅促进其动作和手眼协调能力的发展，也促进他们智力的发展。

幼儿对世界充满了好奇，他们会探索手边可及的每一样东西，并且可能把每一样东西都变成可玩可学的"玩教具"。因此，对于幼儿而言，"玩教具"可以是任何东西。通常，我们把成人或幼儿专门制作的，供幼儿学习和游戏之用的物品称为"玩教具"，以区别于自然的、非专门制作的游戏材料。在幼儿园活动中，玩教具是幼儿在游戏和学习活动中使用的玩具和教具的统称。它是借助一定的物质材料，如布、塑料、木材、金属、纸张等，依据一定的设计要求，通过工业化生产或手工制作而完成的，可视的平面、立体或可活动的集游戏、娱乐、竞赛、教育功能于一体的，适合不同年龄、层次、智力类型需要的，开发智力、锻炼体魄、促进身心健康发展的游戏娱乐工具。

玩教具是幼儿的亲密伙伴，从福禄贝尔到蒙台梭利，从陶行知到陈鹤琴，学前教育的研究和实践者们都在幼儿教育研究与探索中，或多或少地指出了玩教具和游戏对幼儿身心发展的重要性，"寓教于乐"一直是人们对于教育特别是学前教育的理想，这也是我们提出"玩教具"这一术语的出发点和立足点。幼儿的学习有其自身的特点，需要通过视、听、感、触等多种感官的共同参与，才能达到最佳效果。幼儿通过操作玩教具能在玩中学、学中玩，这一方式既能满足幼儿游戏的需要，又能让幼儿在摆弄玩教具中建立起真实事物与抽象概念之间的联系。

目前，在幼儿园使用的玩教具中，一部分是购置的；另一部分是自制的。前者以大型活动玩教具和塑胶、机械类玩教具为主，这类玩教具有一定的生产工艺要求，使用周期较长；后者则是幼儿园教师根据教育教学和幼儿游戏的需要，自行或者与幼儿共同设计与制作的，这类玩教具的制作工艺相对简单，使用周期短，但更贴近教学、贴近幼儿，是幼儿园购置玩具不可或缺的重要补充。

二、幼儿园玩教具的分类

玩教具的世界是一个种类繁多的大千世界，按照不同的标准有不同的分类方法。如前所述，按照来源划分，玩教具可以分为购置玩教具和自制玩教具。此外，不同的研究者对玩教具（有的也包括游戏材料）有不同的分类。从玩教具的作用和用途等不同角度，人们对玩教具也有不同的分类。

(一)根据玩教具的性质与功能进行分类

华夫刚和菲尔普斯(Wolfgang & Phelps)根据玩具和游戏材料的性质与功能将玩教具分为以下三种类型。①流体性的玩具。这类玩教具的外形可以被游戏者任意改变，如黏土、沙、水、颜料等。②结构性的玩具。这类玩教具可以被用来创造或建构出其他物体或物品，如积木、拼图等。③象征性的玩具。这类玩教具主要被用于象征性游戏中。

黑维特和布卢姆(Hewitt & Roomet)根据游戏功能把玩教具分为以下三类。①感觉运动玩具。这类玩具是可以让幼儿反复摆弄、产生某种效果的玩具，如拨浪鼓、球等。这种玩具可以支持幼儿的感觉运动游戏，促进幼儿感觉运用能力的发展。②表征性玩具。这类玩教具是实际生活物品的模拟物，可以支持幼儿的象征性游戏，如家事玩具、医疗玩具等。③建构性玩具。这类玩具可以被用来创造或建构出其他物体或物品的玩具或游戏材料，如滑板、单轮车、双轮车、三轮车、四轮车等。

(二)根据促进幼儿机体发展进行分类

不管是购置还是自制，玩教具主要都是按照幼儿发展的需求进行设计的。针对幼儿机体和感官发展设计的玩教具，具体分为以下几类。

①针对视觉发展设计的玩教具，如气球、识图类的玩教具。

②针对嗅觉发展设计的玩教具，如识别醋、酱油等的味道。

③针对听觉发展设计的玩教具，如敲打类玩具、手摇铃。

④针对体能发展设计的运动类玩教具，如学步车、球类玩教具、室外运动类玩教具。

这一大类的玩教具可以充分锻炼幼儿的机体能力和各类感官。在幼儿园可以利用玩教具使幼儿在充满自由和快乐的运动教室中提升其体能和协调性，使他们在游戏中体验学习的过程和结果，增强自信心和社交能力。

(三)幼儿园常见的玩教具分类

幼儿园的玩教具可以从不同的角度或根据不同的用途来分类。一般来说，根据用途，幼儿园玩教具可以分为以下几类。

1. 音乐玩教具

音乐玩教具既能发出悦耳的声音又能模拟多种乐器，能够满足幼儿对声音和旋律的兴趣，帮助他们再现一些歌曲的旋律。此外，这类玩教具还能锻炼幼儿小肌肉发展的能力，发展其手眼协调性。常见的音乐玩教具有铃铛、铃鼓、喇叭、木琴、小吉他以及能捏响的塑胶动物造型等，这类玩教具可以提高幼儿对音乐的敏感性、满足幼儿对声音和旋律的兴趣。在选择音乐玩教具时要注意：玩教具要色泽鲜明，形象诱人，坚固耐玩，便于清洗，适合儿童的年龄特点。

2. 体育玩教具

体育玩教具是指可供幼儿做体育运动游戏的玩教具，幼儿在其一日活动中都会接触到。体育玩教具分为两类，分别是大型体育玩教具和小型体育玩教具。

大型体育玩教具有秋千、滑梯、蹦床、攀登架、平衡木、滑梯、跷跷板、钻圈或拱形门、体操圈、体操垫、高跷等，这些都是幼儿园的必备活动设施，能够提高幼儿的运动兴趣，促进幼儿的新陈代谢，加速幼儿的血液循环，从而促进骨骼的生长发育，使骨质更加的粗壮结实；也能够促进韧带的发育，增强关节的牢固性和灵活性；还能够锻炼他们的意志，培养他们的勇敢精神。

小型体育玩教具有皮球、毽子、乒乓球、跳绳等，这类玩教具有助于发展幼儿的协调性、空间定向能力、灵敏性。

3. 表征性玩教具

表征性玩教具又称形象玩教具，最大的特点是有具体的形象，而且这些形象多数是对实物原型的模拟再现，如人们常见的布娃娃、小汽车、小坦克等。另外，还有一些表征性玩教具并没有原型，而是受当代网络时代影响发明模拟的一些动画片中的实物形象，如喜羊羊、孙悟空、奥特曼、托马斯小火车等。这类玩教具非常生动、可爱、有趣，能够吸引幼儿的注意力，激发幼儿对玩教具的兴趣，还能发展幼儿的想象力、思维力，使得幼儿对游戏的专注性提高，更重要的是帮助幼儿进一步认识社会和了解社会，认识自己、认识别人、认识人与人之间的关系。

4. 建构性玩教具

建构性玩教具是指让幼儿进行构造、装拆、建筑、拼搭各种物体时所使用的各种构件。常见的建构性玩教具有积木、积塑、雪花片等。幼儿可以随着自己的想象制造出各种各样的模型，可以极大地发挥其想象力。通常，各年龄段幼儿对于玩教具的建构水平也不同，年龄较大的幼儿可以建构出许多具体的模型，如手枪、小狗、大象、火车、城堡等。年龄较小的幼儿只会对材料进行简单的累积，并不会摆出具体的模型。

5. 娱乐性玩教具

娱乐性玩教具可以让幼儿在玩耍的过程中得到娱乐，引起愉悦感，如木偶、小兔打鼓、母鸡生蛋、不倒翁等。这类玩教具滑稽可爱，可以引逗幼儿发笑，能引起幼儿极大的兴趣，从而激发他们的求知欲望，进而培养其幽默感。

6. 智力玩教具

智力玩教具又称益智玩教具，无论是在家中还是幼儿园里都是很受欢迎的一类玩教具。这类玩教具巧妙地把发展智力的任务用于游戏中，使幼儿在玩中发展智力。它既可以丰富幼儿的知识，发展幼儿的感知觉和语言、计算的能力，还可以培养幼儿的兴趣、好奇心和注意力，使幼儿形成爱动脑筋、喜欢动手的好习惯。常见的智力玩教具有许多，如棋牌类游戏、七巧板、魔方、锁套、套叠、九连环等。

7. 木偶戏玩教具

木偶戏玩教具包括各种偶人、表演台、装扮道具等。这种玩教具的样式很多，有杖头木偶、布袋木偶和提线木偶等。幼儿习性活泼、好动、喜欢模仿，因此，这种玩教具是幼儿喜爱的运动玩教具。操纵木偶需要操作技巧，幼儿经过训练熟悉操作技巧后可进行木偶表演。操纵木偶的表演可促进幼儿手指肌肉的灵活性和协调性、指关节、腕关节和肘关节的灵活性；小碎步、蹦跳步等动作的学习可促进幼儿的腿部肌肉的发育。在学习动作、练习动作和表演木偶剧的过程中，幼儿呼吸加快、心跳加速、胃肠蠕动的次数增多，神经系统与循环系统也都积极参加活动。不仅如此，木偶戏玩教具还能够陶冶幼儿的情操，发展幼儿的观察力、注意力、思维能力、记忆力。常见的木偶戏表演有《亡羊补牢》《狼来了》《坐井观天》《寒号鸟》《司马光救友》等。

8. 科教玩教具

科教玩教具是各种运用科学原理和现代科技成果制成的较高级的玩教具。其品种繁多，包括各种小工具、模型，以及有关电、光、热、天文、气象、生物等方面的玩教具，如航空航海模型、声控或无线电遥控玩教具、光学玩教具、小型电子游戏机、"会说话的书"等。科教玩教具对培养幼儿学科学、爱科学的兴趣有着积极的意义。

9. 节庆玩教具

根据幼儿园庆祝节日活动的需要，必须准备一些节庆玩教具，如在元旦联欢会上会准备一些表演节目用的头饰、面具等。这样做不仅能够烘托节日气氛，引发幼儿对节日的热爱之情，还能够引起幼儿欢乐与美的感受。

10. 自制玩教具

自制玩教具即由幼儿自己或家长、教师制作的玩教具。自制玩教具在全面提高教育质量、提高现代社会所需要的幼儿基本素质等方面起着其他玩教具所没有的独特作用。例如，可以根据教育教学的要求和幼儿的实际情况就地取材制作一些富有童趣的玩教具，引导幼儿参加活动。幼儿通过自制、摆弄玩教具，不仅能了解生活、认识社会，而且能激发求知欲和动手、动脑进行制作的兴趣。在制作玩教具的材料上，幼儿尤为喜欢废旧物品，因为他们可以在其中大胆地发挥自己的想象，随心所欲地制作自己喜欢的玩教具。在学习或生活中，成人应该根据幼儿想象力发展的特点和活动的需要为幼儿选择适合的玩教具和活动材料，促使幼儿的想象沿着正确的方向发展。

自制玩教具以其鲜明生动的形象、美的色彩、声音和造型吸引和感染幼儿，激发他们的情感和感受，扩大幼儿的认识，发展幼儿初步的美感。在自制玩教具的过程中还可以培养幼儿克服困难的自信心，锻炼幼儿的专心、细心、耐心以及与他人友好协作的良好素质，促进幼儿动作和手眼协调能力的发展，也容易引起幼儿积极、快乐的情绪，潜移默化地陶冶幼儿的性格。

自制玩教具可以广泛利用天然材料和废弃物，如羽毛、黏土、火柴盒、线轴、小木块、塑料绳等。幼儿自制玩教具多需要成人的指导，才能取得预期的效果。

11. 教育性玩教具

教育性玩教具是帮助幼儿学习某种特殊概念或者技能的玩教具。在玩这类玩教具时，教师是中介者，起着支持、引导、协助的作用。这类玩教具通常包含特定的学习任务，在设计上经常采用拼图、配对、组合等形式，对操作方式与方法也有一定的要求。教育性玩教具是英国思想家洛克较早提出的，洛克认为幼儿是天生的游戏者，为了把玩教具变成对幼儿具有教育意义的材料，他亲自动手改造幼儿的玩具，做了一套帮助幼儿认识字母的积木。后来福禄贝尔开始尝试把教育性玩教具系统运用于托幼机构的教育实践中，专门为幼儿设计制作了"恩物"系列的教育性玩具。在福禄贝尔之后，蒙台梭利也对幼儿玩具进行了系统的改造，并设计出一系列的蒙氏教具，影响深远。

幼儿园教师资格证考试·真题再现

2016 年下半年《保教知识与能力》单选题

下列玩具，不是从功能角度分类的是（　　）。

A. 运动性玩具

B. 建构玩具

C. 益智玩具

D. 传统玩具

（答案：D）

面试训练营

面试真题

1. 请根据现场提供的材料准备教具。（材料有矿泉水瓶、绳子、呼啦圈、松紧带、皱纹纸、小椅子等）

2. 请用道具组织游戏活动。

材料利用建议如下。

①可以给矿泉水瓶子里边装一点可利用的硬东西，摇晃起来有响声，将其当作汽车的鸣笛或表达快乐的小工具。

②可以用呼啦圈模仿驾驶方向盘。

③可以将反坐的小椅子当作司机驾驶椅。

④可以让幼儿站成一排或两排，抓好松紧带或绳子，假装安全带。

⑤可以用皱纹纸装饰车辆，或者用剪成的圆片当作硬币。

三、幼儿园玩教具配备标准及其分析

目前我国执行的幼儿园玩教具配备标准是原国家教委 1992 年 12 月颁布实施的《幼儿园玩教具配备目录》，这一目录把幼儿园的玩教具分为体育类，建构类，角色表演类，科学启蒙类，音乐类，美工类，图书、挂图与卡片类，电教类，以及劳动工具类九大类，每一大类下都详细标明了具体的玩教具名称及其规格、单位、参考价格和配备数量。详见表 9-1，此表选自中华人民共和国幼儿教育重要文献汇编。

表 9-1　幼儿园玩教具配备目录

编号	名　称	规　格	单位	参考价格（元）	配备教具 一类 园 大 中 小	配备教具 二类 园 大 中 小	配备教具 三类 园 大 中 小	学前班	备注
一	体　育　类								
W101	攀登架	限高 2 米	架	600	1	1	1	1	
W102	爬网	高 1.6 米，斜网式	架	500	1	1	1	1	
W103	滑梯	高 1.8 米或 2 米与地夹角 34 度至 35 度，缓冲部分高 0.25 米，长 0.45 米	架	600	2	1	1	1	
W104	荡船或荡桥	2×1.7×1.6 米	架	500	1	☆	☆		
W105	秋千	高 1.9 米	架	300	2	1	1	1	
W106	平衡	长 2 米，宽 0.15～0.2 米	对	180	2	1	1		
W107	压板	中间支柱高 0.4～0.5 米，长 2～2.5 米距两端 0.3 米处高把手，缓冲器高 0.2 米	个	200	1	1			
W108	体操垫	长 2 米，宽 1 米，厚 0.1 米	块	150	4	4	2		
W109	小三轮车		辆	40	8	☆			
W110	小推车		辆	30	8	4			
W111	平衡器		个	15	8	4	4	2	
W112	高跷	高 0.08 米，直径约 0.1 米	对	2	10 5	10 5	5 5	6	
W113	投掷靶		个	20	4	2	2		
W114	拉力玩具		个	3	8	8	2		

续表

编号	名　称	规　格	单位	参考价格（元）	一类 园大中小	二类 园大中小	一类 园大中小	学前班	备注
W115	钻圈或拱形门	直径 0.5～0.6 米	副	16	4	2	2		
W116	球拍		副	4	4	☆			
W117	球	直径 0.1～0.2 米 重 100～150 克	个	4	40 40 40	20 20 20	20 20 20	10	
W118	沙包	直径 0.06～0.07 米	个	1	10 10	10 10	10 10 10	10	
W119	绳	长、短	根	4	长 4 短 20	长 4 短 20	长 4 短 20	长 1 短 10	
W120	体操器械（任选一种）	彩旗、彩圈、彩棒、哑铃	个	3	36×2	36×2	36×2	40	
W121	跳床		个	2000	1	☆			
W122	滚筒	高米，宽米	个	400	1	1			
W123	钻筒	钻爬式，高米，宽米	个	130	1	☆			
二	构　造　类								
W201	大型积木		套	1000	2	1			
W202	中型积木		套	200	2 2 2	2 2 2	2		
W203	小型积木		套	40	12 12 12	12 12 12	12 12 12	8	
W204	接插构造玩具	各种片、块、管、粒等	套	20	60 40 20	40 40 20	20 20 20	20	
W205	螺旋玩具		件	15	6 6	4 4	2 2		
W206	穿编玩具		套	50	14	12	5		
三	角色、表演游戏器具								
W301	角色游戏玩具	医院、交通、商店、工厂、邮局、家庭等自选	套	100	8 8 6	8 8 6	6 6 4		
W302	桌面表演游戏玩具		件	10	8 8 8	4 4 4	4 4 4	2	
W303	木偶	指偶、袋偶	套	120	4	2	1	1	
W304	头饰		套	30	4	2	1	1	
W305	模型	人物、车辆、动植物等	套	50	4	2	1	1	
四	科学启蒙玩具								
W401	小风车		个	3	8 12	6 10			

续表

编号	名称	规格	单位	参考价格(元)	一类园	一类大	一类中	一类小	二类园	二类大	二类中	二类小	一类园	一类大	一类中	一类小	学前班	备注
W402	陀螺		个	1		8	4			4	2							
W403	万花筒		个	3		2	2	2		2	2	2	☆					
W404	放大镜		个	5		4	4	2		4	4	2		2	2		4	
W405	寒暑表		个	1		2	2	2		2	2	2		2	2	2	1	
W406	地球仪		个	20	1				☆								1	
W407	磁铁块		块	0.40		30	30	30		30	30	30		30	30	30	20	
W408	沙水箱（池）		个	200		2	2	2		2	2	2	1	1				
W409	沙水玩具配件		套	50		2	2	2		2	2	2	1	1				
W410	磁性玩具		套	100	1				1									
W411	弹跳玩具		套	40	1				1									
W412	滑动或滑轮玩具		套	30	1				1									
W413	计算器	教师演示用	个	10	1	1			1	1			1	1			1	
W414	幼儿计算器		个	4		10	10			8	8			6	6		10	
W415	小型计数材料	100个一盒	盒	15	若干				若干				☆					
W416	几何图片		盒	8		10	10	4		6	6			4	2		20	
W417	图形投放盒		个	10			2	6			2	4			2	4		
W418	图形戳		套	5		8	6	4		6	6	4		4	4	2		
W419	数行接龙		盒	8		10	8			8	4			6	2			
W420	巧板	三巧、五巧、七巧	套	2	40(七巧)				30				10				40(七巧)	
W421	图形钉板	0.22×0.22	块	3		10	6			8	4			6	2			
W422	套式玩具	套人、套塔、套筒、套碗	套	10			4	4			4	4			4	4		
W423	钟面		个	10	2大36小				1				1				1	
W424	简易认知器		套	20	4				4								2	
W425	儿童棋		套	15		10	4			10	4			10	4		4	
W426	儿童牌		套	15		10	4			10	4			10	4		4	

续表

编号	名称	规格	单位	参考价格(元)	一类				二类				一类					备注
					园	大	中	小	园	大	中	小	园	大	中	小	学前班	
W427	天平	吊斗式、挂斗式、托盘	个	15		2	2	2		2	2		3				1	
W428	拼图或挂图形镶嵌		盒	10	40				40							4		
W429	量杯		套	30	☆				☆									
五	音乐类																	
W501	风琴	或与手风琴任选一种	架	400		2	2	2		2	2	2		1	1	1	1	
W502	儿童木琴	或与钢琴任选一种	架	100	1				☆									
W503	鼓		个	40	4				2				1					
W504	锣		个	15	1				1									
W505	钹		个	10	6				4				2					
W506	木鱼		个	5	8				4				2					
W507	三角铁		个	6	4				4				2					
W508	碰钟		对	8			4				4				2			
W509	沙锤		对	20	6				4				2					
W510	蛙鸣筒		个	5	4				2				2					
W511	双响筒		个	10	6				4				2					
W512	串铃		个	6	8				4				2					
W513	响板		付	2	10				10				10					
W514	铃鼓		个	12	10				10				10					
W515	钢琴		架	4500	1				☆									
六	美工类																	
W601	小剪刀	安全剪刀	把	2			70	70			70	70			70	70	40	
W602	泥工板		块	1		70	70	70		70	70	70	40				40	
W603	调色板		个	1	40				40									
W604	彩色水笔、油画棒、蜡笔		套	4		70	70	70		70	70	70	100				40	任选一种
W605	美术面泥		袋	5	100				80				60					
W606	小画板		块	3	☆													
W607	小画架		个	20	☆													

续表

编号	名称	规格	单位	参考价格（元）	配备教具 一类 园 大 中 小	二类 园 大 中 小	一类 园 大 中 小	学前班	备注
七	图书、挂图和卡片								
W701	幼儿读物		册		人均3册以上	人均2册以上	人均1册以上	人均2册	
W702	教育挂图		套	35	10	10	10	4	
W703	各种卡片			5	16 16 16	12 12 12	8 8 8	10	
八	电教类								
W801	电视机		台	2000	1	☆	☆		
W802	收录机		台	400	2 2 2	3	3		
W803	幻灯机		台	200	1	1	1		
W804	投影仪		台	600	1	1	☆		
W805	投影片		套	40	1	1	☆		
W806	录像机		台	2500	☆				
W807	录像带	系列	盘	20	☆				
九	劳动工具类								
W901	喷壶		把	5	2 2 2	2 2 2	2 2 2	1	
W902	小桶		个	5	8 8 6	6 6 4	4 4 2	4	
W903	儿童铁锹		把	6	40	20	10		
W904	小铲子		把	5	40	20			
W905	小锤子		把	5	2 2 2	2 2	2 2	2	
W906	幼儿工作台		套	200	1	☆			

　　需要说明的是，这一版《幼儿园玩教具配备目录》颁布至今已经20多年，随着时代的发展，其中很多内容已经不能适应当前我国学前教育事业发展的要求，因此，对1992年《幼儿园玩教具配备目录》的修订工作已经启动。例如，2011年12月，教育部教学仪器研究所召开了"修订《幼儿园玩教具配备标准》工作汇报会"，介绍了修订标准工作的一般过程和此次修订工作的科学流程，介绍了修订标准工作中文献调研、实地调研、系列专家咨询会所获得的第一手研究资料，提交了国内外幼儿园玩教具配备情况报告以及标准建议稿（草稿）。

第二节　因地制宜进行幼儿园玩教具的开发与制作

在原国家教委对 1992 年《幼儿园玩教具配备目录》的说明中，专门提到"提倡幼儿园参照本目录的内容，就地取材，利用各种无毒、安全卫生的自然物和废旧材料自制玩教具"。许多幼儿园一直以来都不仅有购置的玩教具，也都会在本园因地制宜地开展自制玩教具活动，可见自制玩教具在幼儿园中占有不可替代的位置。

一、幼儿园自制玩教具的意义

在幼儿园提倡自制玩教具不仅具有节约的作用，同时也有助于幼儿园、家庭、社区三位一体，教师、幼儿和家长共同参与，促进幼儿身心全面发展。

(一)培养幼儿的创新意识

教育创新要从娃娃抓起，全面推进素质教育也要从学前教育抓起。幼儿创造性的灵感和天赋往往是从游戏活动中发展来的。在幼儿游戏活动中，玩教具是不可或缺的教学资源。在幼儿教育教学活动过程中，广大教师亲自动手制作活动玩教具，把自己对认知规律的把握及对知识的领会经过自己的思考创新，物化为知识的载体，是自制玩教具的生命力所在。玩教具虽小，但它是教育思想和教育观念的具体体现，是教师和幼儿创造精神的体现，也是幼儿教育教学重要的物质手段和教育资源，对实现教育目标、提高教学质量具有十分重要的作用。幼儿越小，创造力越明显。如今，我国也在幼儿创造力培养中下足了功夫，幼教工作者则要从自身做起抓紧对下一代的培养。在幼儿园活动中，为幼儿提供充足的玩教具，以便他们在玩游戏、玩玩教具的过程中潜移默化地培养创造力，让他们感觉到创造就是这么简单，不再墨守成规，敢于创新。

(二)促进教师的专业化发展

如前所述，既然玩教具是幼儿学习与发展的"课本"，那么幼儿园教师就应当像钻研文字教材那样去研究玩教具，充分发挥玩教具的发展价值与教学潜能。根据本班幼儿游戏和学习的实际需要，选择、设计和制作适宜的玩教具，为幼儿的游戏和学习创造适宜的条件，是幼儿园教师重要的专业技能。在幼儿园开展玩教具的制作和废旧材料回收利用的教研活动可以促进教师的专业化发展。

(三)促进家长参与，家园合作

家长参与和家园合作是提高幼儿园教育质量、促进幼儿身心健康发展的重要条件。幼儿园的自制玩教具活动可以成为家长参与幼儿的学习过程、家园合作的重要途径，对于提高家长参与及家园合作的深度和广度具有重要意义，具体体现在以下几个方面。

①有助于家长认识和了解幼儿园教育教学的特点、内容，生动直观地感受到游戏和玩教具对于幼儿学习和发展的重要意义，更新教育观念。

②家长可以帮助收集自制玩教具的材料、提供设计和制作经验、参与围绕自制玩教具开展的主题活动等，使家长能够在参与幼儿学习过程的层面上和幼儿园合作，提高家长参与幼儿园工作的广度和深度。

③有助于家长体验和认识自己的教育责任和能力，唤醒和增强家长作为幼儿"第一任教师"的角色意识，使家长积极主动地参与到幼儿的教育过程中来，有益于增进亲子关系及家长之间的分享和交流。

近年来，家长参与的幼儿园自制玩教具活动正在各地悄然兴起。在我国广大农村地区，家长有着丰富的乡土文化知识和自制玩具的经验。幼儿园自制玩教具活动为家长参与和家园合作创造了便利的条件。

(四)有助于社会文化的传承

玩教具不仅仅是玩物和操作之物，它们还是文化传承的重要工具和手段。玩教具和自然游戏材料的不同之处在于它是人类社会的文化产物，凝聚着人类社会的文化历史经验和价值观。例如，以芭比娃娃为代表的"洋娃娃"及其系列玩具，从形象到所传递的生活方式和价值观都带有明显的西方文化烙印。在幼儿玩玩具的过程中，玩具所传达的审美趣味和价值观也在潜移默化地影响着幼儿。20世纪80年代以来，多元文化和反偏见教育运动的兴起使得玩教具的文化传承功能受到普遍重视，以无偏见和无歧视的方式反映人类和文化的多样性成为玩教具的新使命。

幼儿园自制玩教具是社会文化传承的重要途径。自制玩教具的创意往往来自节庆活动、传统习俗、民间游戏等本土文化资源，在取材上往往利用当地的自然材料，这对于幼儿了解我国传统文化和本地文化及生活习俗具有独特的作用。例如，端午节的布老虎、中秋节的兔儿爷、清明节的风筝、元宵节的花灯、春节的舞龙等自制节庆玩教具，都有助于幼儿认识和了解我国的传统文化和生活习俗。

(五)节约幼儿园经费

很多幼儿园因经济原因或市场上买不到合适的玩教具，而只能用自制玩教具的方法完成教学任务。实际上，自制玩教具因来自教学实践的需求，比市场上购买的玩教具更符合特定的教育目标及特殊的教育活动内容。随着教育改革的不断深入、幼儿教育教学内容的不断更新，市场上出售的玩教具的发展往往滞后于幼儿教育实践的要求，所以要获得满足幼儿教育活动需要的玩教具，最好的方法就是自制。这也正是幼儿园教师开动脑筋，用自己灵巧的双手制作了不计其数的深受幼儿喜爱的玩教具的动力所在。其实，在很多幼儿园中，制作玩教具已成为他们的传统，广大教师制作的玩教具在幼儿教学活动中发挥着重要作用。教师用自制玩教具创设幼儿的学习生活环境，传递知识和文化，促进幼儿各方面的发展。

二、幼儿园自制玩教具的原则

幼儿园教师自制玩教具在很多幼儿园已成为传统，但有些教师自制的玩教具并没有发挥它们应有的作用，尽管华丽却只能沦为幼儿园的摆设。很多教师制作玩教具时只注重玩教具的装饰性和欣赏性，并没有注重玩教具的操作性和实用性。缺少幼儿参与的玩教具就如同人缺少了灵魂一般。自制玩教具应该遵循以下原则。

(一)安全性原则

玩教具可以给幼儿带来快乐，但设计不科学或劣质的玩教具也可能成为"杀手"，给幼儿带来伤害。在玩教具伤害中，常见的有被玩教具的锋利边缘割伤，被玩教具武器(如玩具枪、弹弓等)打伤或从玩教具(如坦克城堡、木马)上跌落下来，吞食或将玩教具的小零件塞入鼻中受到伤害。自制玩教具在安全性方面的评价应当参照国家关于玩教具的安全、卫生标准，确保在材料的使用、操作方法等方面不会对幼儿造成伤害，具体包括以下几个方面。

①所用的材料不应含有有毒物质，不应使用受过污染的材料。幼儿园自制玩教具往往较多使用废旧材料，在使用前应当采取适宜的方法对这些材料进行消毒，确保不会对幼儿的身体健康和安全造成不良影响。

②所用的材料和制成品不应有可能割伤或刺伤幼儿皮肤或眼睛的尖锐的角、锋利的边缘，或有可能夹住幼儿手指、头发或皮肤的裂缝。

③如果采用电动或机械装置，要防止漏电，机械部分应牢固地安置于玩教具的腔体中，在任何情况下都不会因打开而掉出来。

④玩教具包括其零配件的体积不能过小，零配件不易松脱，不能带有长线(长度不超过 30 厘米)。这是为了避免幼儿因吞食而窒息，或因把玩教具塞入耳、鼻中和因长线缠住脖子、绊倒而造成意外伤害。

⑤填充类自制玩教具应注意采用质量较好的填充材料和不易破裂的表面材料，缝制要牢固，避免因表面破裂而造成填充物被幼儿误食。最好不要选用长毛绒等材料制作玩教具。

⑥要考虑制成品的大小和重量等。玩教具的大小以适合幼儿把握为宜。过分细小和过重的玩教具都不适合幼儿。

⑦选用的材料应当有利于环境保护和可持续发展。近年来，"环保"越来越贴近人们的生活，尤其是近两年雾霾天气的加剧，让人们在担忧后代生存环境的同时，自身的环保意识、环保观念也增强起来。教师要以身作则，在制作玩教具时要实现玩教具的环保意义，注重废旧物利用，还要注意不要提供给幼儿含有害物质的废旧物做玩教具。

(二)实用性原则

传统自制玩教具通常注重美观，而忽视玩教具最基本的作用——实用性。玩教具是为教育教学服务的，以幼儿学习或游戏为目的，所以最基本的功能不能忽视。在很多幼儿园，通过向幼儿提供可乐瓶、毛线、一次性碗、各类豆子、筷子，让幼儿使用筷子喂娃娃吃东西。在该游戏中，材料环保，同时可以培养幼儿手部小肌肉的发展。例如，在"弹珠宝宝闯关"游戏中，幼儿要端着自制的纸盒，将弹珠绕过阻碍物进入目的地，可以多名幼儿一起参与进行比赛，增强玩具的趣味性，也可以考验幼儿的协调性；在"棋排序"游戏中，则可以在一个纸盒里摆上一些贴有小动物贴纸的啤酒瓶盖，让幼儿根据颜色、图形进行有规律的排序，可用于幼儿园的数学教学中。

(三)科学性原则

相当多幼儿园的自制玩教具都属于教育性玩具。教育性玩具通常包含一定的学习任务，它把抽象的概念具体化，让幼儿通过操作来学习和理解抽象的概念。实际上，它更像教具或学具，其教育功能大于娱乐功能。因此，在自制教育性玩具时要注意知识、概念与原理正确，确保玩教具的结构与使用方法符合科学原理。例如，在"弹珠迷宫"这样的游戏中，幼儿园教师利用废旧木头、包装纸、卡纸制作一个箱子，再给幼儿一些会滚动的珠子，让幼儿利用各种珠子来观察滚动的速度。教师的目的在于利用物体重力这一原理让幼儿通过玩玩教具获得一些科学常识。

幼儿园自制玩教具的科学性还应包括它是否符合幼儿身心发展的特点、水平和客观规律。从当前幼儿园自制玩教具的情况来看，有必要注意避免幼儿园自制玩教具小学化的倾向。在自制玩教具时，要考虑玩教具所承载的知识、概念和原理是否是幼儿在学前教育阶段需要去学习的，幼儿是否能够真正理解这些知识、概念和原理。

(四)趣味性原则

玩教具的趣味性要求玩教具的设计者、制作者以幼儿为中心，体味童心、童趣。在相当长的历史时期内，玩教具的设计和生产是以成人为中心、从成人角度出发制造的，为幼儿制作的玩教具是成人世界物品的缩微物，反映成人的审美趣味。以"娃娃"为例，一直到20世纪初，玩偶才开始做得像幼儿的样子，也才开始穿上幼儿的衣服。随着以幼儿为主要消费对象的玩教具市场的形成，幼儿逐渐占据玩教具设计和生产的中心，玩教具的设计和制作开始注意反映幼儿的兴趣、年龄特点和审美趣味等，力求以丰富多彩的造型、色彩、声响吸引幼儿。从古代到现代，玩教具最大的变化是不再为成人制作，而是为幼儿制作。

富有趣味性的玩教具首先要在色彩、造型等外观因素上受到幼儿喜爱，符合幼儿的审美情趣，为幼儿喜闻乐见；其次在玩法上要能激发幼儿的活动兴趣，操作过程有趣，具有可探索性。简言之，富有趣味性的玩教具要好看又好玩。例如，幼儿园教师利用废旧纸盒、吸管、泡沫板、海棉纸、夹子等工具制作一个花园，再让幼儿按自己的喜好充实花园，既能提升幼儿的制作兴趣，又能丰富幼儿的想象力。

(五)创新性原则

幼儿园自制玩教具的创新性主要表现在以下两个方面：①构思新颖。自制玩教具在外形、结构、使用方法及所用的材料等方面要独具一格或能推陈出新；②有利于幼儿想象和创造。一般来说，形象性的、开放性的玩教具有利于激发幼儿的想象力和创造力。

例如，有的幼儿园制作"数字瓶"，就是利用一些图形卡片、毛线、珠子、彩纸、鞋带等材料在矿泉水瓶盖上串入鞋带系住，用彩纸剪出不同的形状并塑封好，中间打孔，准备各色珠子，最后再用毛线串入瓶身做瓶子娃娃的头发，让幼儿根据瓶子外面的数字选择相应的图形卡片串入，也可根据数字将瓶盖旋开放入相同数量的珠子。这样的玩教具可以锻炼幼儿的数物对应能力、点数能力，同时在旋开瓶盖的过程中还锻炼了幼儿手部小肌肉群的发展。

（六）简易性原则

幼儿园自制玩教具不同于购置玩教具的地方就在于其简易性。这种简易性表现在两个方面：一是就地取材、体现地方特色、成本低廉；二是制作方法简单、使用方便。例如，幼儿园教师可以用一些塑料瓶、毛线、卡纸等材料制成的秋千，让娃娃来"荡秋千"，制作方法简单、取材方便，可以让幼儿选择自己喜欢的"娃娃"荡秋千，并且通过写一些标语来表达幼儿游戏时的心情。

（七）参与性原则

教师在自制玩教具时，应当坚持"幼儿能做的就不要代替他们去做"的原则。让幼儿自己制作玩教具比教师做给他们玩更有意义。例如，教师和幼儿共同设计和制作"雪花制造机"，教师可以给幼儿提供一些废旧纸盒、废旧白纸、泡沫板等材料，让幼儿在教师的指导下自行制作制造机。幼儿可以利用手中的扇板扇动的速度来使盒内的"雪花"从出口飘出，制造雪花飘落的感觉。

总之，在设计玩教具时，教师需要运用学前教育学、认知心理学和玩教具设计等相关理论。其实，幼儿园教师只要开动脑筋都可以变成心灵手巧的设计师，在教学时多为幼儿着想，自制的玩教具就会更实用、更有价值。自制玩教具包含着丰富的教育思想，其使用也涵盖着现代教育思想。有关部门应多组织各幼儿园评比自制玩教具的活动，可以为各区域不同办学水平的幼儿园之间搭建一个交流的平台，促进各园之间的广泛交流，促进幼儿园的教育改革不断深入。教师可以通过此类活动观摩评比优秀的玩教具，实现教育观念的转变，不断提高自身素质，从而整体提高幼儿的教育水平。

幼儿园教师资格证考试·真题再现

2017 年上半年《保教知识与能力》材料分析题

教师为了帮助大班幼儿了解春天的季节特征，同时在其中渗透数学教育，专门制作了一套"春天"的拼图，拼图底板是若干道 10 以内的计算题，每一小块图形的正面是春天景色的一部分,背面是计算题的得数。教师希望幼儿根据计算题与得数的匹配找到拼图的位置。然而,材料投放之后,教师却发现许多幼儿不用做计算题就能轻松完成拼图,也未对图片中的季节特征产生观察与研究的兴趣。

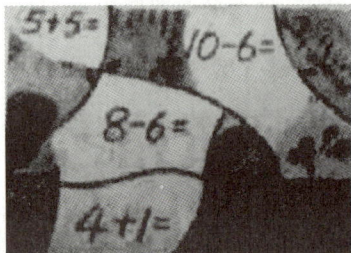

图1 尚未完成的拼图

图2 其中一小块图形的正面与背面

问题:(1)请从幼儿获得科学经验的角度,分析这一拼图材料的投放对达成教学目标是否适宜。为什么?

(2)该材料在设计上存在什么问题?请提出改进建议。

【参考答案】

(1)不适宜,幼儿以具体形象思维为主,抽象逻辑思维只是初步萌芽,材料当中,教师所设计的活动,更加重视的是幼儿的加减计算能力,而忽略了幼儿对于事物的感知能力,因此,幼儿通过这个活动,大多是利用形状来进行拼图,而非利用抽象计算和图片观察。

(2)教师教具的投放,必须适宜幼儿的发展水平,而材料中老师的材料设计不符合幼儿的思维发展水平,更没有激起幼儿探究与学习的欲望和兴趣。教师应该了解幼儿目前的思维特点是以具体形象思维为主,引导幼儿通过直接感知亲身体验和实际操作进行学习。

建议如下,将拼图变为大小形状一致的几个部分,以避免形状因素对幼儿游戏的干扰,如果教师的教学重点是帮助幼儿掌握10以内的加减法,可以通过游戏,设置情境来完成目标,而不是枯燥的计算。如果教师的重点在于引导幼儿观察图片,那么就应该去掉10以内的加减计算这样的一个环节。

2019年上半年《保教知识与能力》材料分析题

在开展"烧烤店"游戏前,大一班的李老师加班加点为幼儿准备了烧烤架,烧烤夹,以及各种真的"鱼丸""香肠"等食材;大二班王老师没有直接投放材料,而是与幼儿商量并支持他们自己去寻找、搜集所需材料,幼儿游戏情景分别见图1(大一班)和图2(大二班)。

图1　　　　　　　　　　　　　　　图2

问题：(1)哪位教师的做法更恰当？

(2)请分别对两位教师的做法进行评析。

【参考答案】

(1)大二班王老师的做法更恰当。理由如下：

材料中"烧烤店"的游戏属于角色游戏，大班幼儿的角色游戏处于合作游戏阶段，喜欢与同伴一起游戏，能按自己的愿望主动选择并有计划地游戏。材料中大一班的老师虽然用心准备了游戏材料，但是没有考虑到幼儿的自主性，限制了幼儿在游戏中想象力的发展，因此是不恰当的。大二班王老师没有直接投放材料，而是与幼儿商量、支持他们去寻找和收集材料的做法更符合大班幼儿角色游戏的特点，因此王老师的做法更恰当。

(2)李老师的做法不恰当。

①角色游戏具有创造性和过程性的特点，可以促进幼儿创造力和想象力的发展。材料中大一班的李老师在游戏时为幼儿准备的都是逼真的高层次成品材料，会限制幼儿想象力的发展。

②游戏具有自主性的特点，游戏中的材料应该根据幼儿的兴趣来提供或由幼儿自己制作。大一班的李老师没有了解幼儿的想法而是直接为幼儿来提供材料，违背了幼儿游戏自主性的特点。

指导案例

幼儿园玩教具制作场景再现

为了参加市级玩教具制作比赛，各班级老师发动家长，共同动手制作玩教具，有的用来装点楼道环境，有的用来装点班级环境，有的用来丰富户外体育活动，等等。

大三班老师组织亲子制作瓶子娃娃活动。家长们带来各种塑料的、玻璃的瓶子，老师提供了彩笔、皱纹纸、毛根、剪刀、胶棒、各色毛线、彩泥、乒乓球等材料，供亲子自选。有的亲子用乒乓球做头，皱纹纸做裙子，毛根和毛线做头发、头饰，制作了矿泉水瓶娃娃。有的家长全部用毛线做材料，装饰了玻璃瓶子，制作了毛线瓶妈妈。有的家长全部用皱纹纸当材料，制作了民族瓶娃娃。亲子制作，其乐融融，家长们比孩子还投入，孩子们比任何时候都高兴。这样的玩教具制作活动已经不单单是一次手工制作活动，同时具有增进家园情感、亲子情感的重要作用。

三、幼儿园自制玩教具活动介绍

活动一：创意坊

适宜班级：大班

玩教具功能

幼儿通过操作材料，拼贴出各种漂亮的图画或对称、不对称的作品，从而体验创作的快乐和成功感。

制作材料及方法

制作材料：剪刀，胶棒，各种颜色的手工纸，各种不同形状（如三角形、圆形、正方形）和颜色的纸片，纸花，皱纹纸球等。

制作方法：利用剪刀剪出各种形状的纸片，发挥想象力，将不同颜色、不同形状的纸片利用胶棒粘接成新的作品。

玩教具玩法

幼儿以整张手工纸为背景，在想象的基础上选择粘贴纸花、纸片，组合出一张形象的图画或对称、不对称的图案。

思考与实践

游戏玩具的设计属于开放性的创造。在游戏过程中，幼儿除可以认识各种形状、颜色之外，最重要的是能够充分发挥自己的想象，激发创作的兴趣。我们是否能以此为蓝本，以不遏制幼儿的想象力为标准，制作出更多的适合幼儿发展的玩教具呢？

活动二：排排队

适宜班级：中班

玩教具功能

①能初步理解相邻数，掌握"7"以内数的相邻数。

②能正确认读阿拉伯数字，并将数字与实物数量一一对应。

③能按实物的特征进行分类，按类别寻找"7"以内数的相邻数。

制作材料及方法

制作材料：酸奶盒、牙膏盒、管形玩具、圆形玩具、实物卡片、数字卡片。

制作方法：将酸奶盒和牙膏盒装饰上漂亮的颜色，将圆形玩具贴在盒上作为底托，在管形玩具上分别贴上不同数量的实物卡片和数字卡片。

玩教具玩法

①教师引导幼儿依据实物卡片寻找"7"以内数的相邻数，并按顺序依次将管形玩

具插在底托内。

②根据实物卡片的数量再依次将数字卡片与其相对应，将贴有数字卡片的管形玩具插好。教师引导幼儿准确认读阿拉伯数字。

③幼儿根据卡片上实物的特征进行分类游戏，引导幼儿和同伴合作按不同的类别找出"7"以内数的相邻数，体验游戏的快乐。

思考与实践

这是一节以认识"7"以内的数字，并以一些玩具制成的玩教具为主要活动材料的数学课，这样的玩教具可以激发幼儿学习数学的兴趣。我们还可以怎样利用一些玩教具推广到其他的学科领域呢？

活动三：高跷铁罐

适宜班级：大班

玩教具功能

幼儿通过操作材料用罐头铁罐代替高跷进行游戏，锻炼平衡能力，激发冒险精神。

制作材料及方法

制作材料：罐头铁罐。

制作方法：选取罐头铁罐代替传统的高跷，用绳索固定在铁罐上，让幼儿能够安稳地站在上面，并能够自己控制脚下的"高跷"往前移动。

玩教具玩法

让幼儿踩着罐头铁罐，拉住罐头铁罐上的尼龙绳控制自己的脚步，看谁走得远。

思考与实践

这是一次锻炼幼儿平衡力的活动，其材料是利用废弃的罐头铁罐制成的，这种实践活动对于幼儿园来说是很有必要的，请再利用其他废弃物制作玩教具来开展一项有效活动。

四、幼儿园自制玩教具实例[①]

玩教具名称：数的分解卡

所属区域：数学操作区

玩教具用途：自主或小组练习数的分解

玩教具玩法

①拿出一个红色带点子的数字卡。

②根据数字或点子的量，找出可以分解成的两个粉色卡片的数字。

③分清左右(空洞为错误控制)，分别用螺丝帽和螺丝扣，旋钉在一起。

---

① 此部分内容主要由保定市青年路幼儿园提供。

④操作完一个任务，会出现蝴蝶的样子。请幼儿分别点数蝴蝶翅膀上的点子，看是不是合起来就是蝴蝶身体上的数量。同时，练习几和几合起来就是几、几可以分成几和几，进行数字的分与合（见图9-1）。

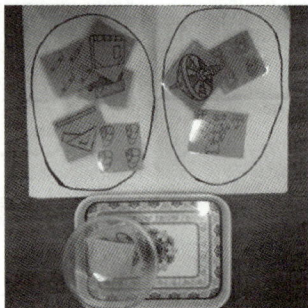

图 9-1 　　　　　　　　　　图 9-2

玩教具名称：分类卡

所属区域：数学操作区

玩教具用途：自主练习分类

玩教具玩法

①取出操作盘，打开分类纸。

②分别取出小碗内的卡片，全部展示开。

③自行观察哪些图片有哪个共同特征、哪些图片不具备这一特征，把卡片分成两类，分别放进两个圈内（见图9-2）。

④说一说分类的标准是什么。

玩教具名称：自制数字分解摇桶

所属区域：操作区

玩教具用途：了解数的分解

玩教具玩法

①随意拿起一个摇桶，摇一摇。

②桶内的材料会自然分成两份，或者有一边是空的。

③根据两边的情况，分别数一数数量，并记录在纸上。

④给同伴说一说几可以分成几和几（见图9-3）。

玩教具名称：数量大转盘

所属区域：操作区

玩教具用途：了解数与量的关系

玩教具玩法

①选择一种水果，数一数有几个。

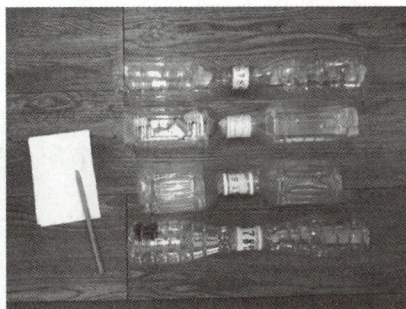

图 9-3

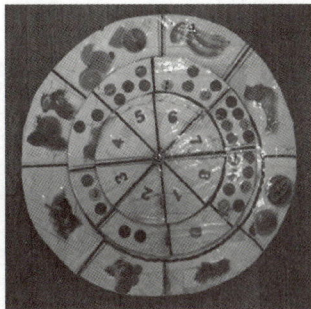

图 9-4

②转动转盘，使相应数量的点子与水果对应。

③转动数字，使相应的数字与点子和水果对应。

④可以双人 PK 比赛玩，一人一次(见图 9-4)。

玩教具名称：数的分解任务单

所属区域：操作区

玩教具用途：练习数量表征

玩教具玩法

①根据任务单完成数的分解任务。

②如图 9-5 所示，根据插片的颜色，选择相应颜色的笔分别涂任务单上的空心的插片图片，总数量为 4。

③用对应图片颜色的笔分别写出 4 可以分成几和几。

④看看有几种分法。完成后再选择其他数字任务单操作(见图 9-5)。

图 9-5

图 9-6

玩教具名称：一一对应卡片

所属区域：操作区

玩教具用途：练习一一对应以及感受模式

玩教具玩法

①根据任务单上已有的图片，选择大小和颜色对应的图片，重叠到上面。

②自己用手指着，一边指一边说一说，发现了什么规律。

③可以两个人一起玩，一个人找对应图片，一个人说一说发现了什么规律（见图 9-6）。

玩教具名称：分类图卡

所属区域：美术区

玩教具用途：涂色并按类别分扣子

玩教具玩法

①可以依据颜色、形状、大小分别练习分扣子。

②分别为三个小人按上扣子，说一说依据什么标准分的（见图 9-7 至图 9-9）。

图 9-7

图 9-8

图 9-9

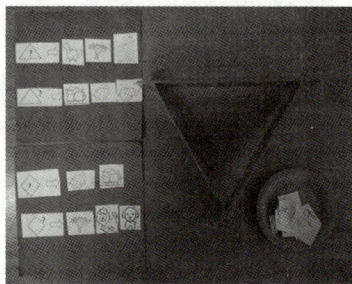

图 9-10

玩教具名称：分类练习材料

所属区域：操作区

玩教具用途：学习分类和识别空间，能根据任务单要求进行相应操作

玩教具玩法

①选择一个任务单（每排最左图）。

②先用三条可以连接的活动条拼搭成任务单上的图形（如三角形、正方形等）。

③识别任务，并根据任务单上的要求完成相应的任务（见图 9-10）。

玩教具名称：玩纸浆

所属区域：美工区

玩教具用途：学习读步骤图，用纸浆制作玩具

玩教具玩法

①学习辨识制作纸浆的步骤图。

②根据步骤图准备相应的材料。

③根据提供的半成品材料或者自己找的材料，制作纸浆作品（见图 9-11 至图 9-16）。

图 9-11   图 9-12

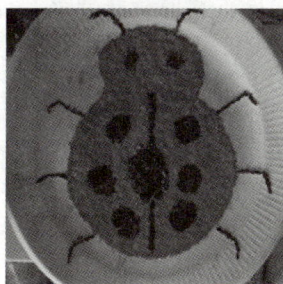

图 9-13   图 9-14

 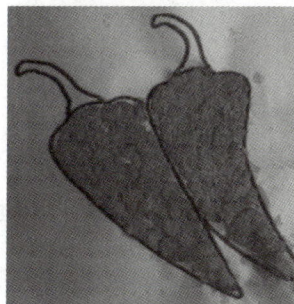

图 9-15   图 9-16

玩教具名称：图形匹配

所属区域：美工区

玩教具用途：练习识别形状并涂颜色

玩教具玩法

①根据任务卡，找到相应形状的卡片，同位匹配图片。

②根据形状卡片的颜色，为任务单上相应的形状涂上对应的颜色（见图 9-17）。

图 9-17   图 9-18

玩教具名称：刺猬卡

所属区域：美工区

玩教具用途：练习数量对应，锻炼小肌肉

玩教具玩法

①根据刺猬身上的数字，排出先后顺序。

②为每个刺猬卡片夹上与其身体上数字对应数量的夹子。

③可以先用同颜色的夹子完成任务，逐步过渡到能用不同颜色的夹子完成任务（见图 9-18）。

玩教具名称：苹果树

所属区域：数学区

玩教具用途：按数取物

玩教具玩法

①选择黄色的数字卡，放在一边或者粘在树干上。

②根据数字卡的数字，选择相应数量的苹果粘到苹果树上（见图 9-19）。

图 9-19   图 9-20

玩教具名称：颜色海绵块

所属区域：美工区

玩教具用途：创造模式

玩教具玩法

①用牙签的两头都扎上海绵块，一个接一个，不断变长。

②尝试创造出多个可识别的模式（见图9-20）。

玩教具名称：对称卡

所属区域：美工区

玩教具用途：感受对称美

玩教具玩法

根据任务卡上的图形或图案，选择两片能拼成一个完整图形的卡片，放在相应的位置（见图9-21）。

图 9-21

图 9-22

玩教具名称：可爱的小石头

所属区域：美工区

玩教具用途：彩绘石头，并绘制数字与点子

玩教具玩法

①幼儿自己用丙烯颜料彩绘小石头。

②在教师的指导下，在石头上写1~10个数字。

③在教师指导下，在另一些石头上点出1~10个相应的点子（两类石头用不同的颜色区分）。

④小组一起玩数字与点子一一对应的游戏（见图9-22）。

玩教具名称：鸟蛋归巢

所属区域：数学区

玩教具用途：按数取物联系

玩教具玩法

①按照顺序把带数字的鸟巢摆好。

②根据不同的数字能分次或一次拿出相应数量的鸟蛋，让蛋宝宝回家（见图9-23）。

图 9-23   图 9-24

玩教具名称：有趣的编织

所属区域：美工区

玩教具用途：锻炼手部小肌肉，能边玩边创造可以识别的模式

玩教具玩法

①选择一个母板（即一个小动物）。

②在教师的指导下，将带颜色的布条上下上下，穿插编进母板材料中。

③能创造出一个可以识别的模式（见图 9-24）。

玩教具名称：数数有几根头发

所属区域：美工区

玩教具用途：锻炼小肌肉，尝试创造一个模式（小班）

玩教具玩法

①两人一起玩。一个人说出 1~10 的一个数字，另一个人根据数字用夹子为织布小人儿夹上头发。

②可以用同一颜色的夹子，逐渐过渡到可以用不同颜色的夹子，最后能用不同颜色的夹子创造模式。

③观察一下，两个人都说一说发现了什么规律（见图 9-25）。

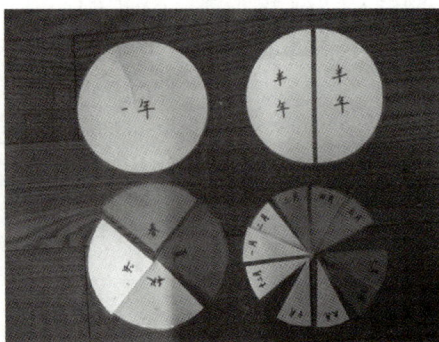

图 9-25   图 9-26

玩教具名称：感受季节与月份

所属区域：科学区

玩教具用途：形象感受年与月份

玩教具玩法

①根据季节与月份，拼出季节罗盘。

②说一说：一年有几个季节？每个季节几个月？（见图9-26）

玩教具名称：彩绘小石头

所属区域：美工区

玩教具用途：让幼儿用丙烯颜料彩绘小石头

玩教具玩法

在教师指导下，根据提供的图案，彩绘小石头，发展幼儿对色彩的感受力及创造力（见图9-27）。

图 9-27

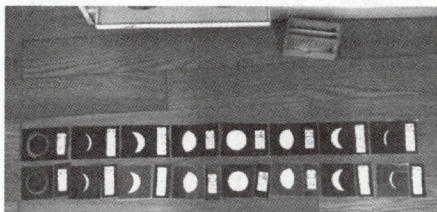

图 9-28

玩教具名称：月亮的变化

所属区域：科学区

玩教具用途：让幼儿形象感知一个月中，月亮形状发生的变化，并初步了解每种形状的月亮都叫什么名字

玩教具玩法

①铺开示范卡（见图9-28）。

②找出相应的图片，分别放在示范卡下边。

③找出示范卡相应的名字，分别放在相应的位置。

④说一说：每个月亮的形状像什么？能不能给每个月亮起一个形象的名字？把所有的图片连到一起，发现了什么规律？（见图9-28）

本章小结

1. 玩教具以其形象、色彩和声响吸引幼儿，能激发幼儿动手、动脑及身体各部位活动的积极性。幼儿通过摆弄和操作玩教具进行学习、探究和实验，不仅促进其动作和手眼协调能力的发展，也促进他们智力的发展。

2. 对于幼儿而言，"玩教具"可以是任何东西。通常，我们把成人或幼儿专门制作的，供幼儿学习和游戏之用的物品称为"玩教具"，以区别于自然的、非专门制作的游戏材料。在幼儿园活动中，玩教具是幼儿在游戏和学习活动中使用的玩具和教具的统称。它是借助一定的物质材料，如布、塑料、木材、金属、纸张等，依据一定的设计要求，通过工业化生产或手工制作而完成的，可视的平面、立体或可活动的集游戏、娱乐、竞赛、教育功能于一体的，适合不同年龄、层次、智力类型需要的，开发智力、锻炼体魄、促进身心健康发展的游戏工具。

3. 在幼儿园使用的玩教具中，一部分是购置的；另一部分是自制的。前者以大型活动玩教具和塑胶、机械类玩教具为主，这类玩教具有一定的生产工艺要求，使用周期较长；后者则是幼儿园教师根据教育教学和幼儿游戏的需要，自行或者与幼儿共同设计与制作的，这类玩教具的制作工艺相对简单，使用周期短，但更贴近教学、贴近幼儿，是幼儿园购置玩具不可或缺的重要补充。

4. 针对幼儿机体和感官发展而设计的玩教具，具体分为以下几类：①针对视觉发展设计的玩教具，如气球、识图类的玩教具；②针对嗅觉发展设计的玩教具，如识别醋、酱油等的味道；③针对听觉发展设计的玩教具，如敲打类玩具、手摇铃；④针对体能发展设计的运动类玩教具，如学步车、球类玩教具、室外运动类玩教具。

5. 幼儿园的玩教具和游戏材料可以从不同的角度或根据不同的用途来分类。一般来说，根据用途，幼儿园玩教具可以分为以下几类：音乐玩教具、体育玩教具、表征性玩教具、建构性玩教具、娱乐性玩教具、智力玩教具、木偶戏玩教具、科教玩教具、节庆玩教具、自制玩教具、教育性玩教具。

6. 幼儿园自制玩教具应该遵循以下原则：安全性原则、实用性原则、科学性原则、趣味性原则、创新性原则、简易性原则和参与性原则。

关键术语

幼儿园玩教具　自制玩教具

思考题

一、简答题

1. 幼儿园玩教具可以从哪些方面进行分类？

2. 幼儿园自制玩教具的意义是什么？

3. 幼儿园自制玩教具应该遵循哪些原则？

二、论述题

分析我国当前施行的《幼儿园玩教具配备目录》，谈一谈可以做哪些方面的修订。

实训练习

1. 选择一所幼儿园，记录其自制玩教具的情况并分析是否符合自制玩教具的原则。

2. 请尝试运用废旧材料制作一种玩教具，利用下园见习的机会给幼儿操作，观察幼儿的使用情况，进行说明和分析。

拓展练习

以下为部分教师资格证考试面试真题，可扫描二维码观看。

面试真题

第十章　其他游戏资源的开发

学习目标 ▶

1. 了解民间游戏的概念、特点，知道民间游戏对促进幼儿身心发展的巨大价值。

2. 通过民间游戏的案例展示，了解民间游戏传承与开发的方式方法。

3. 了解绘本和绘本游戏的概念，掌握绘本游戏的分类方法，能够根据绘本内容设计和开发幼儿游戏。

学习导图 ▶

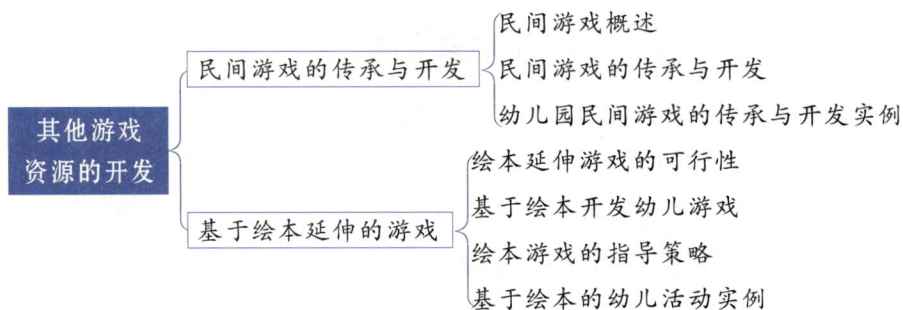

导入案例 ▶

案例一：有趣的沙包

在户外活动中，教师为幼儿准备了沙包，请幼儿自由探索沙包的玩法。孩子们有的用头顶沙包，有的用双腿夹沙包，还有的把沙包放在腿上，练习单腿走路。老师看到孩子们对沙包的兴趣这么浓厚，对孩子们说："我们来玩打沙包的游戏吧！""打沙包？"孩子们对打沙包的游戏好奇起来。"老师，快告诉我们怎么玩呢？""是呀，这个游戏好玩吗？"老师说："我们小时候经常玩这个游戏呢！"孩子们更加迫不及待起来。老师让两个幼儿站在相隔 4 米的位置上，老师站在中间位置，让两个幼儿用沙包来"打"老师，老师则是机灵地左右躲闪。两边的幼儿兴奋地用沙包"打"老师，老师和孩子们玩得不亦乐乎。

为什么一个沙包玩出了花样？为什么一个沙包备受孩子们的喜欢呢？是因为这些民间传统游戏使孩子们体验到了合作游戏的快乐。

案例二：彩虹色的花

早晨区域活动中，妮妮拿了一本《彩虹色的花》的绘本，画面上漂亮的颜色引起了她的兴趣。她一边看一边自言自语地说："花瓣的颜色真漂亮，有红色、黄色、粉色、绿色、蓝色、紫色，好美呀！"她一页一页地翻看着，看得很认真，"红色的太阳妈妈。""小蚂蚁来了，它坐上了红色的小船。""蜥蜴来了，怎么漂亮的花少了一片花瓣呢？""呀，小花又少了两片花瓣了，真可怜呀，小老鼠会说什么呢？""小鸟又飞来了，怎么又少了花瓣呢？"……"漂亮的小花都折断了，这可怎么办呢？""天上下雪了，小老鼠、小蚂蚁、蜥蜴、小刺猬在望着什么呢？""瞧，这朵花又长出来了，好温暖呀！"

在幼儿自主阅读绘本的情境中，妮妮对故事产生了浓厚的兴趣，她乐意自主阅读并猜测故事情节。教师关注到了这个情形，便根据幼儿的兴趣设计了绘本游戏"彩虹色的花"。在这个游戏中，教师基于绘本开展游戏活动，把绘本和手工游戏进行了整合，使幼儿不仅熟悉了故事情节，而且提高了动手能力，萌发了帮助他人的美好情感。在幼儿阅读时，指导他们理解故事情节和内容，丰富幼儿的认识和体验。

第一节　民间游戏的传承与开发

随着一些高科技的玩具和游戏的出现，民间传统游戏的空间受到不断冲击，进而濒临失传与离散。适合幼儿发展的民间体育游戏被教师和家长忽视，致使过去一些能增强幼儿体质，培养幼儿机智勇敢、团结友爱、遵守纪律等良好品德的民间体育游戏得不到传承与应用。

一、民间游戏概述

(一)民间游戏的概念

民间游戏是幼儿园重要的资源课程。民间游戏是人们自发创编、在民间广泛流传的、幼儿喜闻乐见的活动。这类游戏充满了浓郁的泥土味，而且不受一些条件的限制，随时随地即可进行，它具有随意性、简便性、趣味性、地方性等特点，不仅能增强幼儿的体质，促进幼儿的身心健康，还能开发幼儿的智力。民间游戏作为传统文化的一部分以其独有的特点及价值，在幼儿发展中起着十分重要的积极作用。

民间传统体育游戏指："源于中国民间传统游戏或体育项目，具有健身性和趣味性，便于参加，便于普及；形式文明、健康、内容活泼；具有独创性，不抄袭现有体育项目，但可加工、创意。"民间游戏是由民间创编，朴实生动，取材方便，活动形式多样的体育游戏。

说到民间游戏，人们耳熟能详的有"丢手绢""跳房子""抓沙包""打方宝"等，这些游戏伴随几代人度过了他们难忘的童年。民间游戏历史悠久、种类繁多，是民间文化，也是中华文化的重要组成部分。它既是一种本土化的特色生活方式，又是一种大众性的休闲娱乐手段。它不仅反映了传统文化发展的轨迹，而且也体现了民众的娱乐精神。

民间游戏是人们在劳动、生活、学习过程中创造出来的健体益智游戏。民间游戏易学、易会、易传，符合幼儿好学、好动、好模仿的心理特点，同时具有一定的思想性、教育性和娱乐性，对于幼儿身心健康的发展具有重要的促进作用。民间游戏灵活多样，活动内容非常丰富，如发展基本动作能力的"跳房子""跳皮筋"；有发展幼儿快速反应能力的"小孩小孩真爱玩""撞拐"；有提高手眼协调能力的"抓石子""弹玻璃球"等。

(二)民间游戏的特点

1. 生活性和地域性

民间游戏是与幼儿的生活息息相关的游戏，这就决定了民间游戏的生活性。同时，由于幼儿所居住的地域的差异性，民间游戏也具有了地域性的特点。在我国，由于民族、地域等的不同，不同地区都有着自己不同的民间游戏，而且很多民间游戏与当地的民俗文化是密切相关的，生活气息浓厚，如游戏"过家家"在我国南北方的玩法不同。

2. 趣味性和娱乐性

幼儿之所以喜欢玩游戏，是因为游戏本身具有的趣味性和娱乐性。通俗地讲，就是这些游戏好玩、有趣，内容生动、形象活泼。童年有很多美好的回忆，这其中一定有与好玩的游戏有关的部分。例如，在游戏"木头人""跳皮筋""踢毽子""丢手绢"等中，孩子们奔跑雀跃、自由玩耍。

3. 群体性和活动性

民间游戏，特别是幼儿比较偏爱的体育类游戏，很少是独自游戏，大多都需要几个人来合作进行，如"跳皮筋""丢手绢""闯城门""老鹰抓小鸡"等。这些既带有活动性，又体现群体性的游戏，不仅利于幼儿身体动作的发展，而且利于幼儿相互合作、竞争的集体意识的萌发。民间游戏的这些特点对幼儿的社会性发展有很大的促进作用。

4. 随机性和自由性

民间游戏的随机性和自由性表现在游戏场地、时间、空间、人数及材料等方面。

因为多数民间游戏都简单易学，所以只要他们有兴趣、想游戏就可以自己组织、自选材料（更多的是自制的或是废旧物品）、自己协商游戏规则、自由游戏。例如，"木头人"游戏只要有一块空地即可，这样既达到了幼儿游戏娱乐的目的，又锻炼了幼儿的大肌肉，提高了他们的快速反应能力。例如，"玩石子"游戏，幼儿可以通过抛石子、接石子、猜石子数量等形式，提高手眼协调能力，发展数的概念，增强与同伴的合作能力等。

5. 与儿歌息息相关

与儿歌相关的游戏如"拍手歌""跳皮筋"等伴随的儿歌大多取材于幼儿的生活，内容浅显易懂，语言流畅生动，情节稚趣活泼，节奏明快，旋律优美，幼儿可以边唱边玩。例如，"种豆豆"游戏，一名幼儿以杏核或扣子代替豆豆，把它藏在身后的左手或者右手中；另一名幼儿边唱儿歌边猜豆子在哪只手中，"公鸡头、母鸡头，不在这头在那头"。幼儿边做游戏边配合儿歌，提高游戏的趣味性。又如，"小孩小孩真爱玩"的游戏，在游戏过程中，幼儿边跑边唱儿歌"小孩小孩真爱玩，摸摸这，摸摸那，摸摸××跑回来"，避免了跑的过程中的枯燥，增强了幼儿跑的灵活性，提高快速反应能力。

二、民间游戏的传承与开发

（一）创新、改良与传承

《纲要》指出："开展丰富多彩的户外游戏和体育活动，培养幼儿参加体育活动的兴趣和习惯，增强体质，提高对环境的适应能力。""用幼儿感兴趣的方式发展基本动作，提高动作的协调性、灵活性。""要根据幼儿的特点组织生动有趣、形式多样的体育活动，吸引幼儿主动参与。"利用健康向上、具有浓郁民间意蕴的体育形式，引导幼儿感受祖国文化的丰富与优秀，培育民间精神，发展幼儿的审美能力和创新能力，促进幼儿各方面素质和个性的发展，使幼儿园体育文化更加丰富多彩，具有十分重要的历史意义和现实意义。根据《纲要》的要求，遵循"古为今用，旧法新玩"的原则，挖掘民间体育游戏的精华，通过改革与创新变为符合幼儿年龄特点的体育游戏，弘扬民族文化。

民间体育游戏作为传统文化的一部分以其独有的特点及价值，在幼儿发展中起着十分重要的积极作用。随着社会的发展和进步，人们的思想观念、生活方式、风俗习惯都发生了很大的变化，一些民间传统游戏不再适合现在的幼儿，表现出了时代和地方的局限性，因此民间传统游戏要经过传承、开发和改编，才能适应时代的发展，满足幼儿游戏的需求。改编时民间传统游戏要考虑到安全性、锻炼性、趣味性和灵活性，根据幼儿的年龄特点及实际水平，对游戏进行改编创新。

针对不同幼儿的不同发展水平，选择不同内容的民间游戏，提出不同的动作要求和不同的游戏规则，提供不同的角色和不同的玩具或替代物，以使每个幼儿在其原有水平上得到发展。幼儿园要充分利用社区资源和家长资源,广泛收集民间体育游戏,对游戏中的不利因素加以舍取、改编,结合幼儿的年龄特征和兴趣,大胆改进,取其精华,根据幼儿的年龄特点和幼儿体育活动特点,合理地开发利用,使体育活动内容和形式更多样化。

改编体育游戏,主要采取以下两种方式:

改编式继承。优秀的民间体育游戏是劳动人民生活经验的积累,也是优秀教育的智慧结晶。对那些具有质朴、诙谐、活泼的特点,并深受幼儿喜爱的游戏,就要结合幼儿园的现有条件适当改变,在形式与内容上尽量保持其原貌。

改造式创新。在收集民间体育游戏的过程中,可能会发现有些游戏往往与当地的民俗、风情密切相关,就要本着"去粗取精,古法新玩"的原则,大胆尝试,在形式或内容上进行改造。

(二)因势利导,尝试多方整合

在开展体育游戏的过程中,教师要运用有效的策略和方法,整合多方资源,能有效地发展幼儿的身体素质和基本活动能力(走、跑、跳、钻、爬、攀、投掷),调动幼儿参与体育活动的积极性,锻炼意志力,养成遵守纪律、顽强勇敢、公平竞争、自信大胆、团结协作等良好的品德和习惯,从而增进幼儿的身心健康,培养幼儿活泼开朗的性格。

1. 整合有效资源

现代教育家陈鹤琴先生曾经说过:"怎样的环境就得到怎样的刺激,得到怎样的印象,从所得的印象中发生与印象有关的动作。"教师要充分挖掘本园的体育环境资源,提高幼儿的体育活动质量。

(1)充分发挥户外活动场地潜在的功能

教师可以利用各种现有的资源优势,利用幼儿园宽阔的体育活动场所,开展"跳格子""找宝藏"等游戏。由于户外活动场地环境优美,布局合理,结构完美,内容丰富,色彩协调,能达到绿化、美化、教育化和幼儿化的要求,适应幼儿的兴趣和需要,使幼儿感到舒适、安乐、愉快,成为幼儿锻炼身体、自由嬉戏的小乐园。

(2)充分发挥活动器械的多种功能

活动器材是幼儿体育活动必不可少的物质条件,每一种器材都有其自身的功能与特点,特别是一些常用器材,如绳、球、圈、棍、沙包等,教师要在熟悉各种活动器材的功能,掌握相应的技能后,开发挖掘其新的玩法,引导幼儿创造性地一物多玩。例如,利用各种不同的圈和绳子,让幼儿自由想象,尝试各种玩法,如钻绳、穿长绳、"开汽车"等一系列新颖的玩法,这些都来自幼儿自发性的创造玩耍,游戏过程中渗透了走、跑、跳、平衡等多种运动技能。

(3)充分发挥活动区的功能

教师可以根据幼儿的兴趣创设钻爬区、投掷区、平衡区、球类区、跳跃区、攀登区等多个活动区。在每个区域中，可以为幼儿提供不同层次的多种材料。例如，钻爬区提供垫子、纸箱等；投掷区提供沙包、流星球等；平衡区提供轮胎、高跷等；跳跃区提供羊角球、橡皮筋等。教师还可以利用废物自制器械投放于区域内。幼儿用轮胎滚动，用易拉罐做梅花桩、障碍物，用纸箱做山洞，用旧挂历做小纸棍。活动材料的投放既能贴近幼儿的生活，又能激起幼儿的参与性与主动性。

（4）充分发挥社区、家长资源

社区作为实施幼儿园教育的依托，有着良好的自然环境和物质条件，教师要充分利用周边的各种资源，如小区的体育运动设施、健身房、社区儿童乐园等，都是很好的运动资源，定期组织家长带孩子们去玩耍，扩展幼儿运动的空间。

家长是不可缺少的人力资源，教师要充分挖掘家长资源，把良好的家长资源引导到有利于幼儿体育运动上来，选择一些喜爱体育活动的家长参与到幼儿园的体育活动中。"跆拳道爸爸""体育教师妈妈"一个一个被请进了"家长进课堂"……家长们精彩的课程给幼儿带来了全新的体验，他们对此充满了好奇和兴趣，活动后都能看到洋溢在幼儿脸上的那份满足与喜悦。

2. 整合活动形式

教师可以从本园实际出发，充分挖掘各种有教育价值的因素，丰富幼儿的户外体育活动内容。

（1）集体游戏与自由玩耍相结合

幼儿园生活中过多的集体活动不可避免地压抑了幼儿的天性。幼儿在自由活动中能够情绪愉快，自由交往。教师除了有计划地组织一些集体活动外，还应适当安排一定的时间让幼儿自由结伴活动，让幼儿根据自己的兴趣爱好和身体情况，随心所欲地选择玩具，调节活动量，享受自由玩耍的乐趣，对培养幼儿的自主性，善于思考、独立克服困难的能力都有极大好处。

（2）体育游戏与各科教育活动相结合

在活动中教师要考虑促进幼儿多种能力的整合发展，将对颜色、形状、数的认知整合进体育活动中，开拓幼儿多元智能发展的渠道。在玩"跳方格"游戏中，要求幼儿根据方格中的数字，从 10 跳到 1 或从 1 跳到 10，这样帮助幼儿复习了倒数、顺数；又如玩"魔板"游戏时，要求幼儿根据规律排魔板进行跳跃、平衡等练习，使幼儿在运动的同时掌握了有关学科方面的知识。

（3）传统游戏与现代元素相结合

根据园所的实际情况，教师对传统游戏进行改编、创新，认真分析游戏的价值，考虑游戏材料是否可取，游戏玩法是否实用，借鉴其可取之处，对其进行改编与创新，使体育游戏充分发挥传统游戏的锻炼功能，又增添新魅力。如传统游戏"老狼老狼几点了"，整个活动用游戏的情节贯穿始终，就可以设计不同高度、不同宽度、不同形状的小桥；准备小路、草地、山洞、小河等游戏情境材料，幼儿分别扮演自己喜欢的小动物进行游戏。在这种宽松、欢乐的活动氛围中，幼儿的游戏兴趣更浓厚了。

3. 整合教法学法

教学策略是在一定的教学观念指导下为调控教学各要素关系而做出的系统的、综合的、动态的构想。它超越了具体的教学方式、方法、步骤，又不像教学原则那样抽象。它是组织教学、选择教法、调控各教学要素关系的依据。正确运用策略是开展体育游戏的有效手段。

（1）活用同伴示范法

苏联教育家乌申斯基曾经说过，对幼儿幼小的心灵来说，榜样与示范的作用就像太阳光一样重要。幼儿爱模仿，好学榜样，教师在体育活动中可以教育幼儿，让能力强的幼儿和能力弱的幼儿在一起。能力强的幼儿往往很快能做出反应；能力弱的在一边观察后也会模仿，在模仿的过程中也能提高运动技能。像这样幼儿互为榜样的方法，对能力强的幼儿来说他有着自豪感，觉得自己帮助了别人而产生愉悦的情感。对能力弱的幼儿来说他没有负担，不必担心有人会说他，他也能安然处之。同时也会为自己对了、成功了而感到高兴，产生愉悦的情感，继而对户外体育区域活动充满兴趣。

（2）妙用鼓励生成法

蒙台梭利曾说："如果孩子们成长于鼓励他们自然、顺序地发展的环境中，他们会突破性地进入学习，他们将变成自我激励者，自我学习者。"因而鼓励的环境对幼儿来说显得特别重要。教师要以欣赏的态度，尽量用启发式的语言，引导幼儿自主探索，运用已有的经验获得新经验。例如，在走跑平衡区里，幼儿用轮胎搭设了一座座小桥，有的在上面爬，有的在上面勇敢地走。大家共享创造表现的成果时，教师就创设时机，抓住生成的契机，营造有利于幼儿求新创造的心理氛围。

（3）多用正面评价法

幼儿年龄小，缺乏正确、客观评价自己的能力，他们对自己的认识多数取决于成人，尤其是教师的评价，因此教师应坚持启发、诱导幼儿的正面评价，使幼儿都树立自信心，保持对后继学习的成功期望。

（4）巧用游戏语言法

体育活动有时存在一些不安全因素（如相互间的碰撞等），当出现问题时幼儿往往手足无措，而影响了探索过程。教师运用游戏语言能更好地帮助幼儿减少不安全因素，解决争执等问题，享受探索过程的乐趣。例如，玩"红绿灯"游戏时，教师发现幼儿不小心撞了，就请他们暂时进入"修理厂"，帮助修修车（揉一揉疼的地方、给车加油），以缓减幼儿的不良情绪。

（5）常用情境设置法

在很多游戏中，教师创设的情境会进一步激发幼儿的运动兴趣和竞争意识。例如，"推小车"游戏，单一地让幼儿在场地上玩，幼儿玩一会儿，便会因吃力而马上放弃。若有一个帮他人运东西却有障碍之类的场景，那么幼儿会为完成这一任务而在游戏中更有坚持性。

4. 整合活动材料

要让幼儿喜欢并积极参加体育活动，材料的提供和使用是关键因素。材料的"魔力"源于以下三个方面。

（1）在幼儿的兴趣点上不断生成和改进材料，使幼儿乐于活动

怎样知道孩子喜欢什么样的材料呢？这需要教师的细心观察和发现。例如，教师在组织小班幼儿进行户外活动时，发现幼儿被地上的一条绿虫子吸引，看着幼儿对虫子这么有兴趣，教师启发道："孩子们，你们仔细看虫子是怎样往前爬的？""虫子爬时一拱一拱的。"幼儿也在塑胶地板上学虫子一拱一拱地向前爬行，看到幼儿的探究兴趣如此浓厚，教师决定抓住幼儿的兴趣，做几只大虫子让幼儿玩，既锻炼身体又满足他们的好奇心。于是教师们动手选择了草绿和亮黄两种颜色，做了一黄一绿两条大布虫，并把虫子设计成一节一节的，每节之间用尼龙搭扣连接，幼儿在捉虫子时可以一节一节地踩掉。当教师把做好的大虫子拿到幼儿面前时，他们兴奋地提出："老师，我们和虫子做个游戏吧！"于是，教师和幼儿生成了游戏"小青蛙捉害虫"，这个游戏中，幼儿都陶醉在成功的喜悦之中。

（2）提供难易程度不同的材料，使幼儿能成功，有自信

在各种内容的活动中，教师都要注意提供难易程度不同的材料供幼儿选择。例如，中班体育活动"小松鼠过冬"，教师们为了让材料适合不同水平的孩子，提供了高、中、低三种不同高度的平衡木。幼儿自由选择材料，教师不加干涉，这使幼儿有了安全感和控制感。幼儿可以从最容易的开始，教师尽管认为个别幼儿能力有限，但也允许他们在尝试后自己调整活动。在这样的物质和精神环境中，幼儿都不再害怕失败或不能胜任教师的安排，也没有勉强和为难，他们都很积极主动，按自己的进程活动。

（3）引导幼儿"一物多玩"，诱发幼儿的创新意识

教师还努力让体育活动实现多种教育价值，尤其注意发展幼儿的创造性。到了中大班，教师非常注意引导幼儿用同一种材料创造出多种玩法，一物多玩，即提供一种玩具或体育器材，让幼儿探索出多种多样的玩法。例如，一张报纸为何有如此巨大的魔力，吸引着幼儿去玩呢？就是因为幼儿通过自己的想象、实践和创新，将报纸玩出了多种花样：可以将报纸放在胸前快速跑，放在地上练习跨跳，卷成纸棍玩击剑，也可以合作玩冲破报纸的游戏，最后把破的报纸团起来还可以练习投掷，等等。又如，在玩呼啦圈时，就会发现幼儿探索出多种玩法，有的套在腿上学小鸭

走，有的拿在手上做方向盘开汽车，有的套在手臂上转等。有趣的玩法幼儿就相互效仿，还比着想出更有趣的玩法。在练习跳圈时，教师发现幼儿在跳的过程中，兴趣渐渐不在跳圈上了，而是转移到了拼圈，就立即对活动进行了调整，让幼儿相互合作用圈拼成各种图形，幼儿很快就凑在一起，有的拼出了花形，有的拼出了奥运会会旗的五环形等，幼儿在自己拼的图形里跳得很开心。幼儿在游戏的过程中，充分发挥其自主性，幼儿的合作能力、创造能力都得到发挥。这种体育活动不再是单纯的体育活动，它伴随着幼儿的认知、创造和解决问题的过程，它所实现的价值是多方面的。可以说，幼儿在快乐有趣的活动中既锻炼了身体，增强了体质，又获得了自信和成功。

三、幼儿园民间游戏的传承与开发实例

游戏名称：石头、剪刀、布

适合年龄：5～6 岁

游戏目标

1. 学习民间游戏"石头、剪刀、布"。

2. 锻炼腿部肌肉力量，发展弹跳能力和快速反应能力。

3. 体验集体游戏的快乐，养成勇敢和诚实的品质。

游戏玩法

1. 带幼儿一起练习双脚原地自然跳起、轻轻落地。

2. 学习石头、剪刀、布的姿势。

3. 教师向幼儿讲解游戏规则：两人一组，一人做猜拳人，另一人做走步人，走步人站在起点线上。猜拳双方相对而立，边原地跳边说"石头、剪刀、布"，当说到"布"时，双方用手或脚做出想做的动作（"石头"为两腿并拢，"剪刀"为两腿一前一后，"布"为两腿向两侧张开），以动作决出胜负。也可以使用手部动作进行。

4. 幼儿排成一排，集体和教师比赛，赢了的幼儿往前跨一步，和教师齐平为胜。

5."袋鼠跳"游戏。

幼儿两人一组，通过石头、剪刀、布决出胜负，胜的一方先跳袋鼠跳，跳到彩旗处退下袋鼠跳袋子，钻过彩旗，领贴纸，如此反复轮下去，直至全部轮完。游戏两遍。

游戏名称：卷白菜

适合年龄：4～5岁

游戏目标

1. 练习一个跟着一个向同一方向走，提高秩序感和集体意识。

2. 提高快速反应能力。

游戏玩法

1. 儿歌：卷，卷，卷白菜，一层一层卷起来，白菜心、白菜帮、白菜疙瘩、白菜叶，卷成一棵大白菜，一层一层卷起来。（幼儿手拉着手，一个一个由外向里卷）

2. 儿歌：剥剥剥白菜，一层一层剥下来，剥下一帮又一帮，剥下一片又一片（幼儿在教师的引导下一个一个往外走并拉上圈）

3. 儿歌：剁剁剁白菜，剁出菜馅来，变成包子一个个，人人爱吃都喜欢。

（幼儿拉成圆圈边走边随节奏唱儿歌）

4. 儿歌：切切切包子，包子切开大家分。（幼儿拉好圆圈，一个幼儿唱完儿歌最后一个字"分"，被切开的左右两个幼儿就向相反方向快速跑去，被捉住的幼儿就要为全体幼儿表演节目，游戏继续进行）

游戏名称：捞小鱼

适合年龄：4～6岁

游戏目标

1. 能够和同伴一起边唱儿歌边进行钻的动作，提高合作及协调能力。

2. 提高快速钻过障碍物的能力，增强快速反应能力。

游戏玩法

幼儿两人双手支撑搭好渔网，大家一起唱儿歌，边唱儿歌边快速从网下跑过。

当唱到最后一句"小尾巴大金鱼"时，搭渔网的两名幼儿用手向下拦住，做捞鱼的动作，正好将通过的幼儿夹住，被夹住的幼儿不能再跑，到搭渔网幼儿后面，当作被捞住的鱼。被捞住的鱼要为全体幼儿表演节目，或停止游戏一次。

儿歌

一网不捞鱼，二网晒晒网，三网捞住个小尾巴大金鱼。

注意事项

1. 在唱前两句儿歌时，幼儿可以随意，当唱到第三句儿歌时，可以放慢速度，使幼儿快速钻过渔网，提高幼儿跑的速度以及游戏的趣味性。

2. 搭网捞鱼的幼儿在唱到儿歌最后一句时，可以快速做出捞鱼的动作，捞住正在钻网的幼儿。

游戏名称：老鹰捉小鸡

适合年龄： 5～6岁

游戏目标

1. 能够根据追的方向灵活调整躲闪的方向，提高动作的灵敏性。

2. 同伴间合作进行游戏，感受合作游戏的快乐。

游戏玩法

一人扮老鹰，另一人扮母鸡，其余人数不定，扮小鸡。

1. 母鸡站在前面，母鸡后面的小鸡依此拉住前面的小鸡，老鹰站在母鸡的对面。

2. 老鹰开始捉小鸡，鸡妈妈张开双臂保护小鸡，并随着老鹰的方向带着身后的小鸡左右躲闪。

3. 老鹰通过左追右躲，调整追的方向来追小鸡。小鸡也在母鸡身体后面不断躲闪。

4. 老鹰要通过努力来捉住小鸡，被捉住的小鸡要跟着老鹰回到老鹰的窝里。老鹰成功完成任务一次。

5. 游戏依次进行下去，如果时间允许老鹰要把所有的小鸡捉住为止。如果超过小鸡数的一半，则老鹰胜。不到一半则母鸡胜。游戏重新开始。

游戏名称：兵板游戏

适合年龄：5～6 岁

游戏目标

1. 能够边唱儿歌边做动作，识别左右、上下、前后方向，提高空间方位能力。

2. 感受民间传统游戏的乐趣。

游戏准备

两名幼儿面对面坐好，创造温馨的游戏氛围。

游戏玩法

幼儿两人一组，边唱儿歌边拍手边做动作。

儿歌及动作说明

兵板，兵板。（随儿歌节奏，第一次唱到"兵"字时，幼儿双手各自对拍一次；唱到"板"字时，两名幼儿的右手对拍一次；第二遍"兵"同第一次，唱到"板"字时，两名幼儿的左手对拍一次）

兵兵板板。（唱到"兵兵"时，两名幼儿的双手分别自拍两次；唱到"板板"时，一幼儿的右手与一幼儿的左手，一幼儿的左手与一幼儿的右手对拍两次）

上上下下。（两名幼儿的双手分别在各自的头顶以及身体下部击掌两次）

前前后后。（随儿歌节奏，在各自的身体前面与后面分别击掌两次）

左左右右。（随儿歌节奏，在各自的身体左面与右面分别击掌两次）

咕噜咕噜锤。（唱到"咕噜咕噜"时，两名幼儿双手的手臂在胸前弯曲，分别按照从下至上或者从上至下的顺序在胸前交替旋转两圈；唱到"锤"字时，两名幼儿的右手握成拳头状分别向前伸出）

咕噜咕噜叉。（咕噜咕噜的动作同上，唱到"叉"字时，两名幼儿右手的食指与中指做成"剪刀"状分别向前伸出）

咕噜咕噜一个变成三。（咕噜咕噜的动作同上，唱到"一个变成三"时，一名幼儿的右手先伸出食指，代表"一个"；唱到"三"字时，右手的食指、中指、无名指伸出，代表"三"）

三变五。(两名幼儿右手的食指、中指、无名指分别伸出,代表"三";唱到"五"字时,各自右手的五个手指全部伸出,代表"五")

五变八。(右手的五个手指代表"五",唱到"八"字时,右手的大拇指和食指做成手枪状,代表"八")

看谁能得大红花?(两名幼儿玩"石头、剪刀、布"猜拳游戏,看谁最后获胜)

游戏建议

1. 游戏的速度,可以由慢到快,开始时教师一定要多引导、多提示,使幼儿对手指游戏产生兴趣。等幼儿熟悉后可以不断提高儿歌的速度,发展幼儿的快速反应能力和语言表达能力,给幼儿的游戏增加一定的挑战性。

2. 唱儿歌的最后一句"看谁能得大红花"时,让幼儿猜拳,这样他们的兴趣会浓厚,使幼儿有成功的体验。如果幼儿赢了,教师要有一定的奖励,如给幼儿一颗星,或者给幼儿精神鼓励、一个拥抱等,更容易使幼儿产生成功的体验,感受到温暖的亲情氛围。

3. 玩左右方位游戏时,教师可以利用其他方式帮幼儿继续巩固,如拿勺子的手、写字画画的手是右手等,教师要利用各种机会帮助幼儿进一步熟悉。

游戏名称:抓石子儿

适合年龄:5～6岁

游戏目标

1. 发展手眼协调能力,提高动作的灵活性和准确性。

2. 感受游戏的乐趣。

游戏玩法

幼儿两人一组,通过猜拳,胜者先玩石子儿。

幼儿双手捧着石子儿向上抛,抛的时候不要太高,而且接石子儿的速度要快,要用一只手的手背快速接住一颗或数颗石子儿,然后迅速用另一只手快速捂住石子儿,让对方猜手里有几颗石子儿,猜对后,对方获得游戏机会,对方玩石子儿。猜错后,还由原来的幼儿继续游戏,两人相互猜测石子的数量,游戏反复进行,看谁猜得又对又快。

游戏名称：炒豆豆

适合年龄：5～6 岁

游戏目标

1. 体验站立翻转身体的乐趣。

2. 在游戏中锻炼幼儿大肌肉的发展。

游戏玩法

1. 两名幼儿面对面，手拉手，同时两腿稍微分开，手臂左右摆动，并且同时唱："炒，炒，炒豆豆，炒完豆豆喂妞妞。"

2. 唱完最后一个"妞"字后，两名幼儿拉住的右臂开始抬高，拉住的左臂往下压，头稍低，身体转动，变成背对背的样子，两名幼儿的手不能松开。

3. 幼儿背对背，然后边唱儿歌边自由摆动手臂，继续游戏。

4. 唱完儿歌后，拉住的右臂抬高，左臂向下压，同时头稍低，身体转动，变成面对面的样子。

游戏名称：滚铁环

适合年龄：5～6 岁

游戏目标

学习滚铁环的正确方法，感受滚铁环的乐趣。

游戏准备

铁环每人一个。

游戏玩法

1. 请幼儿自己探索让铁环滚动起来的方法。

2. 教师提示幼儿滚铁环时应先让铁环立稳后再向前推动。

3. 教师示范，引导幼儿进行观察，掌握动作要领：铁环立稳——调节钩子的方向——向前推动铁环。

4. 教师请幼儿练习滚铁环，掌握滚铁环的动作要领。幼儿动作熟练后，为了增加游戏的趣味性，可以以竞赛的方式进行，或沿直线滚动、增加障碍物等方式提高幼儿游戏兴趣。

游戏名称：我们都是木头人

适合年龄：3～6 岁

游戏目标

1. 在游戏中能够保持一个动作不动，提高坚持性。

2. 乐意做出自己喜欢的动作，不模仿同伴的动作。

游戏玩法

幼儿边拍手边唱儿歌："我们都是木头人，不许说话不许动。"当唱到儿歌最后一个字"动"时，幼儿自己随意做出想做的动作，并保持静止不动，看谁坚持不动的时间最长，谁为胜。谁坚持的时间最短，谁就要受到惩罚，如停止游戏一次，或表演节目，然后游戏重新开始。

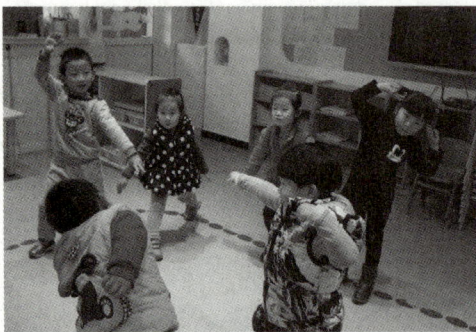

游戏名称：小孩小孩真爱玩

适合年龄：4～6岁

游戏目标

1. 能迅速寻找触摸物，并能够听信号向指定方向跑，提高快速反应能力和动作的灵敏性。

2. 感受游戏的快乐。

游戏准备

户外宽敞、平整的场地。

游戏玩法

游戏开始，教师和幼儿一起唱儿歌："小孩小孩真爱玩，摸摸这摸摸那，摸摸××跑回来。"幼儿向指定方向跑，摸到指定物再跑回来。教师唱完"来"字后幼儿再开始跑着去摸触摸物。为了增加游戏的趣味性，儿歌内容也可以随意创编，将"小孩小孩"改为"××小动物"，如"小兔小兔真爱玩，摸摸这摸摸那，摸完××跳回来。"

游戏名称：蒙眼寻声

适合年龄：3～6岁

游戏目标

1. 能根据声音的方向辨别，锻炼听力的灵敏性。

2. 感受游戏的乐趣。

游戏准备

宽阔、平整的场地。

参加游戏的幼儿，其中一个人用眼罩或手帕把眼睛蒙起来，要保证蒙上后看不见任何东西。没有蒙上眼睛的幼儿，选择其中一名幼儿手中拿着一个铃铛、摇铃、小鼓都可以，声音不能太小，要保证蒙眼幼儿能清晰地听到声音。

游戏玩法

听到教师发出的哨声，游戏开始。手拿摇铃的幼儿边在场地中跑边摇动摇铃发出声音，蒙眼寻声的幼儿要根据声音的方向判断摇铃人所在的方位，并去捉住摇铃人，摇铃人还要迅速躲闪。摇铃人被捉住后就要和蒙眼寻声的人交换角色。

注意事项

玩这个游戏的幼儿要注意安全，摇铃的幼儿不要跑出场地之外。

游戏名称：舞龙游戏

舞龙游戏一：集体游戏

适合年龄：5～6 岁

游戏目标

1. 发展大臂肌肉力量，提高身体动作的灵敏性、协调性。

2. 提高与同伴团结合作的能力。

游戏准备

将废旧油桶清洗干净，将油桶中间的部分打孔，插入一根粗细适中的木棍，然后根据幼儿人数将 8～10 个油桶连接起来成为龙身，外面用红布进行装饰，在第一个油桶处装饰成龙头的样子。

游戏玩法

幼儿随教师的口令做双臂上下抖动的动作（两个八拍），接着双臂大幅度左右摇摆（两个八拍），然后是从龙头开始依次蹲起至龙尾反复四五次，接着幼儿将龙的身体倾斜到身体的外侧围成圆圈跑起来（两个八拍），后站立不动上下摇摆龙的身体（两个八拍）后，龙头高高举起游戏结束。

舞龙游戏二：（分组）钻山洞

适合年龄：4～6 岁

游戏目标

1. 锻炼蹲着向前钻的能力，提高身体的灵活性。

2. 学会与同伴合作进行游戏。

游戏玩法

将幼儿分成两组，把龙的身体放在地上，第一组，幼儿用手撑起龙身体上的木棍（每人撑两根木棍）把龙变成山洞；第二组，幼儿从龙头钻到龙尾后，交换第二组幼儿撑木棍第一组幼儿钻，根据幼儿兴趣可以反复几次。

要求：幼儿在钻山洞时必须双腿屈膝钻，不能蹲着钻。

舞龙游戏三：(两人合作)拍手跳

适合年龄：3～6 岁

游戏目标

1. 锻炼双脚跳跃的能力，提高下肢肌肉力量。

2. 增强与同伴合作的能力。

游戏玩法

先把龙的身体放在地上摆直，龙身上的木棍形成一个个小格子，两名幼儿站在龙头出相互击掌后交叉从龙的身体上跳过去，每次跳一个格子，直到龙尾处，根据幼儿兴趣可重复几次。

要求：跳跃时幼儿必须双脚跳，而且脚不能碰到龙的身体。

舞龙游戏四：(个人)

适合年龄：3～6 岁

游戏目标

1. 锻炼跑、单双脚跳、侧跑、S 线跑、爬等能力，提高身体的灵活性。

2. 提高规则及安全意识。

游戏玩法

把龙的身体放在地上摆直，龙身上的木棍形成一个个小格子，幼儿从龙头出开始跑到龙尾后接着从龙头开始双脚跳到龙尾，再依次从龙头单脚跳、侧跑、S 线跑、爬等到龙尾(还可以让幼儿自己探索其他形式的玩法)。

要求：不管是哪种形式的玩法，要求幼儿的脚和手都不能碰到龙的身体和木棍扶手。

游戏名称：彩带游戏

彩带游戏一：集体游戏

适合年龄：5～6 岁

游戏目标

1. 有兴趣地运用彩带进行活动，发展身体动作的灵敏性和协调性。

2. 发展上肢运动的能力。

游戏准备

一根 40 厘米长的木棍，上面系好彩带。彩带的颜色以鲜艳为主，彩带的长度为80～100 厘米，宽度约为 10 厘米。

游戏玩法

幼儿随教师的口令站成八队，手举彩带做上下跳的动作（两个八拍）和上下跳手臂左右晃的动作（两个八拍），接着幼儿停下来，手拿彩带原地转彩带（两个八拍），接着幼儿两队一组高举彩带左右晃，最后全体幼儿一起高举彩带左右晃，随着音乐集体游戏结束。

彩带游戏二：（分组）钻山洞

适合年龄：4～6岁

游戏目标

1. 发展蹲着向前钻的能力，提高身体的灵活性，增强下肢肌肉力量。

2. 提高合作能力，学会与同伴配合进行游戏。

游戏玩法

将幼儿分成两组，每4队幼儿一组。第一组幼儿其中的两队相互撑彩带，锻炼幼儿的合作能力，其他两队幼儿来钻山洞；第二组幼儿同第一组幼儿玩法一样。

注意事项

幼儿在钻山洞时必须双腿屈膝钻，不能蹲着钻，头不能碰到头上的彩带。

彩带游戏三：（分组）跳彩虹

适合年龄：5～6岁

游戏目标

1. 能随音乐有节奏地双脚跳跃，提高跳跃动作的灵敏性。

2. 提高与同伴合作的能力。

游戏玩法

两组幼儿随着音乐相互撑彩带，其他幼儿排成一队，双脚并齐，一个一个有顺序地跳过彩带。

注意事项

跳跃时幼儿必须双脚跳，而且脚不能碰到彩带。

彩带游戏四：（分组）

适合年龄： 5～6 岁

游戏目标

1. 锻炼跑、单双脚跳、打跟头的能力，提高身体的灵敏性。

2. 提高规则意识，养成遵守规则的好习惯。

游戏玩法

幼儿分成两组，第一组幼儿依次跑、单双脚跳过彩带；第二组幼儿在其他幼儿撑好彩带以后一个接一个地打跟头，使幼儿身体全面发展。

注意事项

不管是哪种形式的玩法，要求幼儿脚和手都不能碰到彩带。

彩带游戏五：集体游戏

适合年龄： 5～6 岁

游戏目标

1. 增强有规律跑、钻彩带的能力。

2. 能够与同伴撑彩带、钻彩带，提高团结合作能力。

游戏玩法

教师手举长彩带站在中间，指定好的几位幼儿撑彩带站到指定位置，使彩带形成一把大大的彩虹伞，其他两名教师各带一组幼儿。第一组幼儿先绕彩虹伞外圈跑两圈，然后揪住前边幼儿的衣服，形成小火车，同时绕 S 线跑彩虹伞；第二组幼儿在教师的带领下同第一组幼儿玩法一样。最后幼儿随着音乐跑回八队，再向后跑绕三圈，高举彩带，一起蹲下，整个彩带游戏结束。

注意事项

1. 跑、绕 S 线时身体不能碰到彩带。

2. 幼儿钻彩带时必须相互协调拉好彩带。

游戏名称：跳竹竿

适合年龄：5～6 岁

游戏目标

1. 能够有节奏地打竿和跳竿，能熟练地转竿跳、翻身跳、钻洞跳、变队形跳等花样跳，发展动作的灵活性。

2. 体验与同伴合作游戏的快乐。

活动准备

竹竿若干、音乐《竹竿舞》。

游戏玩法

幼儿分为两组，一组幼儿打竿，另一组幼儿跳竿。一组幼儿拿竹竿面对面跪下，用竹竿同时分合敲击；另一组幼儿在中间看准竹竿的分合随着节奏跳进或跳出。等动作熟练以后，两组幼儿配合练习，分别打出、跳出花样步伐节奏，幼儿尝试花样跳法，学习统一花样步伐。

幼儿园教师资格证考试·真题再现

2015年下半年《保教知识与能力》真题

活动设计题：

大一班自由活动时间，个别幼儿用泡沫板（30cm×30cm）当滑板玩（如下图），许多孩子也想玩，但有的幼儿滑不起来，有的只能滑一点点。请根据幼儿利用泡沫拼板滑行的兴趣，为大班幼儿设计一个体育活动。要求写出活动名称、活动目标、活动准备、活动过程和活动延伸。

图1　儿童双脚踩一块拼板滑行　　图2　儿童坐在一块拼板上划行

面试训练营

面试真题1

1. 题目："大雪飘飘"游戏。

2. 内容：

游戏玩法：教师扮"风婆婆"，幼儿扮"雪花"，幼儿四散地站在场地上。游戏开始，教师说："大风吹，雪花飘，"幼儿在场地内四散跑；教师说："风大了，"幼儿快跑；教师说："风小了，"幼儿慢跑；教师说："风停了，"幼儿站住；教师说："太阳出来了，"幼儿蹲下，表示雪融化了。游戏重新开始。

基本要求：

(1)模拟演示向幼儿介绍"大雪飘飘"游戏的玩法。

(2)回答问题。

①这个游戏发展5～6岁幼儿的什么能力？

②游戏中可能出现什么问题？有什么办法解决这些问题？

请在十分钟内完成上述任务。

面试真题2

1. 题目："老狼老狼几点钟"游戏。

2. 内容：

(1)模拟组织幼儿做"老狼老狼几点钟"游戏。

(2)回答问题。

游戏玩法：教师扮演老狼，幼儿跟在教师后面扮演各种小动物。游戏开始，小动物跟在老狼后面，一边问"老狼老狼几点了"一边跟着老狼向前走，老狼可以回答任意时间。当老狼回答时，小动物们停下来静止不动。老狼和小动物反复几次，直到老狼回答"天黑了"，老狼可转身追逐小动物，小动物则四散逃走，跑回原地者即获胜，逃跑过程中若被抓住则暂停一轮游戏。

3. 基本要求：

(1)模拟组织幼儿做"老狼老狼几点钟"游戏。

①结合动作示范讲解游戏玩法，动作演示到位，便于幼儿模仿。

②语言讲解生动浅显，有条理，易于幼儿理解。

(2)回答问题。

①在这个游戏中幼儿可能碰到哪些困难？说出两个即可。

②如果幼儿遇到该问题，你会用什么方法帮助幼儿？

(3)请在 10 分钟内完成上述任务。

面试真题 3

1. 题目："上山去砍柴"游戏。

2. 内容：

(1)模拟组织幼儿做"上山去砍柴"游戏。

(2)回答问题。

游戏玩法：一名幼儿扮演熊，其他幼儿扮演上山砍柴的人，上山砍柴的人念"上山去砍柴，砍了许多柴，一二三，熊来了。"念到"熊来了"时，砍柴幼儿扮演木头人，避开熊的侵袭。木头人需要做出不同的造型，表情和动作都静止。熊在其中寻找，当熊说："哇，这里都是木头人。"时，即为游戏胜利。若熊发现有人动，熊则说："哈，我捉到一个小人了。"被捉到的幼儿暂停游戏一次。游戏继续。

3. 基本要求：

(1)模拟组织幼儿做"上山去砍柴"游戏。

①结合动作示范讲解游戏玩法，动作演示到位，便于幼儿模仿。

②语言讲解生动浅显，有条理，易于幼儿理解。

(2)回答问题。

①在这个游戏中幼儿可能碰到哪些困难？说出两个即可。

②如果幼儿遇到该问题，你会用什么方法帮助幼儿？

(3)请在 10 分钟内完成上述任务。

面试真题 4

1. 题目："捉尾巴"游戏。

2. 内容：

(1)模拟组织幼儿做"捉尾巴"游戏。

(2)回答问题。

玩法介绍：每人有一根绳子当尾巴，绳子系在裤腰后面，让绳尾拖在地上。各人在指定时间内设法踩住(或抓住)别人的尾巴。但同时要保护自己的尾巴不被别人抓住。

3. 基本要求：

(1)模拟组织幼儿做"捉尾巴"游戏。

①结合动作示范讲解游戏玩法，动作演示到位，便于幼儿模仿。

②语言讲解生动浅显，有条理，易于幼儿理解。

(2)回答问题。

①在这个游戏中幼儿可能碰到哪些困难？说出两个即可。

②如果幼儿遇到该问题，你会用什么方法帮助幼儿？

请在 10 分钟内完成上述任务。

面试真题 5

1. 题目："小矮人摸灯"游戏。

2. 内容：

(1)给"小矮人摸灯"游戏配说明书。

(2)模拟对幼儿讲解游戏规则。

游戏介绍：场地中间地上放一排"神灯"(一绳代替)。游戏开始，幼儿扮演小矮人，先后蹲走到"神灯"前，用手摸"神灯"，身体立刻长高(即由蹲改为直立)，在跨过绳子后跑到终点。

3. 基本要求：

(1)说明图应符合游戏规则，表达清晰明了，易于幼儿理解与展开游戏。

(2)讲解规则，运用说明图模拟对幼儿讲解游戏规则。语言能吸引儿童，表达准确。

(3)请在 10 分钟内完成上述任务。

第二节　基于绘本延伸的游戏

一、绘本延伸游戏的可行性

(一)绘本的概念

绘本(picture book)是幼儿文学的一种重要表现形式。绘本是画出来的书，即依靠文字语言(verbal)和视觉图片(visual)的相互关系来共同起到故事情节的叙述作用的图书类型，绘本中的图片(picture)作为书的内容在每一页中出现，并对故事叙述的完整性起到不可缺少的工具性作用。绘本将图和文完美地结合在一起，它所具有的直观性、形象性、美观性符合幼儿的审美需要和心理特点。

近年来，随着教学方式与教学内容的多元化，以及国内外绘本质量的快速提高，绘本已经大量进入了幼儿园的教育现场，作为早期阅读教育中的独特读物，已受到越来越多幼儿园教师和孩子们的喜爱。[①]

在幼儿绘本中，每张图像都会说话，图与图之间呈现独特的叙事关系，幼儿得以由直觉进入绘本的世界，自然流畅地听故事。幼儿绘本作家在创作时，除图像要贴近幼儿的世界外，还必须重视美感呈现。一般来说，绘本里面的文字并不是写给幼儿看的，而是让他们听的。绘本的图像和文字契合，能让幼儿在轻松愉快中进行阅读是优秀绘本的重要标志。

绘本阅读是幼儿早期阅读活动中普遍采用的方法。一本好的绘本隐藏着非常丰富的教育元素，所以除绘本阅读外，如何挖掘绘本中的教育元素，并且以一种幼儿能够接受的方式传达给他们是绘本研究中碰到的棘手问题。如何将绘本游戏化，让绘本不仅可以讲故事、学知识，而且可以全面帮助幼儿建构精神、培养多元智能，是绘本研究的主要研究领域。

幼儿以无意注意为主，具体形象思维占主导地位，因此，"教育者要给幼儿一个真实的世界，为幼儿展现一个活生生的、可以观、可以闻、可以触摸、可以与之对话的多彩世界"。具有一定情境性的绘本活动能让幼儿更好地投入阅读活动中，在真实的绘本情境中学习是幼儿语言习得的重要途径，因此，我们应在幼儿绘本阅读中运用情境教育理论，努力为幼儿创设一个与绘本相匹配的鲜活、有趣、丰富的阅读环境，让幼儿在充满情感与美丽的情境中感受绘本阅读的愉悦，成长为阅读爱好者。

(二)绘本与游戏

1. 绘本游戏

绘本游戏是指教师在分析利用绘本元素的基础上，让幼儿自主地感知、操作、

---

① 刘江艳：《幼儿园绘本教学的价值与实施策略》，载《学前教育研究》，2015(1)。

模仿和想象，并通过虚拟情境再现绘本场景，激发幼儿兴趣并从中获取多方经验和能力的一种游戏。绘本游戏，顾名思义就是绘本加游戏，也可以理解为绘本游戏就是图画、文字加游戏。幼儿园可以开展主题式绘本教学、拓展式绘本教学、系列式绘本教学。其中，主题式绘本教学即围绕一个活动主题，选择与主题相关的绘本作为活动内容；拓展式绘本教学是以某个绘本为核心，挖掘该绘本的多元价值，开展多领域的活动；系列式绘本教学是跟随幼儿的兴趣点，对系列绘本进行延伸性阅读的活动。

绘本游戏主要包括以下两种类型：固有型绘本游戏和拓展型绘本游戏。其中，固有型绘本游戏是绘本本身的内容设计中包含的游戏内容；拓展型绘本游戏是从绘本本身的内容或情节出发所延伸出来的游戏内容。下文主要介绍拓展型绘本游戏。

2. 绘本游戏的分类

（1）猜想游戏——开启绘本阅读之趣

①封面猜想。

无论什么书，封面、标题都是最先映入读者眼帘的，而在阅读前让幼儿针对这些信息玩猜想游戏，既能引起他们探索的兴趣，激发他们强烈的阅读欲望，又能让他们带着寻求答案的心理，有目的地去阅读，提高阅读的有效性。这类猜想游戏可从三个方面开展。

A. 对绘本封面设疑——基于绘本图片的猜想。

B. 对绘本标题设疑——基于绘本文字的猜想。

C. 对绘本中的物品、背景、声音设疑——基于绘本符号信息的猜想。

指导案例

绘本《落叶跳舞》的封面是两个可爱的树叶娃娃在跳舞，教师可以请幼儿看图猜测：这是谁呢？他们在干什么呢？幼儿的想象兴趣被激发出来，他们纷纷说着："落叶妈妈和娃娃在跳舞""落叶娃娃在扭秧歌"……他们的语言充满了童稚。在阅读绘本《小蓝和小黄》前，教师先出示了蓝色和黄色的颜料，然后以"颜色变魔术"的形式调动幼儿阅读的兴趣。教师说："你们认识这两种颜色吗？这两个颜色宝宝会变什么魔术呢？"然后请幼儿观察封面进行猜想，教师以魔术的形式进行验证，使幼儿的兴趣点都集中到变魔术的游戏中，调动了他们的兴趣。

②固定猜想。

猜想游戏没有固定答案，教师要尊重幼儿的想法，让他们根据自己的经验进行自由想象。例如，在绘本《爷爷一定有办法》的扉页上可以看到爷爷领着孙子的温馨画面，教师抛出问题，引导幼儿进行天马行空的想象。教师："小朋友会遇到什么困难？爷爷有什么好办法吗？"幼儿在猜想中展开阅读，会更丰富自己的阅读体验。

指导案例

在绘本《藏在哪里了》的教学过程中，教师引导幼儿仔细观察封面上的图片，从故事的名字开始猜测故事的内容，引发阅读的兴趣。教师可对幼儿说："猜猜故事里的小动物们在玩什么游戏呢？"请幼儿自由地猜测，并联想到捉迷藏游戏的玩法，调动幼儿的兴趣和活动积极性。然后教师在讲故事的过程中，请幼儿猜测谁来藏，谁来找。并在具体的情境中，使幼儿加深对故事情节的理解，使幼儿知道遇到问题的解决方法，并在游戏中体验到玩捉迷藏的快乐。在一次次的猜想游戏中，教师采用欲擒故纵的方式，充分调动幼儿的思维，使幼儿的阅读兴趣被激发出来，为进一步阅读打下了良好的基础，从而感受绘本的魅力。

（2）绘本主题游戏——贯穿绘本阅读之境

开始绘本阅读时，反复地看书，反复地观察、思考会让幼儿逐渐产生厌倦感。适时地将游戏融入教学中，既有助于提高幼儿阅读的兴趣，促进他们各方面能力的发展，又有助于解决绘本教学中靠说教无法言明的重难点，如角色情感的感受、绘本的艺术、科学内涵等。

①角色表演游戏，再现绘本情境，增强幼儿的观察表现能力。

表演游戏是绘本教学中较常采用的游戏方式，通过模仿表演角色，创造性地表现角色生活的游戏。幼儿对表演活动也充满着浓厚的兴趣，如绘本《鳄鱼怕怕牙医怕怕》，教师引导幼儿仔细观察画面，大胆表述，理解故事内容。在幼儿熟悉故事情节后，指导幼儿扮演牙医和鳄鱼，以表演的形式理解重复句子，进行角色对话的学习，体会角色的心理感受和心理变化的过程。教师引导幼儿发现故事中重复的对话，然后学说重复对话部分，并尝试用动作、表情、神态来表现。整个过程以游戏情境贯穿始终，让幼儿以自身的体验获得对故事内容的进一步理解。

又如，幼儿对绘本《小丑》故事情节非常感兴趣，于是教师制作了小丑头饰，把幼儿装扮成小丑的样子。幼儿模仿小丑骑车被撞的情节，真正体验绘本中小丑的角色给大家带来的欢乐。再如，在进行《老鼠娶新娘》绘本故事活动后，幼儿开始了"抬花轿"的角色游戏，感受着游戏的快乐。通过由绘本延伸的游戏，幼儿不仅加深了对绘本的理解，同时也更加喜爱阅读，培养了阅读的兴趣和习惯。

②艺术游戏，感受绘本之美，提高幼儿的审美能力。

艺术游戏，主要是指美术游戏和音乐游戏，前者让幼儿用各种生活中的材料设计绘本中的物品或创编绘本内容，与绘本的美图相得益彰；后者通过唱歌、舞蹈的方式展现绘本内容。两者都让幼儿获得美的感受。绘本《落叶跳舞》的教学，使幼儿欣赏到落叶飘落的美景，感受到树叶娃娃飘落的形态，丰富了幼儿艺术创作的经验，然后带幼儿到自然中捡拾落叶，幼儿充分发挥想象制作漂亮的树叶贴画，自己讲述树叶贴画的情景，进行作品展示，其乐融融。

指导案例 👉

例如，在进行绘本《母鸡萝丝去散步》的教学时，为了让幼儿对故事中母鸡萝丝的形象有直接的感受，教师在每一页的教学中引导幼儿欣赏绘本中萝丝的图案与色彩风格的表现方式，幼儿随着教师的讲述根据线索想象故事情节。教师：母鸡散步去了哪些地方？狐狸一直跟在母鸡的后面，就想吃它，可到最后也没有吃到，这是为什么呢？幼儿积极动脑，不断闪现出灵感的火花，不仅促进幼儿观察能力的发展，还提高了语言表达能力。教师看到幼儿的兴趣浓厚，就结合美术活动用绘画的形式给故事创编其他的情节，幼儿可以利用喜欢的点、线条、图案来设计母鸡萝丝及其他故事角色的形象，表现故事的情境。讲述《小蓝和小黄》的绘本故事后，教师可以请幼儿进行"颜色变魔术"的艺术活动，利用色水将两种颜色调配到一起，体验变出新颜色的神奇。

③科学游戏，理解绘本的科学内涵，提高幼儿的思维能力。

例如，在绘本活动《一寸虫》中，尝试运用绘本中的"一寸虫"进行测量，了解首尾相连的测量方法。教学中，教师结合测量方法，为每个幼儿准备一张知更鸟的图片和许多的一寸虫，引导幼儿和一寸虫一起帮知更鸟量尾巴，从尾巴的最上面一直量到尾巴的最下面，学习首尾相连的测量方法。幼儿集体测量、交流、验证。这样的科学游戏为幼儿进行绘本阅读打下基础。例如，根据绘本《好饿的毛毛虫》，教师可以设计毛毛虫钻洞的游戏，请幼儿用报纸或其他材料制作成软绵绵的毛毛虫身体，然后尝试去钻各种各样的"洞"，他们用毛毛虫去钻衣服扣眼中的"洞"、杯子中的"洞"等。这个游戏发展了幼儿的观察能力和动手操作能力，也激发了幼儿阅读的兴趣。

④其他游戏，体验绘本情感，促进幼儿社会性情感的发展。

其他游戏还包括体育游戏、建构游戏、综合游戏等。例如，学习绘本《藕》后，教师请幼儿用藕片进行拓印，使幼儿在发展动手能力的同时，感受拓印的神奇与乐趣。在学习绘本《风喜欢和我玩》后，教师设计了一个体育游戏"风车转转转"，教师带幼儿自制风车，在户外以分组的形式推着风车玩，开展"看谁的风车转得快"的竞赛游戏，幼儿的积极性特别高，不仅发展了跑的动作，而且还体验到了和风玩游戏的快乐。幼儿自制"肥皂泡"，学习制作肥皂泡的方法，他们体验着风能把肥皂泡吹进阳光的欢愉，不仅观察到五颜六色的肥皂泡，而且体验着肥皂泡的丰富色彩，感受着吹泡泡、追打泡泡的乐趣。这个游戏围绕绘本的情节展开，既让幼儿了解了风的作用，通过"玩风车"和"吹泡泡"的游戏，锻炼了幼儿的运动技能，又让他们感受到绘本体现的游戏的快乐。例如，绘本《好饿的毛毛虫》的创作者设计的毛毛虫所吃过的各种食物上的圆洞，其实就赋予了幼儿一种游戏的方法。又如，绘本《汉堡男孩》中，汉堡男孩被狗、牛、小男孩们追逐时狼狈不堪地爬山越谷的路线图，本身就是一种有趣的迷宫游戏。再如，绘本《换一换》配上朗朗上口的儿歌，就可以延伸为语言类游戏。所以，在进行绘本游戏设计时，要充分考虑到绘本与其他领域的有机整合，开发形式多样的游戏，使游戏真正适合幼儿的发展，得到幼儿的喜欢和青睐。

总之，不管开展哪种形式的游戏，都应围绕绘本的内容、绘本所体现的内涵开展游戏活动，这样才能更好地让游戏为教学服务，提高幼儿早期的阅读能力。

（3）区域游戏——沉浸绘本阅读之醉

《彩虹色的花》是一本风格极其独特的作品。厚重的纹理，大块的色彩，都给这本书带来一种原始粗犷的美，它叙述的却是一个极其温柔细腻的故事。教师将绘本阅读活动渗透到区域游戏中，让幼儿通过不同的区域游戏感受绘本。绘本中有多个动物角色：彩虹色的花、蚂蚁、太阳、蜥蜴、老鼠、小鸟、刺猬等。在开展这本绘本教学时，教师结合绘本特点及故事内容，创设了相关的区域。

指导案例

场景一：阅读区

引导幼儿在熟悉故事情节的基础上，自由制作《彩虹色的花》的故事小书，想象并续编故事情节。在幼儿创作后，为他们提供故事中的动物手偶，让他们利用道具讲述这个故事。彩虹色的花可以怎样帮助小动物呢？引导幼儿想象彩虹色的花帮助每种小动物的方式。在幼儿熟悉故事的基础上，鼓励幼儿创编，想象故事情节，提高语言表达能力，促进他们不断学习。

场景二：美工区

教师为幼儿提供多种半成品道具，如各色卡纸、图钉、白纸、油画棒、各种广告色颜料等，让幼儿自由选择材料装饰、制作彩虹色的花，鼓励幼儿创作时自由设计花瓣的颜色、形状等，表达心中的想法。

场景三：益智区

教师根据故事内容制作了游戏操作"花瓣雨"，出示用硬纸板制作的单独的花瓣，请幼儿进行拼插组合，并根据提示取下相应数量的花瓣，感受数量增加与减少的规律，并体验彩虹色的花每帮助一次小动物就要减少一片花瓣的心情。将绘本故事内容与益智区的数量关系进行对应，让幼儿对画面、对文字的观察更为敏锐。

场景四：表演区

在幼儿熟悉故事情节后，为幼儿创设小剧场，使幼儿体验故事情节，扮演彩虹色的花、蚂蚁、太阳、蜥蜴、老鼠、小鸟、刺猬等角色，使幼儿感悟到彩虹色的花帮助了别人，自己也分享着快乐的情感，使幼儿增强阅读兴趣，调动思维，与画面产生共鸣，从而更好地感知和理解作品。

（4）亲子游戏——延伸绘本阅读之旅

幼儿园可以开展经典绘本漂流，通过与亲子阅读相结合，每周开放1~2次绘本借阅日活动，允许家长将幼儿园的经典绘本带到家里与孩子共读，并引导家长记录亲子共读的小故事或者是绘本阅读逸事。幼儿园还可以每学期开展为期一个月的"绘本故事节"家园联谊活动,让幼儿和家长全体参与。通过家长每周推荐"童话剧表演""故事朗诵会""亲子自制绘本展""阅读之星评比"等多种活动,激发家长和幼儿参与绘本活动的兴趣,鼓励幼儿勇敢地展示自己。

班级中可以利用绘本漂流的形式,鼓励幼儿从家中把绘本带到幼儿园,和同伴进行绘本的共享。家长和幼儿可以选择喜欢的绘本和班级教师签好"漂流记录"后借阅。在这个过程中,幼儿学会了要珍爱书籍,并且在和家长进行亲子阅读的过程中,加深了亲子间的感情。而且,还鼓励家长和幼儿设计适宜的绘本游戏,家长学到了绘本游戏的指导技巧,每天利用十几分钟的时间和幼儿共同进行绘本游戏的表演,提高了幼儿的表达、表现和表演能力。

幼儿园可以通过通读、精读或是观看绘本剧,让幼儿在不同的阅读活动中感悟和体验绘本的精彩。教师可以每天选择一本绘本,采用集体讲读的方式为班上的幼儿通读绘本。此时,教师可以根据主题内容的需要和幼儿的年龄特点,选择优秀的绘本作为精读对象,有目的地开展精读绘本活动,也可以把幼儿书系的绘本排演成绘本剧,供幼儿观看,如此既可以丰富幼儿的生活,又可以培养幼儿的表演表现力。[①]

绘本游戏活动能使幼儿对绘本阅读产生浓厚的兴趣,促进其多方面能力的发展。教师要根据绘本体现的主题含义,包含的艺术、科学等元素选择适宜的游戏方式,做到"不求多,而求宜",只有这样,才能真正让幼儿在游戏中层层深入地体会和感悟绘本,感受早期阅读的快乐。

二、基于绘本开发幼儿游戏

(一)从充分挖掘绘本游戏元素的角度出发

游戏是幼儿最喜欢的方式,因此,从绘本中挖掘游戏元素,利用绘本中的游戏来吸引幼儿,用情境表演帮助幼儿理解故事内容,用绘本的美术和语言让幼儿可以通过直观的视觉来感知和接受,也使老师能够很好地把握。

(二)从绘本游戏的价值出发

1. 趣味性

多数绘本游戏的设计离不开绘本本身有趣的情节和风趣的语言。而有些绘本本身就隐藏着幼儿喜欢的小游戏。例如,小班绘本《藏在哪里》中动物们躲起来就是设计绘本游戏很好的素材。由于绘本游戏的设计是基于某种或多种绘本教育元素的挖掘和整合,因此绘本游戏的趣味性不言而喻。在《生气汤》这个绘本游戏中,幼儿在玩游戏时,都非常开心,也非常投入,体验到了绘本游戏的愉悦情绪,将游戏推向了高潮。在绘本游戏中,教师通过寓教于乐的游戏形式,使幼儿在整个活动中体验

---

① 陈雅典:《幼儿绘本多元阅读教学的实施策略》,载《学前教育研究》,2015(10)。

着绘本的快乐，体验着绘本的内涵。例如，绘本《老鼠娶新娘》中滑稽幽默的儿歌就是设计绘本游戏很好的素材。绘本游戏的设计不能牵强，教师在设计的过程中要时刻牢记趣味性的原则。只有有趣的、好玩的游戏，才能真正地在幼儿中开展起来。

2. 益智性

在众多的绘本中，益智类的绘本是占有很大比例的。教师要根据幼儿的年龄特点为他们选择适宜的绘本。例如，小班幼儿喜欢《好饿的毛毛虫》《小蛇散步》《小黄和小蓝》《猜猜我有多爱你》；大班幼儿《母鸡萝丝去散步》《生气汤》《老鼠娶新娘》等。因此，教师设计的绘本游戏从数字到颜色、从动物到植物、从自然科学到社会科学，丰富多彩，深受幼儿的喜爱。绘本游戏正是有了这么多丰富、浓厚的文化作为游戏背景，才使幼儿在开展绘本游戏的过程中真正体会到多元文化的作用和影响。

3. 思想性

绘本最显著的特点是本身具有很强的叙事能力，而大多数故事都是以"爱"为线索展开的，绘本里藏着有趣的故事，而有趣的故事里又藏着道理。因此，绘本游戏能够让幼儿发现躲在故事中的真善美，让幼儿的心灵浸润在爱的养分中，给他们带来生动的视觉享受和心灵体验，在游戏的过程中，同时感受合作与分享带来的快乐。

三、绘本游戏的指导策略

在开展绘本游戏的过程中，绘本游戏的指导应该渗透并贯穿游戏的始终，应该体现在创设游戏情境、提供游戏材料、实施有效观察、寻找合理参与契机、引导幼儿讨论分享、提升幼儿经验等方面。绘本游戏的主要指导策略归纳为以下三种方式。

小班基于绘本的
游戏"藏哪里了"

第一，提供适宜的材料。苏联教育家马卡连柯说："玩具是游戏的中心，没有中心，游戏就玩不起来。"由此可见，材料是游戏的物质基础，有效的材料能推进游戏的开展。教师要以本班绘本游戏开展的情况为根据，从游戏内容的确立、游戏材料的提供、游戏常规的建立等方面为绘本游戏的开展和推进做好准备工作。

第二，借助观察，适时指导。教师要通过观察幼儿的游戏来不断提供游戏材料，推动游戏的进程。同时也要根据游戏的发展提出问题或建议，用语言来推动游戏的延伸和扩展。在这个过程中，教师观察的方法大体分为随机观察和有目的的观察。随机观察有助于教师把握干预时机，满足游戏需要，推进活动进程。有目的的观察有助于教师了解幼儿现有的发展状况和个别差异，以便因材施教，不断调整教育方案。

第三，直接介入，有效指导。幼儿在游戏的互动过程中，时常会遇到一些问题，教师应该采取必要的干预措施，让幼儿学会正确沟通和解决矛盾的方法。教师的指导不要干扰幼儿的思路，而要用游戏的语言对幼儿遇到的困难以及需要解决的现状给予有效指导。

总之，幼儿的阅读伴随着游戏行为而展开，幼儿在阅读中感悟绘本、体验绘本、享受绘本，放飞梦想与激情，挥洒稚拙与童真，在阅读中使其身心获得和谐成长。

四、基于绘本的幼儿活动实例

小班绘本活动设计：《落叶跳舞》

活动目标

1. 能够用语言和动作表现落叶飘落和跳舞的形态。

2. 能够大胆发挥想象，进行树叶跳舞的创意画。

活动准备

1. 玩教具准备：绘本故事PPT《落叶跳舞》、收集的落叶、双面胶、水彩笔、音乐《树叶沙沙》。

2. 经验准备：认识树叶的不同形状。

活动过程

一、音乐活动导入。

1. 教师：小朋友，你们知道现在是什么季节吗？我们来听一首好听的音乐《树叶沙沙》。

2. 教师提问：你们知道这是什么季节吗？小树叶在做什么呢？

二、教师利用PPT课件讲述故事《落叶跳舞》，请幼儿理解绘本内容。

1. 请幼儿观察封面内容，并说一说：小树叶在做什么？有什么动作、什么表情？

2. 教师讲述故事，并提问：小树叶是怎样飘落的呢？

请幼儿体会飞、滑的动作，并用动作进行表现。

3. 教师在讲述的过程中，请幼儿观察小树叶飘落的形态，并用语言将观察后的发现描述出来。

教师：小树叶是怎样跳舞的呢？

4. 请幼儿感受树叶飘落的形态，用动作进行表现。

5. 教师完整播放绘本故事，请幼儿理解故事情节。幼儿边听故事边欣赏图画，感受落叶跳舞的栩栩如生。

6. 教师讲述故事后，请幼儿自由想象，小树叶还能怎样跳舞呢。请幼儿用语言表达，用动作进行表现。

7. 教师请幼儿想象落叶在无风和有风的时候的样子，跳独舞和群舞的时候的样子，高兴和不高兴时候的表情，等等。

三、教师出示收集的树叶，请幼儿说说树叶的颜色和形状，并用树叶组合创意画《落叶跳舞》。

教师：我们听了故事，也看到了很多奇妙的落叶，现在我们就来动手粘贴《落叶跳舞》的创意画吧！

四、展示评价幼儿作品，请幼儿说一说自己的作品中树叶是怎样跳舞的。

活动延伸

给落叶分类，按照颜色、形状等分类。

附故事

落叶跳舞

沙沙沙，起风了。轻轻地，风停了。我们是奇妙的落叶呀！静悄悄的冬日树林，我们欢快地起舞，悠悠地飞起来，自在地滑下去，转啊转，转圈圈，慢慢地停下来。冷冷寒风中，我们热烈地跳舞，忽——地飘向远方，突然静止，层层叠叠聚起来，哗——地散开去。乘着强劲的风，冲上天空，咯咯咯，笑着转起来，笑嘻嘻，摇摇摆摆，我们是奇妙的落叶呦。

（伊东宽. 落叶跳舞[M]. 蒲蒲兰，译. 南昌：二十一世纪出版社，2007.）

中班绘本活动设计：《猜猜我有多爱你》

活动目标

1. 欣赏故事，理解故事内容，感受可爱的小兔子和妈妈之间爱的情感及爱的表达方式。

2. 萌发爱他人的情感，能够勇敢地表达对周围人的爱。

3. 尝试用句式"……有多……我就有多爱你"，表达对他人的爱。

活动准备

1. 绘本故事《猜猜我有多爱你》PPT。

2. 抒情音乐。

活动过程

一、谈话活动引入。

1. 教师：今天老师带来了一个故事，你们认识上面的字吗？故事的名字叫《猜猜我有多爱你》。

2. 教师：孩子们，这么多字当中，有一个字很重要，一定要认识这个字——

"爱"。因为这是一个关于"爱"的故事。

3.教师：孩子们，你们再仔细看看，这是一个关于谁"爱"的故事？

二、讲述故事（配乐PPT）。

（一）播放PPT，欣赏故事第一段。

1.教师：小兔子和兔妈妈到底怎么爱的呢？我们一起来听听，故事的名字叫《猜猜我有多爱你》。

故事：晚上，小兔子该上床睡觉了，可是他拉着妈妈的耳朵不放，要她听自己说话，他对妈妈说："妈妈，猜猜我有多爱你？"妈妈说："这我可猜不出来。"小兔子把手张开，张到无法再张开，说："妈妈，我爱你有这么多。"妈妈一看，也把手张开，张到无法再张开说："哦，我爱你有这么多。"

2.教师：孩子们，请问小兔子用了一个什么动作表达对妈妈的爱呀？说了什么话？妈妈做了什么动作？说了什么话？

（1）教师：这是什么动作？（幼儿把手张开，张到无法再张开）。

（2）教师：小兔子和妈妈为什么把手张到无法张开？（因为爱他很多），你们当小兔子，老师当兔妈妈，我们来比比看谁的爱更多。哦，看来还是我爱更多哟。这次小兔子的爱没有妈妈多，它又是怎么做的呢？我们接着来听。

（二）继续播放PPT，欣赏故事第二段。

1.教师：孩子们再看看，小兔子还用了什么动作、说了什么话来表达心里的爱？

故事：小兔子把手举得高高的，直到无法再举高，说："我爱你一直到我的手指头。"妈妈说："我爱你一直到我的手指头。"小兔子一看阿，真高啊！小兔又在原地拼命地跳说："我跳得有多高，我就有多爱你。"妈妈一看，也在原地一蹦一蹦地跳得老高，妈妈说："我跳得有多高，我就有多爱你！"小兔子一看，哟，那可真高啊！

2.小兔子又用了哪两个动作来表达自己对妈妈的爱？还说了什么话？

提示幼儿：把手举得高高的，一起试试看，说什么？（我的手举得有多高，我就有多爱你！）

3.教师：看看咱们班小朋友，谁的爱多？来，小手举得高高的，谁举得高，谁的爱就多。（互动）

4.教师：小兔子还用了什么动作表示对妈妈的爱？

幼儿：小兔子除了举高还做了跳的动作？（跳）一边跳还一边说了什么？

5.全班一起跳，说："我跳得有多高，我就有多爱你。"

教师：这次小朋友比一比，看看谁的爱比较多？请两位小朋友上来跳一跳，比一比，看谁的爱多？（互动）

（三）继续播放PPT，欣赏故事第三段。

1.教师：孩子们，你看小兔和兔妈妈用自己的动作来表达心里的爱。他们走着走着，说着说着，来到了一个山脚下，小兔子看到了一幅美景。

2. 教师：小兔子看到了什么？你看到了什么？

幼儿：树、花、山、小河、小草、蘑菇、小花……

3. 教师：小兔子看到那么多的东西，就用看到的东西又说出了对妈妈的爱，他看到大树，就用大树表示了，他说："妈妈，大树有多高，我就有多爱你！"

4. 教师：小朋友们，你们能用看到的东西表达对妈妈的爱吗？

幼儿：山有多高，我就有多爱你！

小路有多长，我就有多爱你！

大海有多大，我就有多爱你！

……

（四）拓展经验。

1. 教师出示图片，这些图片可以怎样表达心里的爱呢？

教师：你能用这几幅图片来表达心里的爱吗？

2. 教师出示图片三幅，请幼儿用图片上的图，尝试用句式"……有多……我就有多爱你"，表达对他人的爱。

3. 鼓励幼儿利用图片信息，练习相应句式。

4. 幼儿表达，教师随机指导。

教师小结：引导幼儿知道表达爱的方式是多种多样的。

三、讲述结尾（音乐响起）。

小兔子累了，看着月亮说："妈妈，我爱你一直到月亮那里。"说完，小兔子就闭上了眼睛。妈妈微笑着轻声地说："傻孩子，我爱你一直到月亮那里，再从月亮上回到这。"说完，亲了亲他。

四、情感升华。

1. 教师：这个故事里的爱多吗？（多）

2. 小结：爱是需要表达的，心里有爱就要大声说出来。

3. 请幼儿思考：在家里，你最爱谁呢？幼儿园里有没有你爱的人？你想对你爱的人怎样表达心中的爱呢？可以用语言或是动作呦！放学前，你要记得对你爱的人说："猜猜我有多爱你？"晚上回到家记得对你爱的人说："猜猜我有多爱你！"

附故事

猜猜我有多爱你

小兔子该上床睡觉了，可是他紧紧地抓住大兔子的长耳朵不放。

他要大兔子好好听他说："猜猜我有多爱你。"

大兔子说："喔，这我可猜不出来。"

"这么多。"小兔子说，他把手臂张开，开得不能再开。

大兔子的手臂要长得多，"我爱你有这么多。"他说。

恩，这真是很多，小兔子想。

"我的手举得有多高，我就有多爱你。"小兔子说。

"我的手举得有多高，我就有多爱你。"大兔子说。

这可真高，小兔子想，我要是有那么长的手臂就好了。

小兔子又有了一个好主意，他倒立起来，把脚撑在树干上。

"我爱你，一直到我的脚趾头。"他说。

大兔子把小兔子抱起来，甩过自己的头顶："我爱你，一直到你的脚趾头。"

"我跳得多高，就有多爱你！"小兔子笑着跳上跳下。

"我跳得多高，就有多爱你！"大兔子也笑着跳起来。他跳得这么高，耳朵都碰到树枝了。

这真是跳得太棒了，小兔子想，我要是能跳得这么高就好了。

"我爱你，像这条小路伸到小河那么远。"小兔子喊起来。

"我爱你，远到跨过小河，再翻过山丘。"大兔子说。

这可真远，小兔子想。他太困了，想不出更多的东西来了。

他望着灌木丛那边的夜空，没有什么比黑沉沉的天空更远了。

"我爱你一直到月亮那里。"说完，小兔子闭上了眼睛。

"哦，这真是很远，"大兔子说，"非常非常的远。"

大兔子把小兔子放到用叶子铺成的床上。

他低下头，亲了亲小兔子，对他说晚安。

然后，他躺在小兔子的身边，微笑着轻声地说："我爱你一直到月亮那里，再从月亮上回到这里来。"

（［爱尔兰］山姆·麦克布雷尼. 猜猜我有多爱你［M］. 梅子涵，译. 上海：少年儿童出版社，2006.）

大班绘本活动设计：《生气汤》

活动目标

1. 知道生气是正常的情绪反应，了解经常生气会影响人的健康。

2. 能积极交流生气时的情感体验，尝试用恰当的方式排解情绪。

3. 愿意保持自己快乐的心情。

活动准备

1. 经验准备：幼儿有过生气的经验。

2.《生气汤》故事的图片。

活动过程

一、图片引入。

1. 教师出示小主人公霍斯的图片，提问：今天老师带来了一位朋友，他的名字叫霍斯。看，他怎么了？（在生气……）

2. 提问：今天霍斯真的很生气，你从哪里看出来的？

3. 小结：我们从他的表情和动作看出来，霍斯今天真的很生气。

提问：猜猜霍斯为什么会这么生气，让我们一起来看看吧！

二、倾听故事。

1. 教师出示图片，讲述故事。

故事：霍斯带来的新书被小朋友弄坏了，他很生气；在表演节目时牛牛踩到了霍斯的脚，可是他没有对霍斯道歉，霍斯很生气；今天放学，爸爸不守信用，请别人来接他，霍斯很生气。

2. 提问：霍斯是为什么这么生气呀？你们有过生气的时候吗？你能为小朋友讲一件你生气的事吗？

3. 小结：经常生气会影响自己的身体健康。

4. 提问：你们生气了会怎么办？霍斯生气了以后，又发生了哪些事情呢？

故事：霍斯踩坏了花和草地；妈妈跟他打招呼，霍斯叉着腰很没礼貌地发出"哼"的声音；妈妈想抱抱霍斯，他不要，生气地走开了。

5. 提问：霍斯生气了，他都做了什么事情？霍斯这样生气好吗？为什么？

6. 小结：经常生气除了会影响自己的身体健康，也会让身边的人不开心，更会让你失去朋友。

7. 导入：妈妈看见霍斯生气了，想出来一个好办法，让我们一起来看一看。

提问：霍斯妈妈想出了什么办法呢？（霍斯和妈妈煮汤，然后把生气的事情对着汤大声地说出来）现在霍斯的心情怎么样了？生气的时候我们还会有什么好办法让自己的心情好起来？

8. 小结：其实生气很正常，我们每个小朋友都有生气的时候。人人都会有不开心的时候，如果你碰到不高兴的事了，可以把不开心的事情告诉老师、爸爸、妈妈或小朋友。他们会劝你、安慰你，你的心里就会好受些。你也可以看会儿电视，听会儿音乐、玩玩玩具、看看书等。如果别人惹你生气了，你就要想想别人对你好的时候，要试着去原谅别人。如果我们每天保持好的心情，就会变得快乐，身体也就更加的健康。

三、"生气汤"游戏。

导入：现在让我们来玩一个"生气汤"游戏吧！

玩法：我们手拉手，围成一个"大锅"的形状。每个人对着大锅大声说出自己一件生气的事情，然后唱儿歌"撒上盐、加点糖，左边转三圈，右边转三圈，张开大嘴巴，喷出一口火龙气，哇！怨气不见啦！"

四、小结：我现在开心极了，那么你们心情怎么样啊？如果你的朋友生气了，可以和他一起玩这个"生气汤"游戏，让大家都变快乐。现在就让我们把这个好办法告诉其他班的小朋友，好不好？

附故事

生气汤

霍斯今天有一箩筐不如意的事。他想不出第三题的答案。琳达给他一封情书。还有，同学带来一头叫露露的牛，表演的时候踩了他一脚。好像这些加起来还不够倒霉似的，放学时，妈妈居然找珍珠阿姨来接他。珍珠阿姨开车横冲直撞，一路吱吱嘎嘎，差点儿压死三只贵宾狗。霍斯气得想打人！他用力踩了一朵花。妈妈对他说："嗨！"霍斯发出"哼"的声音。妈妈问他："今天好不好啊？"霍斯吼了一声。妈妈说："你有没有谢谢珍珠阿姨呀？"霍斯咚的一声趴在地上。

妈妈笑眯眯地说："那我们一起来煮汤吧！"妈妈烧了一锅水。对着锅里说话："今天我发现门口的草地、花朵不知道被谁踩坏了，我很生气；我和霍斯打招呼，他不理睬我，我很生气；我想要抱抱霍斯，他走开了不要我的拥抱，我很生气。"妈妈对霍斯说："现在，该你了！把不开心的事情说出来吧。"霍斯说："今天我的新书被小朋友弄坏了，我很生气；表演节目时，被小朋友踩到了脚，可是他没有向我道歉，我很生气；爸爸今天没有来接我，他不守信用，我更生气。"说完不一会儿，水开了。妈妈开始大声说："撒点盐、放点糖，左左左扭三下，右右右扭三下，喷出一口火龙气，啊！我快乐啦！"霍斯笑了，妈妈也笑了。霍斯奇怪地问妈妈："我们今天到底在煮什么汤啊？"《生气汤》。妈妈回答。最后，他们把汤都倒掉了，也把一天的不开心都倒掉了。

（[美]艾芙瑞. 生气汤[M]. 柯倩华，译. 上海：少年儿童出版社，2007.）

大班绘本活动设计：《老鼠娶新娘》

活动目标

1. 理解故事内容，知道故事含义，明白任何事物、人物都不是完美的，是有缺点的。

2. 喜欢自己的长处和别人的长处，承认自己的短处，学习取长补短。

3. 体验抬花轿游戏带来的快乐。

活动准备

1. 一段欢庆音乐。

2.《老鼠娶新娘》系列图画。

3.汉字卡片：太阳——照；乌云——遮；风——吹；高墙——挡；老鼠——打洞；猫——抓；取长补短。

活动过程

一、兴趣导入。

1.欣赏音乐《过新年喜洋洋》。听了这段音乐，你觉得大家在干什么？

幼儿：好像过年……好像看戏……好像结婚……好像抬花轿……

教师：哦，放这样的音乐，一定是有喜事，有高兴的事。那么，今天在这段音乐下，发生了什么事？

2.引发对故事的想象（出示花轿的图片）。

幼儿：结婚……花轿……

教师：是啊，这是结婚用的花轿。谁坐呢？

幼儿：新娘。

教师：（出示坐有老鼠新娘的图片）新娘是老鼠美叮当。有新娘就会有新郎，美叮当想找世界上最强的新郎。她找到了（出示有太阳、乌云、墙、风、老鼠五幅图卡）……你猜她会找谁做自己最强的新郎。请听故事《老鼠娶新娘》。

二、欣赏理解。

1.边欣赏画面，边听故事。

2.讨论你认为谁是世界上最强的新郎？

幼儿：我认为太阳最强……

教师：都同意吗？

幼儿：不同意。

教师：为什么不同意太阳是最强的？

幼儿：因为太阳没云强。

教师：那么谁最强？

幼儿：风最强。

教师：有反对的吗？

幼儿：反对，墙比风强……老鼠强……没猫强……猫怕太阳，太阳最强……又回来了，这是个圈……

教师：世界上有没有最强的新郎？尽管它们不是世界上最强的新郎，可是，它们都有自己最强的地方。它们最强的地方分别是什么？（用汉字记录：照、遮、吹、挡、打洞、抓）

3.你有没有最强的地方？

(1)鼓励幼儿自信地说出自己最强的长处，让所有人都知道。

(2)记住朋友的长处。

教师：我们都说出了自己最强的长处。现在，我们来比比，能记住朋友的长处这件事谁最强？你记住了谁的长处？

（3）寻找"扬长补短"的朋友圈：你有什么不强的？你想变得更强吗？只要你想，你就可能变得最强。怎样变得更强呢？找人帮忙。怎么找呢？

幼儿1：我的长处是舞蹈，短处是画画。

教师：谁画画强？

幼儿2：我！

教师：来，你们手拉手，你因为他在，就会变得更强。（问幼儿2）你什么不强？

幼儿2：我吃饭不强。

幼儿3：我吃饭强……

教师：这样的朋友圈，我们可以用四个字来表示（出示汉字：扬长补短）。相信你们一定会找到朋友圈，让自己变得更强。

三、游戏感受：抬花轿。

1. 讲述故事结尾。

教师：美叮当找不到世界上最强的新郎，怎么办？

幼儿：找自己最喜欢的……老鼠。

教师：是啊，老鼠配老鼠，那是最合适的。（继续讲述故事）瞧，办喜事，坐花轿，美叮当嫁给了小阿郎。

2. 抬花轿。

教师：这真是喜事，我们也来玩玩抬花轿的游戏吧。我要抛绣球，找人抬花轿。我要找走步一致的朋友圈，为我抬花轿。

教师念童谣，朋友圈一起原地走步。其间：教师提示，看着朋友的脚步一起走。活动中，教师有意将绣球抛给步伐协调的朋友圈。游戏反复进行。

附素材

老鼠娶新娘

小白菜，地里黄，老鼠村，老村长，

村长女儿美叮当，想找女婿比猫强。

太阳最强嫁太阳，太阳不行嫁给云，

云不行，嫁给风，风不行，嫁给墙，

墙不行，想一想，还是嫁给老鼠郎。

花对花，柳对柳，鸡嫁鸡，狗嫁狗，

簸箕簸箕配扫帚。

一月一，年初一。一月二，年初二。

年初三，早上床，今夜老鼠娶新娘。

大小老鼠来帮忙，抬花轿，搬嫁妆，

新郎新娘早拜堂。

一拜堂，二拜堂，三拜堂来入洞房。

《老鼠娶新娘》绘本故事内容

在很久以前，有个村庄，在村庄的墙角下，有个老鼠村。老鼠村有一个老村长，村长的女儿叫美叮当，美叮当长得很漂亮，村里的老鼠都想娶她做新娘。可是，到底请谁来做新郎呢？美叮当就想办法。她在墙头搭了个高台，在高台上，美叮当抛绣球，接住绣球的那个就是她的新郎。这一天，村里的大小老鼠聚拢来等着接绣球、做新郎。可是忽然"喵"的一声响，蹿出一只大黑猫，一拳打在高台上，美叮当从空中落下来，接住她的是老鼠小阿郎，小阿郎拉着美叮当赶紧逃走把身藏，大黑猫把村子搞得一团糟，老村长想一定要为美叮当找个新郎比猫强。

太阳光照身上，大黑猫被照得悄悄躲开睡一旁，老村长一看赶紧就去找太阳，他问太阳："你是不是世界上最强的新郎？"太阳说："我的光芒会照，我是世界上最强的新郎。"

正说着，一片乌云飘过来遮住了太阳，老村长又问："你是不是世界上最强的新郎？"乌云说："我会遮，遮住太阳，我是世界上最强的新郎。"

正说着，一阵风吹过来，吹散了乌云，差点吹走老村长，老村长就问风："你是不是世界上最强的新郎？"风说："我会吹，吹走乌云，吹走你，我是世界上最强的新郎。"风把老村长吹到半空中，一头撞到高墙上，老村长就问墙："你是不是世界上最强的新郎？"墙说："我会挡，挡住风，挡住雨，我是世界上最强的新郎。"

正说着，只听"咯吱咯吱"，老村长抬头一看，墙角有个洞，洞里钻出老鼠小阿郎，老村长有点迷糊，就问："难道你是世界上最强的新郎？"小阿郎说："我会打洞，我是世界上最强的新郎。"老村长越来越迷糊，他说："你不是怕猫吗？到底谁是世界上最强的新郎？"

世界上没有最强的新郎，只有最合适的新郎。美叮当，想一想，还是找到小阿郎做新郎。看，叮叮当，叮叮当，大小老鼠来帮忙，今夜老鼠娶新娘。

（张玲玲. 老鼠娶新娘[M]. 南昌：二十一世纪出版社，2008.）

本章小结

1. 民间游戏是幼儿园重要的资源课程。民间游戏是人们自发创编、在民间广泛流传的、幼儿喜闻乐见的活动。它具有随意性、简便性、趣味性、地方性等特点，不仅能增强幼儿的体质，促进幼儿的身心健康，还能开发幼儿的智力。

2. 民间游戏的特点如下。①生活性和地域性。民间游戏是与幼儿的生活息息相关的游戏，这就决定了民间游戏的生活性。②趣味性和娱乐性。幼儿之所以喜欢玩游戏，是因为游戏本身具有的趣味性和娱乐性。③群体性和活动性。民间游戏，特别是幼儿比较偏爱的体育类游戏，很少是独自游戏，大多都需要几个人来合作进行。④随机性和自由性。民间游戏的随机性和自由性表现在游戏场地、时间、空间、人数及材料等方面。⑤与儿歌息息相关。与儿歌相关的游戏如"拍手歌""跳皮筋"等伴随的儿歌大多取材于幼儿的生活，内容浅显易懂，语言流畅生动，情节稚趣活泼，节奏明快、旋律优美，幼儿可以边唱边玩。

3. 民间游戏是幼儿园重要的资源课程，教师要意识到民间游戏在幼儿发展中的重要价值。在开展民间幼儿游戏时，要根据幼儿的年龄特点和兴趣，充分利用社区资源和家长资源，对民间游戏进行发掘、改良和创新，对游戏中的不利因素加以舍取、改编，大胆改进，取其精华，合理地开发利用，使民间游戏更适合幼儿的发展。

4. 绘本游戏是指教师在分析利用绘本元素的基础上，让幼儿自主地感知、操作、模仿和想象，并通过虚拟情境再现绘本场景，激发幼儿兴趣并从中获取多方经验和能力的一种游戏。绘本游戏，顾名思义就是绘本加游戏，也可以理解为绘本游戏就是图画、文字加游戏。

5. 绘本游戏主要包括以下两种类型：固有型绘本游戏和拓展型绘本游戏。其中，固有型绘本游戏是绘本本身的内容设计中包含的游戏内容；拓展型绘本游戏是从绘本本身的内容或情节出发所延伸出来的游戏内容。

6. 绘本游戏的分类：①猜想游戏——开启绘本阅读之趣；②绘本主题游戏——贯穿绘本阅读之境；③区域游戏——沉浸绘本阅读之醉；④亲子游戏——延伸绘本阅读之旅。

7. 基于绘本开发幼儿游戏。①从充分挖掘绘本游戏元素的角度出发；②从绘本游戏的价值出发。教师在分析挖掘绘本的元素基础上，充分挖掘绘本游戏元素，从绘本游戏的价值出发，为幼儿设计适宜的绘本游戏。

8. 在开展绘本游戏的过程中，绘本游戏的指导应该渗透并贯穿游戏的始终。绘本游戏的主要指导策略归纳为以下三种方式：第一，提供适宜的材料；第二，借助观察，适时指导；第三，直接介入，有效指导。

关键术语

民间游戏　　绘本　　绘本游戏

思考题

一、简答题

1. 民间游戏有哪些特点？

2. 民间游戏如何创新、改良与传承？

3. 民间游戏的整合体现在哪几个方面？

4. 绘本游戏分为哪几个不同类型？

5. 如何根据绘本内容设计适合幼儿的绘本游戏？

二、论述题

1. 幼儿园如何更好地开展民间游戏呢？请结合幼儿园的实际情况，谈一谈民间游戏如何融入幼儿园游戏教学以及一日生活的各个环节。

2. 你喜欢阅读吗？请谈一谈你喜欢读的绘本故事以及根据这些绘本故事开发的绘本游戏，以及设计这些绘本游戏的思路和想法。

实训练习

1. 请根据幼儿的年龄特点和本地域的实际情况，改良、创编3～5个民间游戏。

2. 请在班级中选择一到两位幼儿及家长，调查家庭中开展绘本阅读以及绘本游戏的情况，并进行半年到一年的追踪，了解绘本游戏对促进幼儿发展的重要价值。

拓展阅读

1. 丁亚红：《民间游戏走进幼儿园：河北省民间游戏活动的探索与实践》，河北大学出版社，2014。

本书把河北地区各种类民间游戏与现代幼儿园教育相融合产生的诸多问题作为重点，进行了深入研究。全书共分三个部分，追溯了河北省民间游戏的起源，探析了民间游戏的特点与教育价值，而且结合幼儿园一日生活或主要活动形式，探索了民间游戏与幼儿园课程的整合模式，对民间游戏在幼儿园的应用和开发进行了详细、全面的讲解，并列举了大量案例来说明民间游戏在幼儿园活动中的应用要点。

2. 邵晓晨：《给孩子一个书香四溢的阅读环境》，《中国教育报》，2014 年 9 月 14 日第 2 版。

绘本对于幼儿成长发展具有重要的促进作用，绘本教育课程要实施需环境先行。因此我们的研究聚焦在绘本阅读，下大力气研究绘本教育，通过创设绘本阅读环境，让孩子在充满想象与智慧的绘本乐园中学习、感受、体验、发展。第一，营造多方位开放式的阅读新环境，打造创意的公共环境，创设特色的班级环境。第二，研究多元化专业性的绘本阅读氛围，鼓励孩子参与绘本阅读故事的创编。在情境中开展早期阅读活动，能够有效激发幼儿的阅读兴趣。

3. 王炳玉，高淑英：《挖掘乡土资源拓宽游戏天地》，《中国教育报》，2013 年 5 月 19 日第 3 版。

游戏是幼儿最喜爱的活动，也是适合幼儿年龄特点的活动形式，然而，目前农村幼儿园中普遍"重知识，轻游戏"，剥夺了孩子童年的快乐，阻碍了孩子身心健康、和谐发展。①回归自然寻找游戏。教师要带孩子走近自然，让他们从小学会观察，学会发现，激发他们的好奇心和积极探索的欲望，感受大自然的季节变换。②重拾民间游戏乐趣多。在农村幼儿园一日活动中渗透民间游戏，能达到直接、自然的学习效果。③善于从自然中找游戏材料。农村自然资源丰富，游戏材料唾手可得。把这些废旧边角布料投放到幼儿园活动区中，让幼儿进行布艺粘贴、布条编结、布料缝制等活动，孩子们用碎布条儿合作编结成的一根长长的布绳子，既能用来"拔河"，又能用纸壳做舞龙。在目前农村幼儿园缺少资金和教学设施的情况下，我们应当立足农村实际，努力开发乡土资源，拓宽幼儿游戏天地，实施园本化课程，让孩子在快乐的游戏中更好地成长。

拓展练习

以下为部分教师资格证考试笔试真题，可扫描二维码观看。

笔试真题

附 录

　　以下为幼儿园教师资格证考试真题汇集，包括笔试、面试两部分，可扫描二维码观看。

参 考 文 献

1. [美]约翰逊，等. 游戏与儿童早期发展(第二版)[M]. 华爱华，郭力平，译. 上海：华东师范大学出版社，2006.

2. [英]卡罗尔·莎曼，等. 观察儿童：实践操作指南(第三版)[M]. 单敏月，王晓平，译. 上海：华东师范大学出版社，2008.

3. [英]尼尔·本内特，利兹·伍德，等. 通过游戏来教——教师观念与课堂实践[M]. 刘焱，刘峰峰，译. 北京：北京师范大学出版社，2010.

4. [英]珍妮特·莫伊蕾斯. 游戏的卓越性[M]. 刘峰峰，宋芳，译. 北京：北京师范大学出版社，2010.

5. [苏]包若维奇，列昂节夫，莫索洛娃，等. 儿童心理学概论[M]. 王燕春，赵璧如，等译. 哈尔滨：东北教育出版社，1953.

6. [苏]维果茨基. 维果茨基教育论著选[M]. 余震球，译. 北京：人民教育出版社，2005.

7. 蔡春美，洪福财. 幼儿行为观察与记录[M]. 上海：华东师范大学出版社，2013.

8. 陈辉. 挖掘绘本教育资源 开启幼儿游戏之旅——幼儿园绘本游戏的设计与实践[J]. 中国教师，2013(1).

9. 陈卫红. 优化小班幼儿表演游戏的三个方面[J]. 早期教育，2003(7).

10. 陈霞. 幼儿园建构游戏中的教师指导研究——以济南市幼儿园为例[D]. 济南：山东师范大学，2014.

11. 陈雅典. 幼儿绘本多元阅读教学的实施策略[J]. 学前教育研究，2015(10).

12. 丁海东. 学前游戏论[M]. 济南：山东人民出版社，2001.

13. 丁亚红. 民间游戏走进幼儿园：河北省民间游戏活动的探索与实践[M]. 保定：河北大学出版社，2014.

14. 董虫草，汪代明. 虚拟论的游戏理论：从斯宾塞到谷鲁斯和弗洛伊德[J]. 西南民族大学学报(人文社科版)，2006(4).

15. 董素芳. 结构游戏材料投放方式对儿童结构游戏行为影响的研究[D]. 上海：华东师范大学，2007.

16. 董旭花. 幼儿园游戏[M]. 北京：科学出版社，2009.

17. 范明丽. 学前儿童游戏与指导[M]. 成都：西南财经大学出版社，2014.

18. 葛东军. 幼儿游戏设计与案例[M]. 保定：河北大学出版社，2012.

19. 巩玉娜. 传统民间游戏与幼儿园课程构建[D]. 济南：山东师范大学，2012.

20. 黄丹. 精神分析学派游戏理论及其对学前游戏理论建构的启示[J]. 基础教育研究，2014(7).

21. 黄人颂. 学前教育学[M]. 北京：人民教育出版社，1989.

22. 霍力岩. 学前教育评价[M]. 北京：北京师范大学出版社，2000.

23. 霍习霞．学前儿童游戏：原理与应用[M]．上海：华东师范大学出版社，2013.

24. 姜晓燕．学前儿童游戏教程[M]．北京：教育科学出版社，2012.

25. 李安娜，赵宜，李洋．图说民间游戏[M]．北京：科学普及出版社，2011.

26. 李立．主题活动背景下开展表演游戏的指导策略[J]．学前课程研究，2007(10).

27. 李莉．谈谈教师在结构游戏中的指导[J]．课程教育研究，2013(18).

28. 李淑贤，姚伟．幼儿游戏理论与指导[M]．长春：东北师范大学出版社，2004.

29. 梁周全，尚玉芳．幼儿游戏与指导[M]．北京：北京师范大学出版社，2011.

30. 刘桂凤．幼儿园表演游戏的优化策略[N]．江苏教育报，2010-11-29.

31. 刘江艳．幼儿园绘本教学的价值与实施策略[J]．学前教育研究，2015(1).

32. 刘焱，朱丽梅，李霞．幼儿园表演游戏的特点、指导原则与教学潜能[J]．学前教育研究，2003(6).

33. 刘焱，李霞，朱丽梅．幼儿园表演游戏现状的调查与研究[J]．学前教育研究，2003(3).

34. 刘焱，李霞，朱丽梅．中、大班幼儿表演游戏的一般规律和年龄特点[J]．学前教育研究，2003(4).

35. 刘焱．儿童游戏通论[M]．北京：北京师范大学出版社，2004.

36. 刘焱．我国幼儿教育领域中的游戏理论与实践[J]．北京师范大学学报（人文社会科学版），1997(2).

37. 柳阳辉．张兰英．学前儿童游戏[M]．郑州：郑州大学出版社，2006.

38. 芦德芹．游戏的魅力[M]．北京：中央民族大学出版社，2007.

39. 吕晓，龙薇．维果茨基游戏理论述评[J]．学前教育研究，2006(6).

40. 毛崇杰．席勒的人本主义美学[M]．长沙：湖南人民出版社，1987.

41. 邱学青．学前儿童游戏(第三版)[M]．南京：江苏教育出版社，2005.

42. 沈梅丽．幼儿游戏遵循的原则及评价[J]．新课程(教师)，2010(10).

43. 王可，郭会萍．儿童假装游戏理论与相关研究[M]．心理研究，2009(5).

44. 王烨芳．学前儿童行为观察与分析[M]．南京：江苏教育出版社，2012.

45. 王珍．对幼儿角色游戏的有效观察与指导[J]．上海教育，2010(11).

46. 吴云．对幼儿游戏规则的探讨——兼谈幼儿规则游戏[J]．学前教育研究，2003(1).

47. 辛薇．小班表演游戏的指导策略[J]．山东教育，2010(C6).

48. 徐则民，洪晓琴．走进游戏　走进幼儿[M]．上海：上海教育出版社，2010.

49. 杨枫．学前儿童游戏(第二版)[M]．北京：高等教育出版社，2012.

50. 杨枫．幼儿园教育环境创设与玩教具制作[M]．北京：高等教育出版社，2006.

51. 杨满云，刘衍玲，郭成．儿童游戏治疗理论及应用[J]．幼儿教育(教育科学)，2007(12).

52. 杨宁．皮亚杰的游戏理论[J]．学前教育研究，1994(1).

53. 杨珊珊．幼儿园建构游戏材料配备与使用的评价研究[D]．上海：华东师范大学，2009.

54. 虞永平．儿童的游戏与生活——由苏联的游戏理论引发的思考[J]．幼儿教育(教育科学)，2009(1).

55. 翟理红，侯娟珍．幼儿游戏[M]．北京：北京师范大学出版社，2012.

56. 张影．浅谈结构游戏在幼儿发展中的作用[J]．天津市教科院学报，2002(2).

57. 张新立.“鹰雏虎崽之教”——教育人类学视野下的彝族儿童民间游戏研究[M]. 桂林：广西师范大学出版社，2007.

58. 郑名．学前游戏论[M]. 兰州：甘肃人民出版社，2006.

59. 周穗萍．在玩中学：满足幼儿发展需要的游戏研究[M]. 上海：上海教育出版社，2009.